纪实与传奇：辛亥革命100周年纪念丛书

辛亥传奇——喋血武昌城

陈立华 著

暨南大学出版社
JINAN UNIVERSITY PRESS

中国·广州

图书在版编目（CIP）数据

辛亥传奇：喋血武昌城/陈立华著. —广州：暨南大学出版社，2011.5
（纪实与传奇：辛亥革命100周年纪念丛书）
ISBN 978 - 7 - 81135 - 734 - 9

Ⅰ.①辛…　Ⅱ.①陈…　Ⅲ.①武昌起义—史料　Ⅳ.①K257.406

中国版本图书馆 CIP 数据核字（2011）第 011914 号

出版发行：暨南大学出版社

地　　址：	中国广州暨南大学
电　　话：	总编室（8620）85221601
	营销部（8620）85225284　85228291　85228292（邮购）
传　　真：	（8620）85221583（办公室）　85223774（营销部）
邮　　编：	510630
网　　址：	http：//www.jnupress.com　http：//press.jnu.edu.cn

排　　版：广州市天河星辰文化发展部照排中心
印　　刷：广东省农垦总局印刷厂

开　　本：787mm×960mm　1/16
印　　张：20.75
插　　图：9
字　　数：420千
版　　次：2011 年 5 月第 1 版
印　　次：2011 年 5 月第 1 次

定　　价：42.00 元

（暨大版图书如有印装质量问题，请与出版社总编室联系调换）

武昌辛亥革命博物馆

清政府湖北督府，后为革命军总指挥部

2011 年 3 月作者再访辛亥革命圣地

2011 年 3 月作者再次来到武昌起义军政府旧址

吴兆麟先生

日知会干部合影（1905年于武昌）

第一排右起：董杰、喻禄、徐竹林、罗子清。第二排右起：刘静庵、卢保三、陆费达、朱元成、吴兆麟。第三排右起：李胜美、冯特民、范腾宵、李亚东、黄家麟。第四排右起：胡兰亭、范尚立、潘善美、方柏年、刘复基

吴兆麟先生与其子吴景明
1932年摄于日本东京

吴兆麟夫人魏淡如与外甥女
石泓20世纪30年代摄于南京

委吴兆麟总司令官之委札

吴兆麟任北伐军第一总司令官之委札

辛亥武昌革命工程第八营首义始末记

湖北□自□□之同督郑□创练新军最早在全国先首成
立工程队马队及前□步建设两常备军将工程
队擧充两六大队改为陆军第八镇及二十一混协
□时作工程营程度最高操法技术□长优所
有步马炮各营之军官由工程营递选充当甚者
顾□各省大员来郭参观要求挑选军官赴□者
因风气者而六镇□□根湖北新军为□宪军威书
全国固一时之雄也戊戌变废科举兴学校一
般士子武改学校戎校革从戎风气跃闹中外□

吴兆麟所撰《辛亥武昌革命工程
第八营首义始末记》手迹

5

为民族解放而斗争

景明之纪念

朱德

抗战初期，程潜任第一战区司令，朱德为第十八集团军总司令，吴景明（吴兆麟之子）任第一战区司令官联络参谋。这是朱德为吴景明所书题字

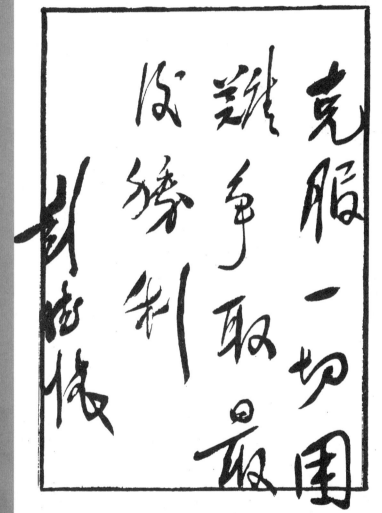

这是抗战初期时任第十八集团军副总司令的彭德怀为吴景明所书题字

序

辛亥革命，推翻帝制，建立民国，贡献之大，史有公论。而起义在武昌首先取得胜利，由于武汉地据形胜，控制华中，故义旗一举而全国响应；亦由于变生仓促，众推吴兆麟为总指挥，他率军奋战，运筹帷幄，所至有功，从而奠定了胜利的基础。

吴兆麟在首义中得到群众拥戴，并不是偶然的，他当年参加了革命组织日知会，且为日知会领导人之一，当时日知会与文学社、共进会等都派人到新军中去发展组织，吴亦参与其事，后吴入参谋大学深造，使他有较好的军事学识，这些就是他在起义中被推为指挥官的基本条件。

当 1911 年 10 月 10 日晚，起义首先在吴兆麟供职的工程八营驻地爆发，随而各标、营、测量学堂等革命党人奋起响应，一起到军械总库楚望台，人数不满三百，当时众议推吴兆麟为总指挥，吴亢声问道："你们是否绝对服从我的命令？"结果他得到的是满意的答复。于是吴毅然就职。

当晚吴兆麟率军攻占凤凰山、蛇山各战略要点，而后集中全力去进攻湖广总督衙门，经过一夜的激战，革命党人攻下总督署，瑞澄一伙清廷官吏凿穿督署后墙溜掉了。次日攻下汉阳，12 日占领汉口，于是武汉底定，起义初战胜利了。

起义取得决定性胜利后，革命党人于 10 月 11 日上午在武昌咨议局开会商讨成立革命政府问题，会上立宪派头面人物汤化龙主张用黎元洪的名义通电全国，以求取得各省的响应。当时黎是第二十一混成协的协统，曾经杀过革命党人，因此这一建议受到革命党人李翊东、张振武的强烈反对。

在双方各持己见的情况下，吴兆麟从顾全大局、巩固胜利的观点出发，主张对黎元洪既往不咎，争取他到革命阵营来。由于他是总指挥，所以他的意见博得了一些人的赞赏，立宪派也随声附和，于是大家决定由吴兆麟去请黎元洪来参加会议。

不久，吴兆麟派人从黄土坡一家床底下把黎元洪拉出来了。会上有人提出要黎元洪担任都督，黎对革命怕得要死，恨得要命，坚辞不就。张振武说："他既坚决不就，不如把他杀掉，以振军威。"吴兆麟反对张的主张，最后，会议取得一项妥协办法：把黎元洪软禁起来，仍用黎都督的名义通电全国，要求各省响

应。11日晚，由吴兆麟掌握的军政府参谋部开始办公，处理有关军事等方面的重要问题。武昌呈现出一片热气腾腾的革命景象。

正当吴兆麟指挥的革命军在刘家庙一带活动的时候，黄兴等革命党人于10月28日到了武汉，许多革命党人要推黄兴为两湖大都督，但那时黎元洪已正式视事了。吴兆麟说，如果黄兴的地位在黎之上，黎元洪就会辞职。黄兴也认为应当"团结对敌"，不能自毁长城。于是11月3日黎元洪任命黄兴为"武汉战守总司令"。及黄离鄂，由吴兆麟出任民军总司令。一直到南北议和，吴始终恪尽职守，对保卫武汉作出了重要贡献。

吴兆麟的伟大功绩，在于夺取武昌首义的伟大胜利，及南北议和后，他就不起什么作用了。袁世凯攫取了辛亥革命的果实，把武昌首义的高级军官调到北京去，投闲散置，不久又强迫他们退役。及吴逝世，国民政府曾于1943年7月31日发布明令褒扬。文中对其一生给予了恰如其分的评价，明确指出："吴兆麟早岁参加革命，卓著辛勤，辛亥武昌首义，率军奋战，指挥前敌，克奏朕功。民国成立，续领师干，旋因裁兵解职归隐。嗣后致力社会福利事业，尤具热诚。兹闻溘逝，良堪轸悼，应予明令褒扬，以彰往绩。"

全国人大常委会副委员长

程思远

注：程思远先生曾任中华人民共和国人大常委会副委员长。本文原为《吴兆麟文集》所书，征得作者同意，作为本书香港新版《铁血首义魂》序。现改书名为《辛亥传奇——喋血武昌城》。

自　序

写什么？

怎么写？

要告诉读者什么？

这是作者与读者关注的核心。

其实一个作家，

将简单的故事写好了，

就是不简单，

将平凡的情节创作经典了，

就是不平凡，

伟大出自平凡！

这就是我创作《辛亥传奇——喋血武昌城》的追求！

——题记

辛亥首义这一史诗般的重大事件，至今没有一部长篇文学再现先辈风骨。我在出版一百万字《拿破仑征战录》签名售书时，一读者对我讲："把辛亥首义写出来，才是我崇拜的作家！"

于是，我开始研究清朝，认识了努尔哈赤。

努尔哈赤何许人也？——没有他，也就没有清朝。

明朝万历年间，东北女真族分为建州、海西、野人三部落，而努尔哈赤统治的建州女真最有实力。

万历四十四年（公元 1616 年），努尔哈赤统一女真各部，建立后金国，自称汗。

1618 年努尔哈赤统兵两万攻抚顺，明军李永芳部投降，明军杨镐部十万之众，在萨尔浒与努尔哈赤进行决战，明军大败，从此努尔哈赤威震四海。

1626 年努尔哈赤率 13 万人马直攻宁远，被明军袁崇焕部击成重伤，不日死于沈阳，其八子皇太极继位。

1636 年建立大清王朝。

1644 年，清朝迁入北京，开始真正地统一中国。

清朝历代统治者为努尔哈赤的子孙。

然而，努尔哈赤创建的帝国末日到了！

1911 年 3 月 29 日，广州新军起义失败，革命党决定在武汉起义！

在武汉，革命党人早就成立进步组织日知会，群治学社，振武学社。1911 年 1 月，振武学社改称文学社，并在新军中发展会员。其领导人蒋翊武、刘复基是新军士兵。

7 月，在新军中有文学社会员三千余，新军中有三分之二的人支持革命。

这时，共进会、同盟会领导人孙武、邓玉麟在新军下级军官中发展了三千余会员。

9 月，共进会与文学社合作建立起义核心，蒋翊武任总指挥，孙武为参谋长，刘公任总理，定于 10 月 6 日起义，不料被敌人发觉，只好推迟到 10 月 11 日起义。

10 月 9 日上午，孙武检测炸弹时被炸成重伤，刘公的弟弟刘同叛变，交代了 10 月 11 日起义的时间。

为了赶在敌人捕杀革命党人前面，革命党人决定先下手为强，于 10 月 10 日起义。于是众人推举老日知会会员，工程八营官佐吴兆麟为总指挥，为推翻努尔哈赤建立的王朝打响第一枪！

有人问我：是写小说，还是人物传记？

我说：不是小说，不是传记，

而是革命者把生命炼成歌，

让鲜血拥抱民族，

用价值传递文明，

再现辛亥首义之雄风！

于 2011 年 3 月

目　录

小 引

　　清政府兵部尚书荫昌为侦破湖北革命党人在新军中的潜在实力，密派特使进入武昌，与张之洞的谍报机关争权夺利，企图利用叛徒作为突破口，将湖北革命党人一网打尽。花四妹是张之洞谍报主管人的五姨太，与黑社会、江湖骗子臭味相投。她利用革命党的叛徒巧施美人计，决定用瞒天过海的手段自成体系捕杀革命党人，直接投奔清政府达到升官发财的目的，便深夜率两名杀手潜伏在武昌城区当时最大的城内湖——紫阳湖畔，决定捕杀掌握着革命党人名单的吴兆麟。自从加入革命党组织——日知会，吴兆麟便处处警惕，但在那个充满暗杀、绑架，社会道德败坏，贪官污吏横行的岁月中，防不胜防。他深夜走在紫阳湖畔的林荫小径上，黑灯瞎火，两个杀人不眨眼的恶魔，正用两个黑洞洞的枪口对着他……

第一章 暗杀吴兆麟的黑枪

1906 年深秋的一个晚上，在中国腹地武昌城紫阳湖以北的一条小道上，一位二十几岁的年轻男子脚步匆匆。当他刚刚越过一条水沟，正要跨上通往对面那栋三层楼的砖瓦房的道路时，两条黑影从路边的树林中闪出来，将他夹在路中间。年轻人一愣，还没反应过来时，其中一个身材高大的中年男人哈哈一笑："吴兆麟，还认识本老爷吗？"

年轻人下意识地朝后退一步，背后又被一个硬邦邦的东西顶住了："老弟，你连老爷也不认识啦？"他背后的瘦矮子阴阳怪气地问。

此刻吴兆麟才意识到自己被两个中年男人劫持了，并且他们手中都有枪与短剑。由于天太黑，又处于树林中，吴兆麟一下子辨认不出来这两个人到底是谁，只好以退为进道："二位大哥出言伤人，小弟并不计较，但请自报家门，我吴兆麟平日与众兄弟友好相处，从不侵犯朋友们的利益，有什么不当之处，请指教便是。"

"现在不认识没有关系，等一会儿你就认识了。"前面的高个子说着走过来，"走吧，我们找一个你认识我们的地方！"

"一回生，二回熟嘛，将来说不定我们还要合伙求财，共求发展呢。"瘦矮子在背后补了一句。

吴兆麟赤手空拳，要想在短时间内脱身是不可能的。他再次扫视左右，进退不得，只好笑笑说："人生在世，生死瞬间，善待朋友为上也，二位如此是为何？"

"快走，到后面那间破庙里谈！"高个子说。

两个蒙面人押着吴兆麟向后面的破庙走去。不知是什么鸟儿在他们头顶飞过，发出凄凉的叫声。

武昌紫阳湖是武昌城区比较大的城内湖，由于种种原因水不太深，周边杂草丛生，野猪、野猫、山鸡等动物经常出没，就像一个野生动物园。破庙就处于树林之中，由于没有人再来这里烧香拜佛了，庙中也长满了草，只有那用青条石制作的圆桌子、凳子上没长草，但鸟粪堆积得约有半寸高。

吴兆麟没有脱逃的机会，被押着走进了破庙。高个子推开后面的一扇破门，一丝昏黄的亮光射了出来，高个子跨了进去，紧搂着里面的一个人，用讨好的语

气说："三妹，我把他抓到了！"

"送进来嘛。"里面传出一个女人甜甜的声音，紧接着是移动桌椅的声音，"贵客来了好好招待。"

吴兆麟听到门内传出女人的声音，心中更是疑惑：这是谁呢？他们把我抓来干什么？

两个蒙面人站在了房门口，那个瘦矮子说："请进！"

"你们要干什么？"吴兆麟问两个蒙面人。

"我们家三妹想见你，没别的。"高个子忙抢答。

"进来吧，我尊贵的客人。"女人发出了邀请。

"吴先生，你请吧，我们不会现在要你的命，红黑还要看你啊。"瘦矮子说，"刚才在路上，我们出言不恭，是担心有人暗中跟踪，请你原谅。"

"吴兄不要见怪，我们用江湖上的……"

"你们到底要我干什么？"吴兆麟打断了高个子的话。

"请你进去就知道了。"

吴兆麟无奈地走进去，两盏油灯点着，房间内充满浓烈的烟草味儿。

"吴先生，你受委屈了！"

吴兆麟这才注意到，这是一个年轻貌美、充满洋气的女人。不等吴兆麟作出任何反应，她便伸过手来握住他的手："都是革命同志，欢迎，欢迎。"

"这位小姐，你弄错人了吧？"吴兆麟从她手中抽回右手，一本正经地道，"再见！"

"慢！"女人咯咯一笑，"我叫金霞丽，给吴哥看几件东西你就明白了。"说着打开一个不太精致，但是能显示身份的皮箱子。

吴兆麟一时无法脱身，只好耐心地寻找机会，看看这两男一女到底在演什么戏。

"你知道吗？我给你带来的东西，一不是钱，二不是……"

"金小姐，你们真的找错人了！"

"没有！"

"那你知道我是谁？"

"你叫吴兆麟，光绪二十四年，也就是1898年，你十六岁，在张之洞大人开设的湖北新军中入伍，进湖北陆军第八镇工程第八营，是不是？"

"是！"

"今年春升任工程营左队队官，现在在湖北参谋大学学习。"

"请问小姐，你找我有什么事？"吴兆麟愣了一下问道。

"我从海外回来，受孙中山先生之托，带给你一些书和报纸，请你大力宣传

革命，反对清廷，推翻帝制，创建立宪共和。"金霞丽说着从箱子里拿出书和报纸，展示在吴兆麟眼前的石桌上。

吴兆麟稍微看了一眼，见有《中国日报》、《郑士良惠州攻克始末》、《国民报》、《革命军》、《敬告同乡书》、《民报》……

"吴先生，这些书报想必有些你读过吧？"金霞丽问。

"没有，这些书报我是第一次看到。"

"你不相信我？"金霞丽说着一拍他肩头，"我们都是革命党人，都是团结在孙文先生的左右，为推翻清王朝而努力的。"

"金小姐，你说的我怎么听不懂呢？"

"你别装啦。"金霞丽说着仍然在笑，"孙中山先生于1903年在日本秘密组建军事学校，你知道吗？"

"不知道。"吴兆麟说，"请不要太为难我了。"

"1903年10月，孙中山在美国为革命筹集资金，11月4日，黄兴在长沙组织华兴会与孙先生联盟，1905年，孙中山先生成立同盟会，等等，这些你都不知道？"金霞丽问。

"我……我真的不知道。"吴兆麟说，"张之洞大人为我提供了深造的机会，我应该为国家、民族谋利益，不知道还有什么同盟会。"

"我也是同盟会会员。"金霞丽说，"我受孙先生之托，来湖北发展革命。这是孙先生给湖北革命党人的信。"

吴兆麟接过来扫了一眼就递给了她，说："我只是在军中听说有革命党，谁是，我就不知道了。"

"你的好朋友、日知会会员齐向天你不会忘记吧？"金霞丽点了一句，"老实讲，是他告诉我说你是个很有前途的革命干部，应重点栽培。"

去年（1905年），吴兆麟与罗子清、卢应龙、胡瑛、安永年、范腾霄、季雨霖、齐向天等组织日知会，公推刘静庵为总干事长，吴兆麟为干事。

齐向天是陆军中的一个正目，与吴兆麟有过交往，由于他是后加入的，按组织原则，他只与吴兆麟单线联络，他是不认识其他人的。今天这个女人提起他，是不是齐向天叛变了呢？

吴兆麟警惕起来，忙问："这么说，这位小姐是受孙文所托，从海外赶回来的？"

"正是！"

"现在武昌城里风声很紧，清廷兵部尚书荫昌大人的特使关光夫、助手艾玛在新军中四处缉拿革命党，他们派出的耳目伸向军中各部。而张之洞的谍报总管冰云水派出的又一路谍报，也进入军中各部搜查革命党人。他们两条线虽互相争

权夺利，但捉拿革命党人的目标是一样的，谁捉住一个革命党人，就重奖晋升。小姐这个时候从海外赶回来，不正是朝老虎口里送肉么？"吴兆麟干脆展开攻势，"这年头人为财死，鸟为食亡，你就不怕革命党人叛变，将你送进官府，换了银子又升官？"

"怕死就不会到武昌来！"金霞丽说，"怎么，你想退出去？"

"金小姐，你们怎么选这么个地方会客呢？"吴兆麟不正面回答，转了话题，"现在越是偷偷摸摸的事，越要到大庭广众之下去做，否则官府谍报……"

"你不要扯远了，我想今夜召开武昌城区革命党人大会，向各位转告孙中山先生在海外宣传革命的情况，请你马上行动。"金霞丽说着莞尔一笑，"与同志们见见面嘛，增强革命……"

"请问外面是什么人？"吴兆麟问，"蒙着面干什么？"

"跟我在一块的肯定都是革命同志嘛。"金霞丽道，"怎么，你连他们也不相信？"

"请你将这扇门关上，我们好好商量一下。"吴兆麟说。

"好。"金霞丽说着将门关上。

"金小姐"，吴兆麟提起那只装有革命者编写的书报的箱子，"从这些东西来看，你真是革命党，而且是革命党的头领从海外派到武昌来发展组织的。"

"我不怕你向官府报告，我就是……"

"你过来看看这是什么？"吴兆麟朝箱子里面一指。

金霞丽大吃一惊，箱子里有什么破绽呢？她忙走过去低头一看，就在这一刹那间，吴兆麟一把揪住她的头发，死死按在箱子里，并压低嗓门说："不许动，动就打死你！"

受到突袭，嘴已经被按在书报上说不出话来的女人，挣扎着右手要从口袋里摸出什么时，吴兆麟的另一只手如同钢钳一般卡住了她的胳膊："老实点！出声就打死你！"

一个"死"字如同千斤压顶，女人停止了挣扎。吴兆麟提起她的头愤怒地说道："想活，听我的，想死，你知道我会做什么！"

这番话如同一把利剑插在金霞丽的胸口，吓得她浑身颤抖不敢出声。吴兆麟担心外面的两个家伙生疑，又对金霞丽耳语："快，叫他们走远点，不要听我们的墙脚！"

"这……这……"

"你放心，只要你配合我，我是不会要你的命的！"

金霞丽清清嗓子，定了定神，如同读台词般甜甜地道："你俩离远点休息，我们谈谈事。"

"好！"外面两个蒙面人异口同声地答应了一句，然后悄声说道："别搅了人家的好事。"

吴兆麟一手揪住女人的头发，一手从她口袋里摸出一支手枪。这支手枪的子弹已经上了膛，保险栓也拉开了。他拿在手中看了看后说："英国货，作为你对我的见面礼啦！"

"吴哥，我可没有伤……伤你的意思，请你……你不……"

"只要你说真话，不骗人，你还是会活到七十大寿的，假若你答非所问，跟自己过不去，你准备的手枪子弹就留一发给你！"吴兆麟说着提动了一下她的头，"怎么样，是想死，还是想活？"

"吴哥"，女人跪在地上，"我……我……"

"我不相信眼泪"，吴兆麟说，"一个相信眼泪的男人，活在这个世界上是不会有出息的！"

金霞丽一下子收住了脸上的哭样儿，阴冷冷地问："你……你要做什么？"

"你的戏不要演了，把蒙着的面纱揭开吧，这人一蒙着面纱，内外都难受。"吴兆麟说，"快点，我没有时间了！"

"我……我……"

原来，去年冰云水接到朝廷命令，让他在武昌新军中抓捕革命党人，由于革命党人活动非常秘密，一年多来他抓到的几个也只是革命党人外围组织的人，而且都有背景，关了几天就由官人保释出去了。今年兵部尚书的特使关光夫与助手艾玛赶到武昌后，进行独立工作侦破革命党人。冰云水急了，这块肥肉，这个升官的大梯总不能让关光夫抢了吧？他可不会把到嘴的肥肉拱手让给别人。前天，他命令有一定政治头脑的洪昌旅馆妓女四姑娘，四处打探，找到了一个叫齐向天的宪兵。四姑娘知道齐向天是个无价货后，并没有告诉冰云水，而是经过与他的五姨太讨价还价，做成了这笔买卖。为在张之洞处领到重奖，五姨太瞒着冰云水，找了两个地痞帮忙，并秘密地将齐向天逮捕了，经过五姨太花四妹的一番折腾，在女人、金钱、升官、生死的多方衡量后，齐向天向花四妹招供，他是革命党人，但只是刚刚参加不久，他只与吴兆麟发生联系，如果吴兆麟开了口，武昌的革命党人名录都在吴处，一定会一网打尽。花四妹大喜，认为有朝一日她会将冰云水踩在脚下，便伪称自己为金霞丽，在两个死党的协同下，侦知吴兆麟今夜从这里路过，由齐向天指点捕住，设计诱供。然后瞒着冰云水另立门户，投靠朝廷。

"齐向天呢，他怎么没来？"吴兆麟担心这个家伙继续害人，"我想见见他。"

"不瞒吴哥，一个时辰前他已经失踪了，我也是不知道。"花四妹说，"我断定你们内部有革命党人悄悄地盯住了他。"

"这话可真？"吴兆麟用枪逼住她，"说，不说我真的会让你去阎王爷那里报到！"

女人沉思了一会儿说："是……是我毒死他的，我担心他悄悄投靠了冰云水，断了我的财路，折了我升官的梯子。"

"你可别骗我，不然有你的好果子吃！"吴兆麟说。

"百分之百的真话！"

"好，我相信你。"吴兆麟又问，"外面两个披着人皮的狼，是你训练的，你把他们收拾了！"

"我……我……"

"怎么，你还想留着这两个祸根？"

"他们两个都是杀人不眨眼的货，我在洪昌旅馆卖身时认识的，我与他们是妓女与嫖客的关系，我这些年做了冰云水的五姨太，他们都轮番缠着我不放。"

"冰云水知不知道？"

"他要知道还不杀了我！"花四妹说，"那高个子是去年杀了汉口奉招银号老板的涂宜明，矮子是上个月杀了大合公司老板胡祯厚的二姨太马素君的雷寿竹，这两个坏东西惹不得，我恨不得将他们千刀万剐！哪个大人要是帮我收拾了他们……"

"你就不能利用冰云水的刀杀了他们么？"吴兆麟打断她的话问。

"不行。"花四妹忙说，"使不得，万一漏了水让冰云水知道我背着他与两个男人关系不正当，我有天大的头他也会搬掉！"

"现在我把他们的头搬了，怎么样？"

"你……你有那个胆气？"

"只要你按我说的干，保准行！"

"吴哥"，花四妹又开始自编自演了，"你要真杀了这两个恶魔，我也就解脱了。你当革命党人，也是想发财，告诉你，我有好多钱，我们走得远远的，好好过日子，再不过这种成天提心吊胆的日子了，好不好？"

"先解决这两个杀手再说，为你报仇，为死者雪恨！"

花四妹望着吴兆麟犹豫不决。

"快，先把高个子叫过来！"

"我……我……"

"你要知道，手枪里的子弹是你装的。"

"吴哥"，花四妹又道，"我是担心万一你失手，我俩都完了。"

"不要怕，按我的战术不会有失！"吴兆麟说着从地上抓起一块青石，递给花四妹并轻轻地拉开门闩，"快叫，叫一个过来，另一个原地休息。"

胆战心惊的花四妹完全失去了刚才那种荡妇的鲜活,在吴兆麟的枪口威逼下,从门缝里伸出头,对黑洞洞的庙外压低嗓门喊:"宜明,你过来一下,快!"

"我呢?"雷寿竹问。

"你在外面看着点,我们快谈完了。"

"我的银子不能少!"雷寿竹说。

"不会的,四妹什么时候薄了你嘛。"

"好,知道就好!"雷寿竹说着继续抽着俄国卷烟,烟头上的火光一闪一闪的,在黑夜中很是显眼。

那叫涂宜明的家伙将手枪插在腰里,右手拿着烧鸡,左手握着酒瓶走过来了,一见门是虚掩着的,在外面淫荡地笑着说:"不怕我看见?"

"死鬼,快进来!"花四妹按照吴兆麟的安排调情地说。

涂宜明刚一进门,吴兆麟急忙上前挽住他的胳膊:"请大哥多多指教。"

涂宜明正在朝肚子里吞一块鸡脯,还没来得及出声,花四妹将石头狠狠地砸在涂宜明的后脑勺上。这个牛高马大的杀人凶手"扑通"一声栽在地上。吴兆麟把他的尸体拖到门后,又吹灭一盏油灯,对花四妹说:"他是你的仇人,杀了仇人你还害怕什么?"

"吴哥,我……我不是怕",花四妹站在血泊中,"我恨这个死鬼,有一次他野性大发,撕破了我的内衣,拿走了我两根金条,走时还狠狠地踢了我的下身一脚,今天总算报了这个仇!"

"现在不说这些了,快把瘦猴收拾了!"

"他比涂宜明更毒",花四妹气不打一处出,"当初我妹妹不肯卖身,是他活活用开水烫死的……"

"花妹",吴兆麟见她伤心至极,怕延误了处决凶手的时间,急忙说,"现在不是伤心的时候,而是为你妹妹报仇,为死去的马女士报仇!"

花四妹用右手衣袖擦了擦脸上的泪珠,又将刚才砸死仇人的青石头搬到顺手的地方,扭头对吴兆麟说:"大哥,还是老办法!"

"好!"吴兆麟作好了准备。

门又裂开一条缝,花四妹大吃一惊:"你……你吓死我了。"

"怎么,你还怕男人?"瘦猴雷寿竹已经站在门口,"被你耍过的男人只怕排队要排到汉口了,大的、小的,你什么没见过!"说着,放荡地狂笑起来。

"快进来,看你嬉皮笑脸的不是正经货!"

"你是正经的,还能认识我们?"雷寿竹没有立即进来,站在门口,"你们说些什么,我一句都听不清。"

"进来就听清楚了嘛!"花四妹拉住他朝里面一拖,一边说,"花心货,

进来！”

“你这个臭婊子，想算计我？”雷寿竹举起枪，“老子打死你！”骂着，“砰砰”两声枪响，花四妹一头栽倒了。

“你！”吴兆麟一闪身，雷寿竹拔腿就跑，并反手射击。

突然听到一声枪响，雷寿竹惨叫了一声。

“快跑，吴哥！”

吴兆麟寻声一看，大吃一惊：“复基，你怎么来了？”

“快跑，宪兵听到枪响马上会来的！”来人拖住他就跑。

来者刘复基，吴兆麟的同乡，日知会会员，革命党人。

今天晚上吴兆麟给刘复基送去孙中山所编的《民报》，离开后，刘复基不知道哪根神经在作怪，对吴兆麟的安全不放心，他提了那支仅有一发子弹的手枪尾随而来，没想到由于紫阳湖内小径纵横，他跟丢了。刘复基胆大心细，他惦记着兄长的安危，正在寻找之时，发现了一个烟火在闪烁，忙找过来。他认定这个破庙与这个抽烟的蒙面人也许有着某种联系。抽烟人走到破庙跟前偷听里面的人说话，刘复基心里不明白里面到底发生了什么事情，便悄悄地尾随侦听，并从外墙洞的一个小缝中窥视到吴兆麟正在庙里面。刘复基大喜，终于找到了吴哥的下落，忙将只有一发子弹的枪对准了瘦猴。

黑夜总会过去的，艳阳天也不是永不落的。

吴兆麟与刘复基刚刚离开，四周的宪兵就向紫阳湖包围过来。此刻他俩已经回到了刘复基的暂住地。

“吴哥，好……好险。”刘复基脸上挂着笑，摸着头说。

“推翻帝制是前无古人的一件大事，不冒险不行！”吴兆麟说，“今天花四妹这个死鬼告诉我一个重要情报！”

“啊，什么事？”

“兵部尚书荫昌的谍报特使关光夫，还有一女电讯助手艾玛，已经潜进湖北，密缉我革命党人，与冰云水的谍报机关争高低。”吴兆麟说，“他们已经侦察到孙中山先生的同盟会湖北分会会员余诚先生到了武昌。”

“我们怎么办？”刘复基问。

“一是发展革命党人，二是搞经费，三是备武器。现在兵营里武器收缴了，由官长看管，搞武器是我们的头等大事，将来发难，有了兵士，赤手空拳是不行的。”

“吴哥，今天好险，我只有一发子弹呢，万一没击中要害，就有更大危险呢。”

吴兆麟皱紧眉头站起来：“明天到洪昌旅馆去一下，把关光夫他们的事再摸

一摸。"

"好"，刘复基站起来，"听说今天上午又有人被抓了！"

"是的，他们搞武器没有计划好就动手，我们革命党人死二伤八，被捉了十几个，幸亏他们都坚强，没招供出什么，下午听说张之洞下令把他们都放了。"

"人是被放了，但我想，冰云水与关光夫都会派人暗中跟踪的！"

"已经作了安排，不怕。"吴兆麟说，"走，再去买几发子弹。我也一发都没有了。"

二人出了大门，悄悄地消失在黎明前的黑暗之中。

小 引

　　从京城来到武昌的间谍特务与湖北张之洞主政的特务为争权夺利发生血战，使一名妓女成为牺牲品。这一浪刚刚平息，又一浪冲击而来。娼妇四姑娘向京城特务报告，6号房中喝茶的几个男人好像不对劲儿，讲的话语言很新，有时提出孙文的名字。他们是不是革命党？特务决心将他们一网打尽，但艾玛阻拦，她要放长线钓大鱼……

第二章　狗咬狗

昨晚在紫阳湖有三男一女被杀的阴影笼罩着武昌城，那些作恶多端的特务及贪官污吏被吓得魂飞魄散，不敢出门。人们传着：革命党人开始行动了，专门杀贪官，杀特务，杀那些敲诈百姓的恶人！而且越传越神。

夜幕又一次降临了，清政府的谍报特使关光夫，坐在武昌千家街 28 号洪昌旅馆二楼一间比较讲究的客房里，一手举着酒杯品酒，一手拿着鸡腿正在撕吃。他得到了报告，死的那个女人是冰云水的姨太太花四妹，三个男人，其中一个军人是正目，另两个是过去她做妓女时认识的嫖客。是情杀还是谋财害命？一时还难以肯定。但宪兵在破庙里发现的皮箱中，有大批革命党的书报，这些东西又与花四妹、三个男人有什么瓜葛呢？

"官人，你心闷不？"门被轻轻推开后，一个女人善解人意地笑着走进来。

"啊，是四姑娘呀。"关光夫对这个娼妇有较好的印象，她不但情场功夫深，而且对政治较为关心，还时不时地将嫖客中谁议论革命党人的事报告给关光夫。

"怎么不叫我来陪陪你呢？"四姑娘一屁股坐在他大腿上，"听说了吗，冰云水的姨太太给他又戴了一顶绿帽子，我看这冰大人的脖子都快要压弯了呢。"

"宝贝儿"，关光夫将她搂在怀里，"听说那几个死鬼都跟你相好过，现在他们到了阴间，你不伤心？"

"嘿"，四姑娘娇滴滴地瞅了他一眼，说，"做我们这一行的都是逢场作戏，裤子一提，银子一交，谁也不认识谁了，你还把它当多大的事儿？"

"这么说我要被革命党杀了，你挤都挤不出一滴眼水儿？"

"关大人，我们还是说点热乎话吧"，四姑娘说着抱住他的脖子一阵亲吻。当关光夫将手伸进她的内衣，她又低声色笑说着：

"你……你真鬼……"

"关大人，外面有人找。"门外的侍从报告。

关光夫推开四姑娘问："谁？"

"巡警道官人冯启钧。"侍从答。

"我现在正忙着，他来干什么？"关光夫不耐烦地站起来，"真扫兴！"

"关大人"，门口传来冯启钧的声音，"打搅您了！"

关光夫拉开门闩时冯启钧已经站在门口了，还没说请他进来，他就提腿迈进了房，一见四姑娘在此（他经常邀请这个妓女过夜），朝她点点头后，对关光夫说："我们在破庙花四妹的尸体边找到的那个装有革命党人宣传品的箱子，的确是冰云水家的。他现在派人找我要，我说事情没查清楚之前，最好存在我们这里，他不同意，声称要找事儿把我扣起来！"

"不会吧？"关光夫说着向四姑娘使了个眼色，这娼妇知趣地告辞走了。关光夫见妓女走了，又接着说，"那两个地痞四姑娘认识，那个正目叫什么向天，据今天下午得报为革命党人，与四姑娘混过，也跟花四妹关系特好。这千丝万缕的关系网，他冰云水脱得了干系？"

冯启钧一听关光夫理解自己，笑笑道："我断定冰云水利用合法身份为革命党运送宣传品，从中捞了很多银子。"

"证据，有证据吗？"

"周姑娘，请进来拜见大人！"冯启钧扭头朝门外命令。

"来了。"门外响起一个银铃般的声音。

关光夫眼睛一亮：我的天哪，哪来这般天仙女子？

"周姑娘，请你拜见京城兵部来的关大人！"冯启钧道。

"关大人你好！"

"啊，不必客气了，请坐，快请坐。"关光夫说着，一双色眼鬼溜溜地在她身上从头到脚乱转，"这么漂亮！我们冯大人左右都是美女天仙，真是福大运大，桃花、桂花四季香呢。"

"哪里哪里"，冯启钧忙说，"周姑娘早就想认识关大人，只是关大人满楼春色脱不开身。今天来了就陪关大人住些日子。"

"哎呀呀，这可……这……"

"关大人"，冯启钧见其故作不好意思，便说，"周小姐经常帮冰大人提一些东西回来，今天我们找到的那个装有革命党人宣传品的箱子，就是她从码头上提回来，交给冰大人的。"

"正是，我没有说谎。"周小姐忙道："冰大人每两三天叫我去接一次货，我也不知道是什么东西。不过冰大人出手大方，每次给的银子都不少。"

"有这种事？"关光夫疑惑不解，"周姑娘，你可要知道不可戏言，冰大人若真是这样，是犯死罪的！"

"她用头担保"，冯启钧面对着关光夫说，又转过目光，"是吧，周姑娘？"

"对，冯大人是了解我的。"周姑娘忙道。

"二位"，关光夫走动着说，"冰云水在湖北侦查革命党人毫无建树，朝廷命我前来缉拿革命党人，冰云水心中极为不快，我们高其一筹，他的位置就坐不住了。将来冯大人能左右湖北军政，冰云水是不会善罢甘休的。大家想将他拉下马也不是轻而易举的，他做了这些年的官，上下打点，路路都通，有什么事为他说话的人不会少，所以请二位作好取证准备，切不可大意也！"

"周姑娘，这是关大人把点子给我们，万万不可大意，更不可在权势面前……"

"对，说的事情不可变！"关光夫说，"这变，那也变，我们作为朝廷命官也不好定夺了。"

"明白吗？"冯启钧问。

"明白！"周姑娘点头回答。

"报告关大人，外面冰大人求见。"外面侍从报告。

冯、周二人大吃一惊。

"怎么办，是请他进来，还是你们俩回避一下？"关光夫问，"快定夺，他这个人经常冲门闯关，不好应付。"

"我……我们……"

"关大人闭窗关门，有何朝廷机密不可外传呀？"外面传来脚步声。

"嘿，怎么不挡住呢，他来了！"冯启钧神色慌张。

"他又不是老虎，怕什么，三人当面把事揭出来，谁也搞不了谁的鬼！"关光夫说着给周姑娘使了个眼色，"别怕，有我们！"

"有关大人、冯大人做主，小女子什么都不怕！"周姑娘忙给自己壮胆，又问冯启钧，"我还是走开好吧？"

"怎么走呢，姓冰的堵在门口呢！"冯启钧也有些焦急。

门"吱呀"一声开了，冰云水一看冯启钧与周姑娘都在，他环扫一下众人后说："关大人，今天到得好齐啊，是你召开会议呢，还是各位来得巧？"

"都是我的朋友，快坐，有话好好说。"关光夫扭头大声道，"快，给冰大人泡茶。"

房子里的空气有些紧张，冯启钧低头想走，但不好开腔。周姑娘浑身打战，两眼不敢看冰云水。

"关大人"，冰云水坐下来就开了腔，"听说有人到你与张大人处告我，说我养的女人是革命党人，我帮革命党人运送书报宣传革命，推翻朝廷，我从中拿了丰厚的银子，你知道不知道？"

"有这种说法，电报也发到了朝廷兵部尚书处"，关光夫单刀直入，"那箱子是你家的，死的女人是你的姨太太，其中一个叫什么齐向天的是革命党人，另外两个也不干净，冰大人作为武昌城主管谍报的首位大员，有些事怎么不知道呢？"

听说已给兵部尚书发了电报，冰云水心中极为不快，而且一向与自己相好的周姑娘周兰花也出现在这里，神色不对，这里面肯定有什么猫腻，冰云水脑中疑团四起，激浪滔天。

"关大人听信小人之言，我只有弃官为民了。"冰云水说着站起来，"我现在是跳进黄河都洗不清了。"

"周姑娘，你让冰大人清醒清醒。"冯启钧突然说。

周姑娘低着头不语。

"你怎么的，怕啦?"冯启钧严厉地问。

"快说嘛，你哭什么!"见她不开口，冯启钧吼了起来。

"对，把事情说出来!"关光夫又追了一句。

"周姑娘"，冰云水一看周兰花的神情，断定其中必有原因，"你以前在洪昌旅馆当婊子，是老子用重金把你赎出来的，希望你改娼为良。但你不改过去的淫荡之气，混迹权贵之中。在花四妹左右叫用听差，也是我想把你……"

"冰大人"，周兰花不知道为什么，突然跪在冰云水脚下，"今天……今天我……我对不起你……我……"

"周姑娘"，冯启钧一听大事不好，冲过去一把揪住她的头发，"你要是敢血口喷人，今天就打死你!"

"住手!"冰云水一掌推开冯启钧，扭头对关光夫说，"关大人，这场戏是怎么导演的?"

"哎呀，你们……你们……"关光夫一跺脚，"真是……"

"关大人"，周兰花扭过头望着关光夫，"今天上午，冯大人找到我，给了我一些金条，叫我说冰大人的姨太太私通革命党……"

"你……你……"冯启钧"啪"地一巴掌打在周兰花脸上，"打死你这个……"

"你打死我，我也要说……"周兰花和盘托出了内幕。

"砰!"冯启钧的一个随员从门外射来一枪，周兰花应声倒在地板上，血水喷涌……

"抓住他!"冰云水大叫。

一阵快速的脚步声，开枪者跑了。

"关大人，这该怎么办?"冰云水质问关光夫。

关光夫两手对搓着一时不知如何是好。

"拖出去，快拖出去!"冯启钧对又一随从道，"死个娼妇有什么大不了的?"

两个随从拖着还没有完全断气的周兰花朝外走。

"关大人，冰大人"，冯启钧神色平静下来，"我听信了妖言，对冰大人不利，我现在向冰大人请罪。为何发生凶杀，我冯某将尽快查清，请二位今后多多指教。如若我们不团结，革命党人就越是发展得快。"

"请关大人发落！"冰云水一看人也死了，冯启钧也认了错，他也不想为这件事搞得上下鸡飞狗跳的，说完扭过头，"我走了。"

"冰大人，别走了。"冯启钧说着急步上前，"冰大人，我们找个地方坐坐，有些误会……"

"对对对，冤家宜解不宜结嘛！"关光夫说。

"走，到四姑娘的房间谈去！"冰云水也顺水推舟。

一场闹剧刚刚收场，关光夫又回到酒桌上，四姑娘轻手轻脚地从虚掩的门里溜进来："周姑娘死得好……"

"哎哟，你安静点好不好？"关光夫白了她一眼，"她死了，找你的男人更多了，你腰里的银子会越来越多嘛。"

"关大人……"

"去去去"，关光夫一挥手，"哪儿好玩哪儿去！"

"你……你……"

"又怎么的？"

"你不是要我盯着点，6号房里有几个男人神神秘秘的，不知道在说些什么，连倒水送茶的人都不让进去。"

"啊"，关光夫惊问，"你认识里面的几个人吗？"

"有一个是炮兵标统的，姓刘，叫什么就不知道了。他们经常来喝茶，关起门，不玩女人，也不带女人来，我偷听过几次，他们说的话很新，还说有一个姓孙的在日本做大事。"四姑娘说着一笑，"你对我说过探到革命党人奖银子，这回要是我探得了，你奖多少嘛？"

"还没个眉目就要钱，你朝床上一躺，不就是金条飞过来了？"关光夫拧了一把她的乳房，"你呀，出口是钱，进口是色，怎么得了哟。"

"我们都是趁年轻挣几个留着养老，不像你们男人。"

"你快去贴着门听听，有情况马上告诉我。他们都在6号房？"

"几乎每次都是6号房，姓刘的来得多，其他几个面熟，叫不出名字来。"

"好，要是真钓了条大鱼，你还做什么娼妓嘛，今生今世都吃不完、用不尽的。但不要贪财，周姑娘要不是贪财，今天也不会死在冯大人枪下。"

"是是是！"四姑娘说道，"我去了。"

关光夫目送走这个什么钱都挣的女人，还没转过身，艾玛就出现在他的眼前，不等他开口，艾玛就问："怎么，刚才冯启钧打死一个妓女？"

"嘿，死个妓女又有什么，拖走丢进江里喂鱼就完了，用不着大惊小怪。"关光夫接着又补充，"冯启钧与冰云水争高低，利用昨夜的发案做文章。这帮人对革命党人没办法，自己窝里斗倒是魔高一尺，道高一丈的。"

"你有时候太向着冯启钧了，我们从京城来两眼一抹黑，人家是地头蛇，凡事不能太过激，两方面都要利用好。"

"对呀"，关光夫说，"可是有些事冰云水太过分了，还想挤走我们，他在湖北依靠张之洞一手遮天！"

"现在冰云水到处放风说，朝廷不相信湖北各军中的军官，特派兵部尚书的特使关光夫、机密参谋艾玛来湖北监督各位官长"，艾玛说，"这是他的原话，如果他这样搞下去，在我们与湖北新军中制造分裂，那我们以后的工作很难开展。"

关光夫默不吭声。

"啊，对了"，艾玛道，"那二百支德造新手枪，冰云水想要去武装一支敢死队，用于侦破暗杀革命党人，你看怎么样？还有一批制造巨爆炸弹的炸药，他也要。"

"你怎么知道的？"

"听他的副官讲的。"

"冯启钧为要那二百支德造手枪与炸药，不知道谈了多少次，金条都送了我好几根，我都没开口。他想不花一分钱，以武装敢死队杀革命党人为借口拿走手枪。这是做梦娶老婆，尽想好事！"

"好好好！不给就不给，不要与他们又闹得伤了和气"，艾玛说，"不过，我也听到风声，革命党人也想要这二百支手枪与炸药。"

"是谁漏的风嘛？"

"冰云水与冯启钧都在公开场合说过，声称只要这批武器装备给他们，成立一支敢死队，武昌的革命党人就会被他们扫荡干净。"

"妈的，军机之事不能守口如瓶，这些王八蛋就知道女人、金钱、权力。他们……他们谁能与革命党人相比，为什么有真本事的都是革命党人呢？"

"你问我？"艾玛冷冷一笑，"我们抓的、杀的、关的革命党人，哪一个没文化、没本事？你呀，去问荫昌大人吧。官吏太腐败了，大清江山被摇动了！"

关光夫只顾叹气。

"啊，对了，这是刚刚收到的电报，兵部几次来电，要求我们尽快缉拿武昌城的革命党人。"艾玛将电文送到关光夫手中。

关光夫读着电文，浑身开始颤抖：

近日多方收到情报，湖北新军中革命党人十分活跃，与海外的孙文勾结准备起义，并在私自寻找武器来源，同时革命党人在民众中发展同党，武昌城的革命党人在向各地输送指挥官，准备发动一次大的发难行动，兵部命令你们立即侦破，凡捉拿到的革命党人立即杀之……

"这样的电文我都读怕了！"关光夫将电文递给艾玛，"怎么办，英征抓到的两个革命党人杀了吗？"

艾玛一听英征杀革命党人的事，她就心惊肉跳……

英征是督军新卫队长，今天中午，他将官兵召到督府后院集合后，将两个革命党人用铁丝穿着腮帮子拖进来，送进一个蒸饭的木蒸笼中站着，然后开始烧火，随着水的沸腾，蒸得半截身子在外的两个革命党人死去活来，最后慢慢地被蒸死了。英征大声咆哮："谁加入革命党，我就用这种方式蒸死他！"

艾玛站在二楼窗口看到两个被蒸的革命党人，一阵心寒袭上来，连忙扭过头去，不敢看了……

"英征处死革命党的手段太残忍了"，艾玛说，"这样会令他们更加反对朝廷的。"

"你太仁慈了，将来他们杀你，决不会手软的！"

关光夫说着像突然醒过来似地问："你认识的那个炮兵标统姓什么的呀？"

"姓刘，叫复基，怎么的？"艾玛说。

"听四姑娘传递消息说，他经常在6号房间与几个男人一块儿喝茶，关着门谈笑风生，就是不要女人。"

"这有什么？这是茶馆加旅馆，天天人山人海，不都是这样？有什么大惊小怪的？"

"不不不"，关光夫说，"听四姑娘讲，他们讲的事很新，有的她是第一次听到。"

"她……她怎么知道的？"

"偷听到的，我不是叫她打探客人的事嘛。"关光夫说，"你到6号房去听听，四姑娘已经进去了。"

"他们来了？"

"来了，四姑娘认识那个姓刘的也来了。"

"好，我去一下，听听他们都说些什么"，艾玛说着扭头就走，到了门口又回过头，"喂，那个被打死的妓女与冰、冯都有过交往，他们之间……"

"过去了的事就不管了"，关光夫说，"快去探探，有情况马上告诉我，真有大鱼就一网打尽。"

"有情况就放长线，钓更大的鱼"，艾玛说着做了一个鬼脸，"将来你升了大官，得好好地大奖我呢！"说完，"咚咚"地走了。

小 引

　　革命党人刘复基在湖北炮兵标统任正目时，结识了张难先、刘静庵、吴兆麟、曹亚伯等人。他了解到，早在 1894 年，孙文（孙中山）先生在美国檀香山成立了兴中会，这个兴中会的宗旨是：要在中国推翻清王朝，建立民主共和，让中国走向富强。刘复基大喜，急切地要求加入革命党人阵营。刘静庵、曹亚伯、张难先与在湖北创办科学补习所的革命党人组织，借传播科学知识之名，行传播革命思想之实，旨在推翻清廷统治。既有指挥才能，又有高超军事艺术才能的吴兆麟策划了一个大胆的行动：当他侦知湖北督军政府从德国军火商手中买到二百支手枪，不日将送往北京讨好达官贵人之时，即命令刘复基设法弄到手。清廷早就对湖北新军中的革命党人有所耳闻，但始终没有抓到把柄，无法破获反清革命组织，于是立刻派忠于皇室又有情报经验的关光夫前往湖北。这个情报特使进入湖北新军后任第八镇军事参谋，实为搜集革命党人的情报，并配有助手艾玛在湖北督军司令部任电讯参谋与其协调。刘复基在吴兆麟的精心策划下，与特务艾玛建立良好的人际关系，从而了解敌人内幕，掩护革命同志，为大革命风暴的到来积极筹备武器。这场斗争的胜败并非革命党人所能料到，因为清政府也成立了绞杀革命党人的组织，他们为了维护帝制，反对民主共和，联络外国势力，阻止革命党人推动中国社会前进的列车。一场摧毁帝制、建立民主国家的星星之火，在湖北新军中悄悄燃起……

第三章　英雄救美

6号房内，当刘复基、张难先、刘静庵三人正为一件事情争得脸红脖子粗时，湖北参谋大学学生（四年制）工程营左队队官吴兆麟走了进来。刘复基忙喜笑颜开地站起来："大哥，我们……"

"快从后门走，外面有两个女人盯住我们了！"吴兆麟神情严肃，"快分头跑，不要走正门了！"

"大哥你呢？"刘复基急忙问，"我跟你一块走！"

"外面有两个女人在贴着耳朵听你们讲话，现在局势很紧张，你们讲的话万一传到密探那里去了，是要掉头的！"

6号房的后门打开了，四人一溜烟地消失在黑暗之中。

"兆麟哥"，路上，刘复基小声说，"听说督军府有二百支德造手枪，准备送皇城，你可知道？"

"我就是为这件事的，不过来迟了"，吴兆麟说，"据我的朋友告知，这二百支德造手枪是专门配给达官贵人的。我们要推翻帝制，仅仅靠湖北新军还不够，我们必须在城乡招兵，队伍一扩大，手中没有武器是不行的。你马上去找人，打入督军府，摸清武器存藏的具体地点。"

"兆麟哥，督军府有一女子跟我有点交情，不知可否利用？"

"她在督军府是干什么的？"

"是这样……"

两个月前的一天晚上，刘复基送走彭楚藩、杨洪胜后，自己小跑步回炮兵标统驻地营房。当他路过炮兵标统兵营军官东宿舍时，只听有一亮光的窗孔里传出一女人的声音："万廷献的副官又怎么样？告诉你曾作富，你想占老娘的一滴油，将来你吃不了……"

"艾玛妹"，曾作富搂住她，"你今天同意也罢，不同意也好，我忍不住了，裤裆里快燃起火来啦！"

"滚……"艾玛挣扎着，"你……你……"

"玛妹，把手松……松嘛……"

"咚！"门口有人狠狠地敲了一下，"曾副官，正目刘复基有急事要报告！"

"什么事？明天再来！"

"不行，马上就要出人命了！"

"什么事嘛？你说说。"曾作富一边与艾玛厮打，一边喘着粗气说，"算了，明天再报告吧。"

"你！"艾玛从他身下翻起来，狠狠地将曾作富推倒在床下，"滚！"

曾作富被推倒在地，还没爬起来，艾玛走上前狠狠地瞪了他一眼："你是现场出丑，还是给你留一副假面具？"

曾作富爬起来，一边系裤带，一边大声道："正目刘复基，本官正与人共议大事，有事明天谈！"

刘复基在外一听，不知道里面到底出了什么事，只好止步不再吭声。

曾作富看到艾玛整理了衣服，双手理着被他抓乱了的头发时，又从后面扑上去，一把抱住她："不行，上下火没灭，你不能走！"

"快来人啦……"艾玛开始呼叫起来。

"咚！"刘复基一脚将门踢开，看到曾作富双手拉着艾玛的衣服，他说："请问这位女士……"

"刘复基"，曾作富从惊恐中恢复过来了，"你来干什么？"

"听到有女人呼救，作为军人我不能视而不见，听而不闻。请长官……"

"她是我四姨太，跟你没有关系！走吧，哪儿好玩哪儿去，这里不是你一个正目呆的地方！"

刘复基立即将目光迎向女人。

艾玛没有对刘复基说一句话，刘复基微微地点了点头，然后若无其事般地走到曾作富跟前，伸出两手帮他整理有些打皱的衣领。曾作富这会儿立即意识到，艾玛担心被强奸的事传开，将来无脸见人，夜里的事她忍了。

"还愣着干什么，快滚！"曾作富大吼。

艾玛回头扫了眼刘复基，突然挥手"啪啪"地两个耳光打在曾作富左右脸上，并愤怒地道："曾作富，你凭着万廷献的副官这块牌子，想在军中胡作非为，今天给你点颜色看看！"

曾作富没有料到艾玛会这般有心计，两边脸被打得火烧火辣地难受，更重要的是在一个正目面前遭到女人毒打，将来在军中传开了，还有什么威信？他不把艾玛的话放在心上，而是对刘复基说："我们夫妻发生点口角，你快走吧，她这人越是有人劝架，越是火气大。"

"谁跟你是夫妻？"艾玛冲上来，一把掐住他的衣领，"曾作富，我从京城一到湖北督军府，就有人告诉我，炮兵标统中的曾作富是有名的色狼，凭着万廷献这个靠山，凡炮标中谁的妻子漂亮，他都想霸占，并且声言这一生，要玩一万个

女人！"

曾作富留学日本士官学校炮科，在日本他的成绩的确在留学生中是第一位的，并娶有一个日本太太。万廷献奉清政府之命，前往日本在中国留学生中招收炮兵指挥官。曾作富也决心回国大展拳脚，把自己的专业知识发挥到极佳，为中国新军的炮兵服务。东京的夜灯红酒绿，日本为了向中国炮兵代表团推销日本生产的武器，组织了一个偌大的欢迎团，除了热情接待，推销各工厂生产的炮、枪等武器之外，还组织了大批妓女活跃在代表团之中。这些贪官污吏大都满怀激情。

这天晚上十点刚过，曾作富赶到万廷献所下榻的东京银座大街 26 号西洋太子酒店 909 房间时，门是虚掩的，只听到一阵阵女人的欢笑与男人的放荡声。曾作富在门外叫："请问万大人在吗？"

"你是谁？"

"曾作富前来拜见炮兵标统大人！"

"进来！"

曾作富进门一看，大吃一惊，万廷献左右大腿上各坐着一个日本女子，她们左右抱着万廷献的脖子。万廷献左右两手抚摸着女子的腿，这两个女子不时发出"啊呀"的怪叫声。

"万大人，本人改日再来。"曾作富看到这场景，知趣地一边说，一边向门外退。

"嘿，有什么呢，男人这一生一世，不就是金钱与女人吗？"万廷献说着左右亲了亲妓女，"你在日本几年了，对日本女人没有新鲜感了，但对我来说是掉进天堂啊。你只要在我的炮兵中精心传授知识，我保证你一天换两个女人，绝对鲜活，不比日本女人……"

曾作富愣住了。两个日本女人不断娇笑着。

"好啦"，万廷献一边对付两个女子，一边对曾作富说，"我正忙，没别的事你可以走了。明天我就启程回国，不日就可抵武昌。我已电报告知你到我炮标就职……"

曾作富在权力、金钱、女人的诱惑下终于来到了武昌。但他回国时没有带回日本太太方何明秀。

不久前的一天下午，曾作富从督军府回到炮兵标统，直奔万廷献的公寓，当他见到俄国女郎洛尼亚那丰满的乳峰，在不停的走动中神秘地晃动时，便走过去用低而浪的声音问："洛尼亚小姐，万大人又给你精神带来了愉悦？"

"刚刚做完"，洛尼亚正将一根金条朝口袋里装，"半年了，才只一根，好像他与法国使馆的冬雅好上了。我老了，至少他是这样认为，跟他相好不到十个月，他就认为我老了，对他不新鲜的就是老了……"

"再见，洛尼亚小姐。"曾作富不愿意再听下去，打断她的话转身走进万廷献家。

万廷献与法国使馆的三秘书冬雅一阵狂风暴雨刚刚过，软绵绵地躺在床上。一见曾作富进来，他微笑着问："新炮训练告一段落了，你可以休息几天。"

"休息，我到哪儿去休息？"曾作富不悦地说。

"怎么，最近没有新欢？"万廷献问，"银钱的事好说，由我解决，你自己在各方面看看，使馆的洋姐跟我都不错，如果你要开开西洋荤，包在本老爷身上。"

"不不不。"曾作富一笑，问，"督军府那个电讯参谋艾玛你熟悉吗？"

"熟，她是旗人，跟京城王府是什么关系我就不知道了，如果跟她好上了，将来从她那里拿到官帽子再卖出去，比我这个炮兵标统卖出去的什么参谋之类的帽子值钱多了。"

"这个女人的底细你完全不知道？"

"了解一些"，万廷献沉默了一会儿，"啊，对了，她好像是王府一个什么人的女儿，由于精通英、日、俄文，又会来事儿，便成了特使关光夫的助手。据我所知，她好像是在摸我军中的革命党的线索，如果你能把她搞上床，弄一顶军机顾问的帽子卖一卖，我俩还干什么炮兵呢？两代人也吃不完这顶帽子呢！"

"只要有万大人在背后撑腰，有什么事我去摆平。只要有足够的金条，没有办不成的事！"

"那……那……我就脱了衣服下水啦？"

"去吧，脱得光光的大胆下水，像她这样的女人已非原汁原汤了，八成已经被那个关光夫喝过第一杯啦！"

"妈的，去把关光夫干掉！"

"别他妈有眼不识泰山了"，万廷献恼火了，"他是朝廷特使，傍着他们一块儿干，他拿顶帽子来都是金条。你没看到这城乡所谓的财主，到处跑官要官吗？把关光夫与艾玛抓在手心，就找到批发官帽子的地方了，比你开大公司、大工厂还来银子，这叫生财有道！"

"哈哈哈……"两人都异口同声地狂笑起来。

有了万廷献作后盾，曾作富经过一番准备，在督军府与艾玛混熟后，开始下手了。这天晚上，他声称已发现革命党人在炮兵标统中的迹象，想请艾玛前来谋划，共同立功创业，为将来的前程奠定基础。艾玛为探虚实，来了。事前她想过曾作富贪财贪色的恶性，但一想到他在军中已有一定地位，将来还得依靠他追寻革命党人，再说他是多年留学日本、俄国的高才生，一个文人应该不会对军中女子采取什么暴力手段。但恰恰相反，仅仅只与她讨论片刻国事、军事，曾作富就迫不及待地对她下手了。

现在，艾玛当着刘复基的面揭曾作富的短，曾作富干脆将伪装一撕，大声道："男人玩的女人越多，说明他越有本事，有势力。像刘复基，除了守着乡下黄脸婆之外，他别说摸洋屁股，就是嗅一嗅洋味的机会都没有！"

"曾副官"，刘复基跨前一步，一把掐住他的衣领，"清政府腐败无能，对内残酷统治，养了一批像你这样的败类；对外丧权辱国，是因为你们这帮统兵者只知道吃、喝、嫖、赌。列强瓜分侵吞之势已经形成，国亡无日。你作为留洋军人，回到自己的国家不好好为国民服务，而一心想着……"

"住口"，曾作富大吼一声，打断刘复基的话，"你……你是革命党人，抓起来关死你！"

刘复基伸出粗壮的胳膊，狠狠一把揪住他脖子上的衣领："我作为军人，应是爱国志士，具有强烈的外抗强权、内除国贼的爱国决心，驱逐鞑虏，恢复汉室的革命要求，结束清廷统治我大汉的二百六十余年历史。但是，我不认识革命党人，如果我是革命党人，今天非把你置于死地而后快不可！"

"你……你想作乱？"

"我还没那个本事，一个小小正目在你们官人眼里，不如一只小虫"，刘复基说着又话锋一转，"不过你要记住，有时小虫会要你的命！"

"你反啦？"

"我不反，至少现在我没有力量反"，刘复基扫了眼艾玛，"如果你不这样伤害自己的女同胞，也许我们没有机会这样对话，今天算有缘了。"

"你滚！"

"我是要滚的"，刘复基放下揪他衣领的手，"不过，请你记住，男人应把精力放在建设国家上，像你这样有了知识，有了钱财，却把精力、财力放在玩弄女人身上，不是中国男人的本分。真正的中国男人，不但要爱国爱民，还要爱家、爱妻儿、尊重女人！"

"你他妈敢教训我？"曾作富扭头从墙上抓下手枪，"我……我毙了你！"

"你敢！"艾玛冲上去，抓住他手中的枪，"如果来横的，我到皇府告你，不出三天就把你打入大牢！"

"小姐，你讨好一个臭当兵的。"曾作富一怒，挥拳朝艾玛打来，"老子打死你！"

"好！"刘复基正步上前，伸手在空中抓住他的手腕，"曾副官，有失男人风度吧？有本事跟外国人斗，把女人关在房子里打，算什么好汉？"说完，一扭他的胳膊，"给老子跪下！"

"不跪又怎么样？"曾作富脖子上鼓起青筋，"再不放我，军法处治你！"

"你伤我军中女士，还敢狂言不爱国家，与张之洞总督训示新宗旨不相宜，应受到军法制裁的是你，而不是我。快跪下，不然刘某拳头不认人！"

曾作富在"好汉不吃眼前亏"的想法中，终于双腿跪下："好，好，好。"

"艾玛参谋官，请拿笔、墨、纸来！"刘复基说。

艾玛不知道刘复基要干什么，便将曾作富桌子下面抽屉里的三样东西拿了出来。

刘复基说："曾副官，我们明人不做暗事，请你用笔写下我下面讲的话。"

曾作富这会儿老实多了，只好服帖地点点头："复基君，我算领教你的厉害了，你有何要求，是想任参谋呢，还是想当炮标中的队官？"

"你拿笔写，我说。"

"嘿，委任状我马上就能写好，万廷献听我的，他肯定认可。不瞒你说，炮标下面的官职，我按大小收银子，一个参谋官，五十两银子，你的分文不收，你帮我卖一个参谋的官帽子，奖你二两。"曾作富竟然做起了生意。

"少废话，提笔听着。"艾玛上前对他说。

刘复基冷冷一笑："曾副官，你应该想想，没有士兵，哪有队官？没有国家，哪有皇朝？亏你还是留学的高才生！"

"这么说，你不是要我写委任状？"

"不是。"

"那是什么？"

"良心，良心你知道吗？"

艾玛愣住了，不知道刘复基要干什么。

曾作富更是一愣一愣的。

"快握笔，刘某不会欺诈你的！"

"我说复基君"，曾作富这会儿彻底软了，"你……你到底要我干什么？"

"我念，你写！"

"好吧。"曾作富抓住了笔，额头上冒着虚汗，手在不停地颤抖。

"请注意运笔"，刘复基说着扫了眼艾玛，"请给曾副官一个椅子，坐着身子正，文字就写正了。"

曾作富额头上虚汗直冒，大气都不敢出。

刘复基开始念道：

湖北新军炮标副官曾作富，企图强奸军中电讯参谋艾玛，被炮标正目刘复基

发现制止。本人今后决不再冒犯艾玛参谋，并保证不报复正目刘复基。刘复基与艾玛也不向外传播曾作富的丑恶行为。

湖北新军炮标副官曾作富亲笔

写完这些，曾作富心中大快，急忙双手托起递到刘复基面前，"唰"地跪下："刘君一不为了要官，二不为了要金钱，只要我写一良心存此，实为人格伟大也。"

"别多说了，你再抄写一份交给艾玛参谋存放，我自存一份，你盖上手印，也应有一份自律为镜啊。不然，时间长了，得意忘形，再犯此病就无法医治了。"刘复基说。

曾作富立即照办。

从此，艾玛被刘复基的人格魅力所折服，隔三岔五地邀请他共进晚餐，还不时地到日本人或俄国人的舞厅小憩小叙，友谊渐进，很是快意。

听完刘复基的讲述，吴兆麟笑着说："没有料到，我的这位同乡如此充满折服人的人格魅力。不过与她要保持纯洁的友谊，来日方长，你真要训练出了她，将来对革命是有好处的。"

"兆麟哥"，刘复基忙问，"她是旗人，是皇亲国戚，又是皇室派到湖北新军中来刺探军情的特务，非一般女子，她是不会……"

"不不不"，吴兆麟说，"革命党人遇事要深思熟虑，眼光要看远一些。其实现在很多皇室里的官员都有爱国思想，反对腐败，只是找不到方向而已，请你多多引导她，为救国救民，推翻帝制，建立民主共和的国家服务。"

"好，我听大哥的。"刘复基赞同地说。

"你今晚就要去找她。枪，是革命党人关心的大事，是推翻帝制的工具。"

刘复基点点头，腰里插了把锋利的匕首，直奔艾玛的住地……

小 引

　　为了搞清是否真有二百支手枪的虚实，刘复基赶到对他充满感激之情的艾玛寓所，但艾玛不在。刘复基的内心热烈地爱着这位美人儿，深更半夜还没有回来，她是又找男人去了呢，还是……一个漂亮的单身女人深夜不归，按传统思维她是找男人去了。刘复基心里很不是味道，想当初他在冰水中将艾玛拉上来，晚上艾玛不要他走，正盼得到他爱的烈火，然而这个铁血男人在欲火中烧的难耐时刻，最终把住了激情奔泻的闸门，使得艾玛更加对他情深似海。当刘复基进入甜美的回忆之中时，突然发现两个宪兵在长堤街对面抓捕革命党人，刘复基开枪打死两个宪兵的枪声引来了大批宪兵，在进退维谷时，艾玛回来了，她将走投无路的刘复基拉进了一个单身女人的房间……

第四章　深夜跑进美人房

刘复基在长江边告别吴兆麟，赶到长堤街 61 号艾玛的居住地时，那栋二层楼的小屋里没有亮光，也没有人气，只有小院里黑乎乎的门紧闭着，上面吊着一个长方形的铜锁。这就告诉他，艾玛没有回来，那么她去了什么地方呢？

可以这样讲，艾玛不仅仅因为刘复基那天夜里救了她而尊敬他，而且从知识层与人格来讲，她开始有些崇拜他了。

那天夜里，刘复基拿了曾作富的手写纸作为证据走了出来，艾玛也跟着他出来了。他们在门口不远的一个三条小街交叉路口分手时，艾玛突然问："刘大哥，小妹想陪你说说话，好吗？"

刘复基抬头看了看没有月亮的天空，又扫了眼四周，微笑着对她说："时候不早了，你该休息了，我们改日再聚吧。"

"不"，艾玛向他送来一阵秋波般的甜软微笑，"刘哥，老实讲吧，我没有料到你们新军中还有你这样有文化、有见识的兵士呢。"

"小妹"，刘复基一听她叫他大哥，也改口亲切地道，"你应该清楚，军中的士卒并不比军官低矮啊，读书人从军者多也。"

"啊，你也是读书人么？"

"前年我就在乡村教私塾，是今年夏天才投笔从戎，考入我们武昌籍万廷献的湖北新军炮标的。"刘复基简洁地介绍说，"你呢，也是学军事的吗？"

"从日本留学回来后，父母病故，跟着叔父在京城，去年叔父病故，我便被派到督军总署做日、英翻译参谋，这次被派到湖北督军府任职。"艾玛说着叹了口气，"其实我生活也很难，很多人都恨我，总希望把我赶出军界。"

"不会吧，你与人无冤无仇，他们为什么要这样不公平地对待你呢？"刘复基说。

"因为我是旗人嘛，其实清廷统治汉人的两百多年来，朝廷官吏腐败，但并不是每个旗人都腐败。就像我，想腐败也腐败不了，我手中没权、没银子呀！"

刘复基笑了，又走了两步，前面有棵树，只见有一男一女在树下近距离地站着，月光从云缝中露出脸来使他们能清楚地看清对方。艾玛用胳膊轻轻地碰了一

28

下刘复基的胳膊："你看，他们多幸福。"

刘复基淡淡一笑忙转过话锋说："艾妹，这里叫什么湖你知道吗？"

"紫阳湖嘛"，艾玛不高兴地说，"你干嘛答非所问呀？"

刘复基又是一笑："艾玛，我想问你一件事，不知可否？"

艾玛一看他满脸认真，只好驻足道："不知道我的才学是否能给予你满意答复。"

"不要这样讲"，刘复基说，"你对清廷办学，为行新政，为立宪预备的提法是何见解？"

艾玛略思片刻后说："去年（1905年）元月五日（乙巳五月初三），汉口报称，袁世凯、周馥、张之洞联奏，自本年起十二年后，实行立宪政体，你可知道？"

"读过报道，大家都称之为督奏清变政吧？"

"对"，艾玛说，"八月二日（七月初二），汉口报又载端方、袁世凯、赵尔巽、岑春煊、周馥等奏即时停科举，取消前刘坤一等所奏三科递减办法，你怎么看？"

"你看呢？"刘复基反问。

"刘哥，我是说真话呢，还是骗骗你呢？"

"今天我们大家高兴，掏心掏肺论政，各自凭良心，无害友之计谋，这里说的就放在这里了，决不带走。"

"好，我说。"艾玛向湖北边的小桥走去，"清廷办学，为行新政，为立宪作预备，统统都是假的，无非是拉拢汉族人的手段。而知识分子已经看出其中的阴谋，有志者几乎都出洋了……啊……"

刘复基听着听着，忽听一声惊叫，低头一看，艾玛刚才脚下一滑，掉进了紫阳湖那碧绿的水中。由于水深，艾玛的头发在水上面漂着，两手从水中伸出来乱抓着。

"艾玛"，刘复基来不及细想，呼叫着跃入水中，抓住她的衣服朝岸上拖。

艾玛已经喝了几口水，由于她在北方长大，不会水，这会儿她抓住了刘复基的右手上部，头一下子从水中伸了出来。刘复基由于长期生活在鱼米之乡的娘子湖畔，水性超人，对这小小的紫阳湖何所畏惧也，他左手托住艾玛的头，轻声说："双手拉住我，快上岸，太冷了，太冷了！"

艾玛不停地咳嗽、呕吐，将脸贴在刘复基的胸膛上，好像有一种因祸得福的感觉。

"艾玛，拉着我！"刘复基的左手抓住岸边的柳树枝，说，"快，快上去，水里太冷了！"

说着，他将艾玛朝陡岸上推："抓住前面的树枝，抓住，快抓住！"

艾玛浑身冷得站不住，手边也抓不住树枝，急得哭出来了，不停地"妈呀，妈呀"地叫。

"我来！"刘复基抱住她的腰猛朝上一推。

艾玛终于上得岸来，她右手抱住湖边的树，伸出左手抓住刘复基的手："快……快上来！"

刘复基也爬上来了，两个人在寒风中互相对视了一会儿后笑了。虽然冷得牙齿咯咯地打战，但各自心里都暖暖的。

"快，把我的衣服穿上！"刘复基将自己刚才脱在地上的棉衣抓起来，披在艾玛身上。

"你穿！"艾玛忙推开。

"快穿上走，快点！"

艾玛穿上了，但两腿刚才被冷水浸泡得麻木了，不听使唤。

"刘哥"，艾玛坐在地上哭开了，"我……我站不起来。"

"来，我背你！"刘复基蹲了下来，"快，不能冻死在这里！"

艾玛愣住了。

"不要想别的了，要命呢！"刘复基拉起她的胳膊，背起来就跑……

月亮是那样明亮，大地如同洒满水银一般。

刘复基将艾玛背回她所居住的长堤街 61 号，累得两腿几乎站不起来。他喝完艾玛给他做的生姜水驱寒后，拍了拍身上换好的干净衣服："你的衣服我临时穿回去，明天早上给你送来。"

艾玛没有说话，她背靠着房门，两颊泛着红光，望着他，两行热泪不知道为什么"唰"地流了下来。

刘复基不知道发生了什么事，忙问："你怎么啦，要上医院吗？"

艾玛摇了摇头。

"你怎么啦？"

"刘哥，天底下再也找不到你这样的好男人了！"

"别这样说"，刘复基说，"这个世界上坏人毕竟是少数的嘛。"

"不，找不到你这样的好人！"艾玛说着向前走了一步，"你……你不走好吗？"

看着艾玛深情的目光，刘复基假装没听到般哈哈一笑："艾妹，你休息吧，明天见！"

"刘哥！"艾玛控制不住奔泻的感情，扑进刘复基怀里。

刘复基两手朝背后伸着，一时不知道怎么办才好。艾玛抬起头，双手搂着他

的腰，两眼注视着他……

"艾妹，你嫂子还等着我回去……"

"刘哥，我不在乎你什么……"

"艾妹，我扶你上床……"

然后刘复基赶回了驻地。

这一夜，刘复基失眠了，感情是什么玩意儿，为什么这么折腾人呢？

从此以后，艾玛几乎天天都来找他，有时送来戏票，在激情的热浪中两人都感受到精神的慰藉……

回忆着几个月的交往，刘复基始终记住吴兆麟大哥的一再叮嘱，保持人格尊严，你会改造她的！

"咚咚咚……"一串快而急的脚步声传过来，打断了他的回忆。刘复基寻声望去，五个巡逻的宪兵朝这边走过来，英国制造的电筒光柱，已经扫到了他左前的青砖墙上，他正要隐蔽一下，电筒光已经扫到他身上了。对方大吼一声："谁?"

"我!"

"在这儿干什么，哪儿的?"

"炮标的，等艾玛参谋有事儿。"

宪兵一看他穿着炮兵制服，没有多问就走了。刘复基又向右后方走了两步蹲在一处黑角落里望着 61 号门口。

"就是这里!"一个鸭公嗓子的声音传入刘复基的耳朵，"你敲门，问何林太先生是不是在家。"

"你叫嘛，我跟他不熟。"

"嘿，你没听我讲话，隔两步就听不到啦?"

"敲门!"高个子对鸭公嗓子命令，"快，不行就撞开门。"

"不，我们悄悄地从后窗翻进去。"

"革命党人个个都是精怪，弄不好是要被他打死的。"

刘复基一听大吃一惊，抓革命党人的? 他不能犹豫了，悄悄走近，定睛一看，是两个宪兵! 他当机立断，将双手插在口袋里走过去："喂，干什么的?"

高个子一看是一个穿炮兵制服的士兵走过来，忙扭头走过来，低声问："干什么的?"

"等朋友，你们干什么?"

"宪兵队的，抓革命党人。"高个子说。

"左队官赵友林是你的长官吗?"

"你认识他?"高个子问。

"他是我大哥。"刘复基急中生智耍了个小骗术,说着瞅了他一眼。

"啊,左队官的弟弟。"高个子讨好地道,"本人牛明级,请兄长在左队官面前多多美言,提为正目一定送银元百块。"

"好说",刘复基向鸭公嗓子一指,"你叫什么?"

"田哲鹰,也请兄长在左队官面前美言,提前晋升为正目,送银元不少于一百五十块!"

"有机会我就给二位兄弟进言",刘复基问,"这个人肯定是革命党人吗?"

"1894年,他跟着孙文在美国旧金山组织兴中会,意在推翻我大清政府,据报他是今天下午从香港回来的。"

刘复基心里有了底,说:"需要帮助时,请打个招呼。"说完扭头就走,没走两步,"哎哟"一声蹲在了地上,高个子听到叫声急忙跑过来。

"哎哟,我的脚脖扭了,快帮我揉一下。"刘复基说着两手支着地,痛苦状地叫,"哎哟……"

高个子讨好地赶过来:"兄弟,怎么啦?"

"踏到一个小坑中,脚脖子扭了",刘复基痛苦地蹲在地上,"你快看看是怎么回事。"

趁高个子宪兵蹲在地上为刘复基看脚伤之机,刘复基悄悄地从口袋里摸出匕首,对着他后颈窝狠狠地刺了进去。这家伙"哎哟"了一声,栽倒在地上了。

"怎……怎么回事?"鸭公嗓子奔过来。

说时迟,那时快,刘复基飞快地从高个子宪兵腰里抽出手枪,对着鸭公嗓子"砰砰"两枪,然后又一阵旋风般奔到那户人家门口:"快跑,宪兵抓你来了!"

一声开门的声音后,传来脚步声,几个方位响起了哨兵通报有情况的哨音,循着枪声奔过来的脚步声越来越大。刘复基一看革命党人已经跑了,回头寻找逃走的路线时,发现艾玛房间的窗子亮着光,急忙奔过去拍着小院的门:"艾妹,开门啦!"

刘复基在与宪兵周旋时,艾玛从另外一条小巷乘人力车回来了。刚刚进门,就听到两声枪响,她打开窗户朝外看,发现有黑影朝小院冲来,听到喊叫声,她明白是刘复基,便迅速赶出来打开门。

"刘哥,你怎么在这里?"

"找你来的。"刘复基说着扭头扫了眼,"快进去!"

艾玛将刘复基让进来关上门,见刘复基手中提着枪:"刚才两声枪响是你放的?"

"不是!"刘复基说,"我听到枪响,宪兵也朝这边跑过来,怕有误会我要坐

牢呢。"

"快上楼，把灯熄了就不会有麻烦的。"艾玛连忙熄了灯，拉着他就朝楼上跑。

刘复基站在艾玛的房间里喘气，把有一股血腥味的衣服脱下来塞进了一个破旧的衣柜中。

这时，门外传来急促的脚步声。

"快开门，宪兵队查房！"宪兵在一家家地叫门。

"长官，61号二楼的窗子灯光刚熄灭。"一个士兵道。

"61号二楼开门，宪兵队查房！"一个宪兵大叫。

刘复基听着对艾玛说："不能连累你，我走啦！"

"不！"艾玛背靠在门上，"我来对付，你现在走只能是自投罗网。"

小 引

　　两名宪兵侦知何林太是革命党人，同时也侦知到何林太掌握的日知会是革命党人秘密活动的机关。他们认为这是为大清政府立功的最佳机会，也是升官发财的天梯，若收拾了革命党人，将会给他俩带来荣华富贵。两名宪兵喝了血酒后直奔革命党人家，想趁深夜将其捕获后送到督府邀功，升官发财。刘复基为了进一步了解二百支手枪的具体地点，深夜来访艾玛，突然发现两个宪兵前来抓捕革命党人何林太，便不顾一切地采用谋略杀死一宪兵，又开枪击中另一宪兵，他没有战场经验，认为两枪击中必死无疑，然后直奔艾玛处。然而，那名被击中的宪兵并没有立即死亡……

第五章　左队官偶遇两宪兵

吴兆麟与刘复基分别后，并没有回去，而是悄悄地在暗处注意刘复基的安全。他听到两声枪响，寻声赶过来，不一会儿宪兵哨音四起，将夜的寂静打破。左队官吴兆麟赶到长堤街 61 号门前时，一股血腥味直扑而来，有一人在痛苦呻吟，他又扭头寻声奔过去。

在一个小巷口，小巷中间有一个黑乎乎的东西，吴兆麟几步跨过去一看，见一个人正倒在地上。他提起血淋淋的服装，定睛一看，明白是宪兵。这宪兵还没有死，因伤势过重说不出一个字，嘴唇在微微地颤抖，脸上全被血沾着。吴兆麟用袖口擦去他脸上的血，一个熟悉的面孔出现了："啊，这不是……"

"快……快……救救我吧……"一个声音从不远处传来。

吴兆麟想不起来伤者到底是谁，忙寻声奔过去一看，一个人两手支着半截身子背靠着墙，垂头发出一声声低沉的呻吟。

"你……你是谁？……"吴兆麟一看又是宪兵，忙问，"你是谁？"

对方吃力地睁开眼睛，挣扎着反问："你……你是谁？"

"请问你们宪兵来干什么？"吴兆麟问，"我是工程营左队官！"

"我……我是宪兵队的正目（正目，相当于现在的班长），叫……叫罗志福，是……是来抓革命党的。"

"谁是革命党人？"吴兆麟问，"快告诉我，马上捕来！"

"何……何林太，他……他是日知会成员……"

日知会，一个令清政府闻之胆寒的组织！

由于清政府二百余年的反动统治，腐败、丧权辱国，1894 年，孙中山在大洋彼岸的美国檀香山组织救国救民的兴中会，意在推翻清廷，推翻上千年的中国封建帝制，建立共和，倡导革命。文化与政治往往是一根藤上的瓜。湖北革命党人响应孙中山的政治主张，亦成立科学补习所，与孙中山的兴中会保持联络，并推举刘静庵、曹亚伯等人主事。应该说这是湖北比较早的借传播科学之名，进行宣传鼓动的革命组织。

十天前的一个下午，宪兵队正目唐昌生来到宪兵队，见同乡罗志福坐在门前愁眉苦脸的，他傲慢地走上前拍着罗志福的头问："罗哥，像死了爹妈一样，是

什么事这么犯愁嘛?"

"明知故问,你又不是不知道内因嘛。"罗志福忙说,"哎,这碗饭不吃了,我俩改行做米生意。"

"别急,路是人走出来的!"唐昌生拉了一下他的胳膊,"走,把那奖励书给我看看。"

"什么书?"

"就是抓到一个革命党人,奖大洋一百块的督军文书。"

"怎么,发洋财的事还轮得上你?"

"山不转水转,石头不转磨子转嘛,这发财与升官一样,谁知道谁什么时候发了,是鬼都算不准的。"唐昌生说,"走,给我看看。"

"这么说你找到了一个?"

"何止一个,是一窝,一窝革命党人,你知道吗?"

"你不是又在吹牛吧?"

"吹猪吹狗,拿事实来看。"

"你都找到谁了?"罗志福吸了一口大烟泡子,一下子来了精神,"快说,让我高兴高兴。"

这刻,唐昌生坐到了一张破椅子上,见房里只有他与罗志福,忙说:"走,到满福酒馆去,我让你大饱口福!"

"昌生兄,穷光蛋一个,怎么眨眼间就变得财大气粗了,是在什么地方捡了一包金条?"

"这里不是说话的地方,走!"唐昌生神秘地说。

罗志福百思不得其解地跟着唐昌生转身进入满福酒馆,女老板杨还春将两个宪兵安排进里间。

罗志福还没坐下,杨还春指着门口一打扮娇艳的女人说:"鲜货。"

唐昌生一把拉住那女人,上下打量了一下问:"杨老板,她真是来自河南首府?"

"对,她来自开封!"

"我要扒着看的,不是原装货,价格减一半!"

"好,包看包用!"杨还春说完将嘴附在那女子的耳边说,"好好侍候他们,干你们这一行的就是靠他们保护。先不要讲钱,你做到让他们认为你是……"

"姨妈",妓女着急地说,"我手中的针不见了。"

"莫慌,我帮你拿一根洋针来,手脚要快,千万莫让他们发现,我报的是鲜货呢。"

"好,我按姨妈说的办。"妓女说,"但他们是两个,我一个人……"

"不怕，我也上。我跟姓罗的，你对姓唐的，这两个色鬼我都领教过，别看他们没精打采，真上了床，比野牛都狠，有时候还真是一种享受呢。"杨还春越说越歪，"怎么样，春心荡起来了？"

妓女装作不好意思地低下头："姨妈，我跟你换。"

"怎么，你喜欢姓罗的？"

妓女装着不好意思地点了点头。

"做这种事还挑什么肥瘦呢？认钱、认权，不认人的。我把年轻的让给你。"杨还春浪笑着拧了一把妓女的屁股，"男人喜欢年轻女人，你也喜欢年轻男人，只怕待会儿整得你死去活来哟。"这时茶泡来了，下酒的几个凉菜也送来了。唐昌生站起来走到两个女人跟前："你们都不要作陪了，今天大哥有要事相商，不要让任何人进这个房间。"

两个女人对扫了一眼，只好故作多情地朝两人送了一个秋波："二位老爷慢用，需要我与二姑娘时，要跑堂的叫一声。"杨还春说完，拉着二姑娘向另外一个房间走去。

唐昌生一见两个女人不悦地走了，反手将门关上，"哈哈"一笑说："罗哥，你今天克制一下，等办好了事，我跟你到花楼街去找真正的鲜货。杨老板这里假货多，我一看就知道，只是不想撕破脸皮。"

"好好好，心情不好我也不想那种事。快说，我们的金条在哪里，金砖在哪里？发财、升官的天梯在哪里？"罗志福越说越激动，"你老弟要是放空炮，今后老乡不认了，朋友不做了。"

"好"，唐昌生一笑，"休怪老弟我太认真，首先我俩要订一份合同。"

"什么合同？"

"一笔生意。"

"有屁快放，绕这么多弯干什么？"罗志福不耐烦了。

"不是我麻烦，这笔买卖太大了，丑话说在前面，亲兄弟还明算账呢，免得日后有什么事伤了和气。"

"抓革命党人跟做生意有什么关系？"罗志福一头雾水地问。

"抓革命党人，就是与政府做生意。他们出钱，我们抓人，这个买卖是合理合法，又不纳税的，好咧！"唐昌生一副玩世不恭之相。

"我们怎么订立合同？"

"我们抓了一窝革命党人，奖的钱多了，我俩怎么分？将来要升官，官有大小，谁做大的，谁做小的？这不订个合同，将来为这些个事不是兄弟同乡之间伤了和气？"

"也是。"罗志福点点头，"你小子心眼比大哥多，将来说不定真的比我先上

几步呢。你说个意见，怎么个分法？"

唐昌生得意地架着腿闪着，笑道："首先，是我摸到了革命党人的窝，应该说是立了头功；其次，找到了其中一个小头目的家，这是第二个功；再次，我敢保证把小头目抓住。你说，这升官发财怎么分？"

"很简单，其一，这件事若你不是神吹，就一定要保密，天知地知，你知我知就行了；其二，没有我协同，你一个人成不了气候，论功，我在第二位。所以我提议，升官你做大的，发财我得大的，不能说两头你都占尽了，发财的官小些，官大的财少点。"

"我不同意，应该是我两头都大些才合理，不然我跟别人合作。"

"我说的是有道理的"，罗志福说，"你官做大了，自然财跟着来。清政府的官吏，大的大贪，小的小贪，哪个不是腐败分子？别看我眼前比你多拿几个钱，将来你做了比我大的官，就是财源滚滚，哪像现在这样担惊受怕，弄不好被革命党人一枪算了饭账！"

"你说得有道理，但我还是想不通"，唐昌生说，"你要知道发财的机会总是不多的，机不可失。这样吧，官我比你升得大，财我占七成。"

"我三成？"

"对，要是找别人合作，你一成都拿不到嘛。"

罗志福眼球一转，又一个念头袭上心头：好，搞成了，老子中途打死你，升官发财都是老子的。管你乡亲朋友，这年头哪有这种情分？

"昌生老弟"，罗志福心里极为不快，"真是只有永远的利益，没有永远的朋友啊，你在这件事上心太狠毒了。好吧，就依你的，我是巷子里赶猪，直着跑的，不像你会转弯。将来有什么好事，还是看在乡亲的份上合作干，肥水不流外人田嘛。当年出来当兵，不是我托朋拜友给你帮忙，你现在还不是在乡下看牛屁股！"

"看牛屁股又怎么样？"唐昌生不服气，"我将来升了大官，会把你弄到左右当个副手，放心，不会忘记你的。"

"好吧，就这样吧。"罗志福无可奈何地站起来，"你要有我认识的吴兆麟那样有文化，有谋略就好了，人家沉得住气，不像你，有点发展机会就飘起来了，不管你给我的这个机会怎么样，反正我决定去吴兆麟那里。"

"吴兆麟是谁？"

"吴兆麟16岁投武昌工程营，第二年考入随营学堂，后又入将校讲习所，今年又入湖北参谋学堂，跟着他干说不定有些出息呢。"罗志福说，"跟人要跟准，我现在跟着赵友林，他虽然是宪兵营左队官，据说是花两百块大洋买来的。我跟他讲了几次想做左副队官，他说要三百块大洋才行，他往上送两百，他赚一百。"

"那么吴兆麟就不卖官帽子?"

"他这个人做人第一,做官其二,在官人中我看只有他还是人,别人心太黑。"罗志福马上一转话,"啊,对了,我们怎么搞呢?"

"好",唐昌生冷冷一笑,"老子在日知会泡了他妈的半年,终于认得一些人,吴兆麟虽然我不认识他,但他的名字我可听说过。"

"日知会在美国基督教圣公会内的阅报室,跟吴兆麟有关系吗?"

"罗哥,实话相告吧,我潜入得很深了,科学补习所借传授科学之名,实为策划推翻清政府之阴谋,会被政府查办的。原创办科学补习所的曹亚伯化名许成杰,在吴兆麟的策划下,结识了圣公会的牧师胡兰亭……"

"这胡兰亭是那个叫……"

"对,我知道,你说他煽动人反大清政府,是不是?"罗志福说,"我听左队官赵友林讲过,我还不晓得是派你潜进去当特务呢。"

"你不知道的事多着呢",唐昌生说,"这胡兰亭,表面为牧师传教,实为提供美国基督教圣公会内的阅报室,暗中作为日知会的反清政府的革命党人活动场所。参加日知会的人一般都是当年湖北军界、学界人士,几乎个个都是有头有脸的。据我所知,吴兆麟是发起人之一。"

"不会吧",罗志福大吃一惊,"还有谁?"

"抓到何林太,什么都弄清楚了,他手中有名单。"

"这些事你跟左队官赵友林讲过吗?"

"这怎么能讲呢?升官发财也好,解甲归田也好,就这么一锤子买卖的机会。告诉他了,不等于把官帽戴在了他头上,朝他口袋里装银子?"唐昌生说,"你呀,虽然比我多吃了几天粮,但还没看清这些个事。啊,对了,捕了何林太,再抓吴兆麟,顺藤摸瓜,大鱼小虾一网打尽,到时候不到皇城做官,也会在督军府混个美差呢。"

罗志福喜形于色地问:"什么时候干?"

"何林太在家,我俩深夜到他家里去关起门来打狗!"

"好!看这回的运气到什么份上了。"

……

现在,他俩来捉拿何林太,没想到唐昌生走上了不归之路,而罗志福在这个时刻又认不出他来了,吴兆麟一看罗志福又闭上了眼睛,将他手中的枪抓过来说:"罗兄,我是吴兆麟,吴兆麟呀!"

罗志福竭力地睁开眼睛:"你……你是吴……吴左队……"

"对,我是吴兆麟,有什么事你快讲。"吴兆麟焦急地道。

宪兵吹的哨音与奔过来的脚步声越来越大了,不知是谁在大声道:"快,抓

住革命党，在前面，就在前面！"

吴兆麟一看何林太家里没有灯光，再转头看看61号，那是艾玛的住宿所在地。是艾玛看出了刘复基，悄悄命令宪兵抓刘复基呢，还是何林太正被宪兵追击？

枪声在长堤街一带大作……

"罗哥，是谁打死你们宪兵，是谁打伤了你？"吴兆麟问。

"好……好像是穿炮兵制……制服的……"

啊，刘复基出来干什么？吴兆麟一听心里明白了三分，又问："何林太，何林太呢？"

"跑……跑了……"

"走，我背你去抢救，你的血流得太多了。"吴兆麟背起他就要起来。

"不麻烦你了吴哥，我知……知道你……你是革命党人，是……是唐昌生死前告……告诉我的，你……你快跑……"

"还有谁知道我是革命党人？"吴兆麟追问。

"只有……有我……我与唐昌生知……知道，就……就怕何林太被抓住供出你……你来了……啊……"罗志福在一声沉重的惨叫声中身子抖动一下后不再有呼吸了。

吴兆麟双手托起这个死前才良心唤醒的宪兵，这时，不知道是什么地方射来一串子弹，打得左右墙上火花四溅，紧接着又有人大叫："党人被打死了，党人被打死了！"

"是谁，打死的是谁？"

"好像是何林太！"

"他手中有没有枪？"

"没有枪！"

"快，肯定还有党人跑了！把开枪的党人抓住，抓住……"

大街小巷中人声鼎沸，宪兵的呐喊声与哨音、脚步声交织着，不知是谁家传来孩子的哭声。

吴兆麟没有多想，他掏出手枪正要对着天开火之时，一条黑影朝61号窜去。不一会儿，只听到"咚"的一声撞击，门"吱呀"一声响了。这61号是艾玛的住楼，也是刘复基今夜要来的地方，刚才那条黑影是刘复基，还是其他人？如果是其他人深更半夜撞开艾玛的小院门，又是干什么？……

吴兆麟脑中闪出一串问号，这位年仅24岁的工程营左队队官，拧紧眉头，一手握枪，一手握匕首，以最快速的步伐向61号奔去……

小 引

　　艾玛深深地爱恋着刘复基，但刘复基在她多情而
热烈的目光中始终记住吴兆麟大哥的话，为推翻帝制
而奋斗，一切都是为了这个目标。当他在艾玛房间困
惑之时，情报头子关光夫深夜造访艾玛，在欲火燃烧
中企盼与艾玛有一次烈火风雨。艾玛恨这个色鬼，但
苦于自己抗击的力度不够。关光夫对艾玛的纠缠，刘
复基潜伏在暗处看得清清楚楚，几次将枪口对准关光
夫又不敢扣动扳机。正当刘复基有生命危险，艾玛也
有可能遭到强暴时，一支黑洞洞的枪口顶住了关光夫
的脊背，一道电筒光刺激着他的双眼，而另一只粗壮
有力的手伸向了那神秘的梳妆盒子。三个男人与一个
女人的故事在深夜展开……

第六章　一个女人与三个男人

艾玛刚走到楼下，宪兵的吼叫声一浪高过一浪，她向宪兵言明身份后，宪兵走了。她又回到房间，再次让电灯亮了起来。刘复基伸出头朝楼下看去，他看到宪兵们在处理被他打死的尸体，人声嘈杂。

"快快快，唐昌生死了，死了。"

"还有罗志福也断气了！"

"臭婊子养的，他们怎么跑到这里死呢？"

"肯定是发现革命党人踪迹追来，人家在暗处，他们在明处嘛。"

"穿便衣的革命党人死得也惨，身中十几枪。"

"也怪，他也没有枪，怎么打死我们两个人呢？"

"怕是还有人跑了……"

"再查……"

外面闹得天翻地覆。

"刘哥"，艾玛将窗帘拉上对刘复基问，"你衣服上怎么有这么多血呀？"

刘复基低头一看，是呀，衣服上都是血，这……这可怎么向她解释呢？

刘复基一下子没了词儿，语塞的他急忙抓起一块抹布擦衣服上的血渍。

"你说，打死两个宪兵的是不是你？"艾玛严肃地问。

"艾妹"，刘复基解释说，"我来找你，你不在，我就在外面等，发现他们在行恶，我上前阻止，其中一个袭击我，我失手打死袭击者时，又一个向我袭来，我就……就……"

"你就又打死一个？"

"是这样。"

"听楼下搬尸的宪兵讲，还打死一个革命党人，你是不是为保护那革命党人，而打死宪兵的？"艾玛追问道。

"我是习炮兵，操炮的，不知道什么革命党人。"刘复基说着向窗外又扫了一眼，说，"我该走了，这里不能久留，万一宪兵非要进来查，发现我身上有血迹，会把你也连累进去的。"

"外面到处是宪兵在追寻凶手，你现在出去不是送肉下锅？"艾玛坚持不准

他出门，"千万别走，出了我的门就会不安全的。"

刘复基感到左右为难之时，艾玛给他泡了一杯茶送到他手中，无比关切地问："刘哥，你将艾妹当自己的亲人对待吗？"

"艾妹，你要问什么，请讲。"

"好，我问你"，艾玛示意他坐下，而自己就站在他面前，"刚才你与吴兆麟他们到底在旅馆做什么？"

刘复基一听大吃一惊：这个女人不愧是做特务的，但我没有任何把柄抓在她手里，有什么心虚的！

"艾妹，你在督军府任电讯参谋是公开职务，你真正的身份到底是干什么的？"刘复基也不示弱，"你问我一个'到底'，我也要问你一个'到底'嘛。"

"请刘哥先回答我问的'到底'！"艾玛微微一笑，"我希望我们都开诚布公，这样方可成为真正的朋友。"

"既然你知道我去了洪昌旅馆6号房，我也跟你实说，我与几个朋友在里间谈家常，吴兆麟左队官进来说，有几个女人在外面听墙脚，不知道你也是其中一个，我们怕有人找茬，干脆从后门走了，这叫多一事不如少一事，又没有做见不得人的坏事，怕什么呢？"刘复基说着喝了口水，"是谁叫你去监视我们的嘛？"

"如果是编织的故事骗我呢？"

"如果不是谈正事，遭大雷劈死！"刘复基发誓。

"我相信刘哥。"艾玛说着走过去为他杯中加水，"冷了没有？"

"没有，请你讲你的'到底'嘛，不要岔开话题。"

"对，我不会的"，艾玛说着，不知道为什么拧紧了眉头，心里很矛盾。她沉默了一会儿，又说，"下面士兵中我就不清楚了，反正督军府各单位都是有来头的军事参谋，掌管电讯情报和京城皇室与督府的交往，把我当皇城派来的特务对待。"

"嗯。"刘复基从牙缝中挤出一个字，没有表示她讲的对否。

"这算回答完了吧？"艾玛笑着问刘复基。

"答完没有你心里明白，问我有什么用？"

"就这么多。"

"不是吧"，刘复基单刀直入，"你怎么知道我在6号房呢？"

"一个妓女认识你，说你常去，但不玩妓。"

"那她说我去干什么？"

"几个朋友坐着喝茶，关起门，不让她们进去。"

刘复基一惊，表面装着若无其事地说："我一个当士兵的还被你们这样注意，我还蛮有身份呢。那么你去洪昌旅馆做什么嘛？"

"京城来的关特派员就住在里面，我去见他。"

"关特派员是什么人？"

"刘哥"，艾玛又一次犹豫了，"我……我怎么说呢？"

"到底，这就是说出'到底'嘛。"

艾玛在房间里来回走了几步，拿起桌上的化妆镜照着自己的面部，又用左手在头上理了理有些凌乱的发丝。

"要为难就不说。"刘复基说。

"不是为难"，艾玛望着他，"刘哥，我说出来你不要恨我。"

"怎么会呢，不管男人女人，谁没有个异性朋友？"

"不是男女之情，更没有床笫之欢。"艾玛也开腹亮肺了，"京城传说，武昌新军中有很多革命党人与海外的异党孙中山有来往，特地派他来武昌明察暗访，我是他的助手。今天我送皇府来的几封密电，他说你们在 6 号房，叫我去偷听的。"

"啊，是这样"，刘复基能听出她是说了心里话，心情一下子轻松起来了，"你看我是不是革命党人？"

"也像，也不像。"

"此话怎么说？"

"在京城，在日本，我都认识一些革命党人，像你一样不贪财、不贪色，这跟朝廷官员完全不同；不像的是没有发现你有反朝廷的语言、行动。"

"这么说我已经被纳入关大人的注意视线？"

"关光夫虽年纪不大，但是他对侦察情报比较有研究，贪财、贪色。不瞒刘哥，他对我总是动手动脚，为这件事我还扇过他的耳光，我正在与京城联络，不想在督军府干了，就是不想做他的助手。"艾玛说着眼泪流了出来，"一个女人做点事多难啊，有时我真想嫁给一个有权有钱的人了此一生，但又不想委屈自己。真的，人活得很累啊……"

刘复基听着、看着，忙将她放在桌子上的手绢拿起来塞在她手里："擦擦，不要伤心，一个人只为自己活着是没有意思的，为众人活着才有意思呢。"

艾玛点点头，不停地擦那一串串的泪。

"他要再欺负你，我……我找几个弟兄去收拾他？"

"说什么话呢，你凭什么去收拾他。"

"我说你是我表妹又怎么样，只要你点头，我就动手了！"

"不不不"，艾玛用感激的目光盯住他，"他可以调动督军府的队伍，好汉不吃眼前亏，再说他只是一相情愿，我也没有真正吃他的什么亏。"

刘复基听到这里，马上想起吴兆麟左队官的交代：到了一定气氛下，抓住机

会探听二百支手枪的存放地点。

"怪不得督军府东头的房子内外加了岗哨，原来是保护这个小杂种的啊！"刘复基发出第一个侦探气球，"杀他脏了我的手！"

"不不不"，艾玛纠正道，"他不住督军府，除了洪昌旅馆外，就是去汉口的花楼街。"

"我明白了，哪里妓女多，他就住哪里，好供他挑选。这种贪色风流的男人，怎么能干大事呢？"刘复基说到这里，问，"这么说还有比关光夫更大的官在督军府里？"

"不是为他加岗的，而是从德国买了二百支上等手枪送京城讨好达官贵人玩的，还有英国进口的一些制作炸弹的炸药，也是送皇城的，都存在那里，这几天在联络运走。"

"我的天呀"，刘复基作出大惊失色之神态，"万一炸药出了问题爆炸……"

"不会，都是原料分开放的，不会出问题，钥匙由我保管，又有两层兵士守卫，万无一失。"

"你不要把钥匙放在办公的地方，要放在任何人都不知道的地方，弄不好出问题是要杀头的。"

"你放心，钥匙放在我家里"，艾玛向她的化妆盒一指，"谁也不会想到我会把它放在那里。"

"对对对，最重要的东西放在最不引人注意的地方，反而最保险。有的人将金子、银子藏东埋西，结果还是被偷了，这叫帮小偷！"

"你……你真会逗人开心！"艾玛用拳头轻轻地在他肩头一捶。

刘复基心里像抹了二两猪油一样舒服，真想马上拿到这把钥匙，但这会儿他连扫都没有扫一眼梳妆盒子。

"刘哥"，艾玛用那发亮的眼睛盯住他，"我希望你用眼睛看着我。"

"这样不是挺好吗？"刘复基不敢正视她。

"不，你看着我，我问你一件事儿。"

"是什么事？"

"你看着我，我才能说。"

"好，我看着你。"刘复基转身立正，两眼注视着她。

"我问你答，好吗？"

"好，你问吧。"

"你要照真回答？"

"一点不假！"

"你掏心肝亮肠肚？"

"剖腹将五脏六腑全掏出来做汤给你喝。"

"看你……"艾玛扑上去抱住他,"刘哥,我……我憋得慌。""艾妹",刘复基轻轻地推开她,"说好了的,你问我答,怎么又变卦了?"

"我……我……"

"快提问嘛,外面已经平静了,你再不提我走啦!"

"不!"艾玛两脚一跺,"我问你……你……"

"说,只要我知道的。"

"你……你太太叫李湘秀吗?"

"对,你怎么知道的?"

"你女儿已经有一岁了,是不是?"

"你说的都对,你是怎么知道的?"

"你知道我的职业是什么。"

"艾妹,你刘哥夫妻恩爱,一家生活虽不富裕,但总算粗茶淡饭能勉强填饱肚皮。"刘复基时刻铭记吴兆麟的话,要慢慢用道理征服她为我所用,"一个男人不能被情所困,而应把更多的时间和精力花在为解救国家、解救同胞上,方不枉来人世一回。"

"刘哥,今天我们不谈宏伟大业好不好?"

"好好好,你早点休息,我走了,麻烦你找件干净衣服,让我把血衣换下来,万一真的出了事不好办。"

"你还没回答完我的话呢",艾玛急忙抓住他的胳膊摇着他的身子,"你说,你对做皇帝的有三宫六院、七十二妃有何见地?"

"嘿,对皇上的事怎么好妄加评说,再说中国几千年帝制相当腐败,西洋之风吹不进来,民主进程、立法宪制无法立国,只有推翻帝制,建立共和才会有……"

"你又讲革命党人宣传的思想,我是问你对有钱人娶几个姨太太什么的……"

"我反对!"

"那么西洋所说的情人……"

"咚咚……"有人在外面敲门打断了他俩的话,俩人立刻紧张起来。

"怎么办,你看是谁来了?"刘复基贴着耳朵问艾玛。

艾玛站在那里,一时手足无措。

"冲我来的!"刘复基轻轻地拔出枪,"我跟他们拼了!"

"不要鲁莽行事。"艾玛拦住他,"快,你在我床下委屈一下,没有我叫你出来,绝对不准出来!"

"万一是宪兵呢?"

"很可能是他们发现什么又回来了，不过这年头死几个宪兵，上面不会那么认真……"

"咚咚！"门又敲响了。

"快到床下面去。"

刘复基忙弯腰爬到床下。

"谁呀？天太晚了，我睡了，有事明天说吧！"艾玛故作睡意蒙胧地回答。

"快开门，是我！"

"啊，关特派员，有事明天再说，我已经睡了。"

"刚才这里有枪响，宪兵吹哨了。又听说革命党人打死了两个宪兵，死了一个革命党人。事情发生在你这附近，我怕你受惊了，特地赶来看看你。"

"好啦，我没事，谢谢你关心，你回去吧，我已经睡了。再说深更半夜的，我一个人又不方便，免得人家说闲话。"

"快开门吧，外面好冷，让我进屋暖和暖和吧。"

"你快回吧，我不起来了。"

"艾玛，我……我有话今夜非跟你讲不可。"

"哎呀，你别来烦我好不好，你要说的又是爱呀，恨的。告诉你，关光夫先生，我对你没有激情。"

"只要我们在一起，慢慢的你会对我有激情的，不起风哪有浪，不闪电哪有雷声呢，什么都有个前奏，何况是这种男欢女爱的……"

"别酸溜溜的好不好，快回吧……"

"我不走！"关光夫发狠了，"你再不开门，我就撞。"

他们就这样一个在屋里，一个在屋外僵持着。

刘复基伸出头来："他执意送死，你放他进来，我收拾了他！"

"不行，不行，你快躺在床下别动"，艾玛一身冷汗，"关光夫，你到底想怎么样？"

"我……我想死你了，再再不看你一眼，我……我……我简直要跳江了！"

"你跳吧，我不拉你。长江又没盖上盖子，自作多情！"艾玛生气地隔门对他说。

"你开开门，只裂开一道缝，我只看你一眼！"关光夫哀求道，"真的。"

"你是哪根神经出了毛病呢，还是哪根弦松了或紧了？深更半夜要看女人一眼。"艾玛说着走到门口，"如果你再这样骚扰我，我明天电告京城，要你吃不完……"

"我俩的事谁干涉得了？艾玛，求求你。我看你一眼，扭头就走！"

艾玛担心这家伙把门撞开了，只好退一步为进三步道："你说话算数，不进来，在门外看一眼？"

"大丈夫一言既出，驷马难追。"

"得了吧，就你还大丈夫？"艾玛忙悄悄地后退几步弯下腰，"刘哥，你千万别冲动，有什么事我有办法平息。我开门让他看一眼，这种有神经病的色狼，我能对付。"

"好，我听你的！"

艾玛又轻手轻脚地走到房门口说："你看一眼，别进来，你要进来我就对不起了。"

"好好好。"关光夫在门外回答。

刘复基心里极其紧张，眼光借助月光又注意到从床下伸手就可以拿到的那个梳妆盒子，里面有装手枪、炸药的门柜钥匙，更有意思的是，里面还有一块英国制造的肥皂，这会儿他伸手可及，但又怕这关光夫闯进来……

"快呀，快开门呀！"关光夫在门外控制不住大叫起来。

"好，我开一道缝！"艾玛说着拉开了门上面一道栓。当她"咋吱"地拉开中间一道铁栓之时，关光夫一边口里叫着"艾玛"，一边拼命朝屋里挤，"我……我真的好……"

"不行"，艾玛顶住门，"不行……"

刘复基在床下急得额头出汗，但又不敢出来。

"不许动！"一个威严的声音传进屋里、屋外每个人的耳朵，紧接着一个硬邦邦的东西顶住关光夫的脊背，"什么人，胆敢这般？"

关光夫顿时毛骨悚然，一道电筒光照住了他的脸，使得他的双眼无法睁开。

"啊，这不是关特派员吗？"来人语气充满惊异，"我当是谁呀。"

"啊，左队官吴兆麟？"艾玛望着关光夫背后的人惊叫起来，"吴左队官，你怎么来了？"

"刚才这里枪响，又听说被革命党人杀了两个宪兵，我特地赶来看看情况。"吴兆麟说。

刘复基听了，心里的石头落地了。

"是这样。"艾玛出门了。

关光夫愣愣地发呆。

刘复基一看艾玛出门时反手将门关上了，房间里只有他一个人，机不可失，忙伸出粗壮的胳膊抓住桌上的梳妆盒子，拿出那两把钥匙，在那块肥皂的两边各按了两把钥匙印……

"吴队官，你对朝廷还真认真负责啊。"关光夫望着吴兆麟，"你不是冲着谁的身段、脸蛋来的吧？这61号只有夜来香能把你诱来的。"

"关光夫，你……你……"艾玛气得都喘不过气来，"你太过分了！"

"关特派员"，吴兆麟一本正经，"本人为朝廷命官，拿朝廷丰厚银子，本职是维护国家之利益。听到枪声，也听说杀了宪兵，这么大的事，士兵可以不出来探个究竟，我一个驻此不远的左队官不出来看看，上对不起国家，下对不起百姓，你怎么能出口伤人呢？"

关光夫顿时只是喘气，出不了一言。

"我是在下面听到楼上有响动跑上来的，这难道也是多管闲事？"吴兆麟又补一句。

吴兆麟一直在背地里保护刘复基，他不见刘复基出来，就潜伏在下面，他刚才看到有条黑影冲上来，断定必有情况。在暗处他认出是关光夫，如果不是艾玛开门，他也不会出面，让艾玛与他周旋，没想到艾玛真的开门让他看一眼。吴兆麟大吃一惊，万一让关光夫进了房撞见刘复基，今天的事就闹大了，这是刘复基生死之关键时刻。刘复基原先根本就不知道吴兆麟在保护他，这会儿他在床下多么感激这位兆麟大哥啊！

"关特派员"，艾玛开口了，"快回去休息吧。"

关光夫苦苦地一笑，故作轻松地对艾玛说："没事我就走了。"

"那好，我俩一块儿走。"吴兆麟也跟着走了，"一个月前你到我左队时我们才相识，只见过几次面吧？"

"对对对，好像见过几次。"关光夫点点头。

两人边走边谈。

艾玛关好门后两腿一软坐在地上："我的妈呀，今天这事儿怎么这么巧呢，吓死我了。"

刘复基爬出来一把扶起她："快，坐在椅子上。这叫命大，我是托你之福，虎口脱险！"

"你真是福比天大呢！"艾玛哭笑不得地借机又一头栽在刘复基怀里。

刘复基明白吴兆麟大哥会在他回去的路上等着他，只好安慰着艾玛将她抱在床上躺下，然后小声说："我走了……"

小 引

　　武昌湖北新军中的革命党人，成立各类革命组织与海外的孙中山遥相呼应，共同目标是推翻腐败的清政府。清政府一个接一个的电报催促湖北督军必须扫荡革命党人，决不能让他们成气候，更不能让他们拥有武器、军队。清王朝派往武昌的特务关光夫，得报革命党人在紫阳湖友家巷 67 号集会，有两个新结识的拜把兄弟喝血酒出谋划策，关光夫便从张之洞手中弄到五十个精兵，各持快枪、刀剑、炸弹，在他委任的官佐指挥下星夜围歼革命党人，关光夫在现场观战，这也是首义前的一大传奇事件。

第七章　圈　套

1906 年 12 月 8 日，关光夫从督军府要来五十个精兵，由他亲自指挥，直奔紫阳湖友家巷 67 号捉拿革命党人，同时，他于上午就跑到两湖总督张之洞官邸口头保证，湖北新军中的革命党人，由他亲自一网打尽！

张之洞一笑置之。

五天前，也就是刘复基杀死两个宪兵后的第五天深夜，关光夫从汉口花楼街一家妓院出来，前面走来两个男人，其中一个迎住他问："请问客人是不是关光夫先生？"

"皇城派往两湖军机特派员关光夫，正是本老爷。你们两个是干什么的？姓甚名谁？"关光夫一副盛气凌人的模样。

"本人姓施，名家峰。"

"你呢？"关光夫指指施家峰后面的人。

"本人姓袁，名简三。"

"施家峰、袁简三，有你们这样张牙舞爪与本官说话的吗？"关光夫向左右随员又道，"告诉二位，把今夜的花香费先付了。"

所谓花香费，就是付给妓女的费用。施、袁一听对视了一下，心情很是不悦，官人玩妓女，要老子们付钱，凭什么？想归想，就是不敢吭声，也没有立即掏钱。

"怎么，舍不得几个银子啦？"关光夫盯住施家峰，"告诉你，老子嫖女人，吃、喝、赌也好，从来都没自己掏过钱，不是商家请，就是官府请，有人想巴结请都请不到呢。你俩还犹豫什么，各掏一半，我领你们两位的情！"

"官人"，施家峰上前，"我们不是来为您结吃、喝、嫖、赌账的，是来报告革命党人的一次秘密行动。"

"啊，在什么地方，讲具体详细一些。"

"请问这份情报能卖多少钱？"袁简三单刀直入地问。

"都是为大清王朝服务，各位又都是清廷臣民，何要银钱也？"

"关大人"，施家峰道，"我与袁兄都为朝廷军士，出生入死打入革命党人内部，被他们认可为军事参谋，今天叛变革命党人是冒死而行，若是被他们的打狗

54

队发现，会被判处极刑的。我们一不想在朝廷做官，二不想继续在朝廷军中谋生，只想弄几个钱早早到西洋谋生，才有可能免去一死。若官人不允，我俩只好告辞！"

说完扭头便要走。

"你……你们里面请，里面请！"一个随员奔过来拉住施、袁二人，"长官请你们进里间谈，事必有奖！"

"现在我俩身无分文，哪有钱为官人付花香费呢……"

"好说"，随员忙道，"争着为朝廷官员付花香费的人几乎要排队呢，他们讨好皇城官员，无非是想投皇室官员所好，有个机会加官晋升……"

"请转告关大人，我俩并非想升官，只是想发财。"

"好说"，随员点头哈腰，"请进吉红花馆一叙，定有当红鲜货招待二位！"

"不必"，袁简三道，"请关大人确保我二人的安全，其他事情都好商量。"

"好，很好！"关光夫走过来道，刚才那副不可一世的神态不见了。

是夜，关光夫将施、袁二人领到他下榻的旅馆。二人喝着茶、吃着夜宵默不作声。关光夫一见他俩这般，站起来说："施先生、袁先生，有何高见，快快讲来。"

"关大人"，施家峰发话了，"不知您与两湖总督张之洞大人有何交情？"

"此言何意？"关光夫忙问，"请直言。"

"不知关大人对新军与督军府中革命党人有何见地？"袁简三问。

"湖北张之洞总督自建新军以来，海外孙文就派人来煽风点火，鼓动军人反对朝廷，这也许二位早有所闻。本人今奉命前来湖北视察，就是督请各级官吏缉拿革命党人。他们宣称要推翻中国帝制，建立西洋式的民主共和。二位请想，帝制乃我祖先历尽千辛万苦而制定，怎能推掉我炎黄先祖建立的帝业呢，是不是挖我炎黄祖坟、毁我帝业呢？"关光夫越说越激动，"据我们调查，长堤街发生的打死我两位忠于王朝宪兵的，正是革命党人所为。表面看来本人在戏院、妓院出入，实为遍访红黑两道，结交江湖浪人好汉，就是希望通过他们找到孙文在湖北新军中的党徒同伙，并非为了寻花问柳，沉醉于酒色之中也！"

"啊，关大人决谋高超，高超！"袁简三立时赞道。

"不不不，与革命党人相比，这不过是雕虫小技"，关光夫不知道为什么，这会儿谦虚起来，"是二位架高梯，抬我身价也。"

"是这样"，施家峰道，"我们之所以能对关大人的行踪去向了如指掌，想必您也明白我们是手眼通天的，非一般……"

"对对对"，关光夫打断施家峰的话。

"我想，我们今天各自不探身世，在何处吃何人的饭。我只提醒关大人，新军中谁是革命党人鬼都不知道，连总督张之洞大人，也不敢保证他左右没有革命党人，我俩斗胆进言，请关大人向张总督大人要五十精兵统领在左右听差，行动。去向连张大人都不能告知，否则一旦走漏风声，关大人就一事无成，我俩也会失掉关大人的信任，升官发财两泡汤，今后另谋高就也不是好议的。"

"此话怎么讲？"关光夫问。

"是这样"，袁简三接住施家峰的话，"我们施兄只是说，革命党人现在无孔不入，只有将各大人的耳朵、嘴巴封住，不透露半点风声，关大人手中有五十个精兵听差，在湖北必有建树！"

"对，本人同意二位建议，问题是你又如何知晓哪个军士是不是革命党人呢，他们头上、脸上没有贴字嘛。"关光夫焦急地说，"从京城带兵来，只有这样。"

"现在从京城运兵抵达武昌可能时间来不及"，施家峰献策，"据我所知，张之洞总督的卫队很可靠，兵力数量甚大。请张大帅调给关大人五十名精兵，又有关大人的指挥谋略，必在湖北独树一帜，保大清王朝之伟业，功不可没也！"

关光夫摸摸头皱紧眉头说："张总督张之洞财大气粗，且在两湖训练新军有方，又有汉阳兵工厂作后盾，一般皇城京官不在他眼里，要我关某人左右他，不瞒二位，是有一定难度。"

"不，我不这样看"，施家峰说，"只要朝廷给他发来电文，并宣称这也是为巩固他在两湖的地位而设，又不要他分文银两。张大人是个比较开明的总督，我想他不会不点头。"

"好，我立马与其联络！"关光夫说，"请二位到对面房间休息，事成之后我请京城皇府认可，两位作我的军机参谋！"

"再议，再议！"施、袁二位异口同声，起身告辞。

鸡叫头遍刚过，关光夫欢天喜地地走进施、袁二人的客房，通报张之洞已同意调给他五十名精兵，并于明天上午点校，精兵交给关光夫后，进驻地由关光夫自定，指挥官由关光夫任命，听差完毕，送回张府，等等。

施、袁二人大喜。关光夫扭头大呼："上酒菜，庆祝二人光临献策，创伟业，发大财也！"一桌丰盛的酒菜香喷喷地摆在了房间的桌子上，一瓶地道的茅台已经揭开了盖子。

关光夫请二人落座之后，亲自为二人倒满酒，并高高举杯，讲着未来的功业。施、袁二人只是吃菜、喝酒，听关光夫滔滔不绝，二位微笑点头，不时奉承两句，激起他更大的热情。

酒足饭饱后，关光夫委施、袁为这五十精兵正副统领时，施家峰站了起来说："我俩在湖北有很多朋友，特别是军中有颇多同乡、学友，万一他们知道我俩跟在关大人左右当差，个个都会避而远之，革命党人也会派出暗杀队处我俩极刑。请关大人委一正目管理部队，到哪天急用之时，我俩夜间率队出击，斩尽杀绝革命党人，再出头露面，领功接银也就顺理成章。"

"好，也好！"关光夫皱眉点头，"请问行动时间？"

"这两天集中队伍于凤凰山下，闭营休整，8日夜我俩领兵出击，让关大人一鸣惊人，让张之洞总督开开眼界！"施家峰说。

"好！"关光夫再次举杯，"为消灭新军中革命党人，为大清王朝，为二位飞黄腾达，干杯！"

"干杯！"

"干杯！"

一场极具戏剧性的夜战策划成功了，只等8日深夜大开杀戒。

下午五点钟，控制不住自己激动情绪的关光夫将艾玛找来，共进晚餐。艾玛刚刚坐定，茶还没有送来，关光夫一把抓住艾玛的右手："艾妹，我成功了！"

艾玛抽回手："又是什么成功、失败嘛，芝麻大点事儿都当西瓜，抓到一条刁子鱼都吹成有十斤。你，我还不知道，四两一条的鱼，五斤的鱼泡泡。"

"你……你怎么把我小看了？"关光夫流着口水，色迷迷地笑，"你……你知道吗？我手中有攻无不克、战无不胜的精兵！"

"你又在发烧？"艾玛朝他淡淡一笑，"别说你手中没有精兵，就是有，你也指挥不了，玩弄女人你是把好手。但带兵打仗，再精的兵，再良的武器也会是全军覆灭。"说着叹了口气，"你呀，少做当大官的梦。这人生一世，该发财，谁也抢不走。该升官，谁也挤不掉，生来的命……"

"你别老是拔大哥的气门芯子！"关光夫又伸手去拧艾玛的耳朵，"你听着，我给你讲一讲！"

"放手"，艾玛拉掉他的手，"男女授受不亲，再这样我回京城了。"

关光夫说："皇上，皇上周围的那些大臣们，谁有什么本事，你说说？"

"啊，你今天怎么又研究皇上、大臣们来了呢？"艾玛双手捧着杯子，"他们关你什么事，你把你的事整好，拿一份俸禄，千里做官，为了吃穿，你还要什么？"

"我说呀，你就是死脑筋"，关光夫说，"皇上的脑袋里，成天想的是妃子，床笫之欢，为什么还得了天下呢，不就是用人吗？不就是各地委任了大将军、大督军、大总督之类的官吗？"

"是呀，做官也是一种游戏，玩得转就开心，玩得不转，连命都搭上了。中国五千年朝廷演变，多少英雄好汉死在官场？"艾玛说，"你呀，我跟你说过多少回，别想做大官的梦，你要点小阴谋还行，真要耍大阴谋，你还真不是那块料。"

"我用人，委任一个大督军为我的军机大臣，交给他一支精兵为我建功立业。搞好了，功劳是我的；搞得不好，是他无能，我就把他杀了。这叫无毒不丈夫！"

艾玛又一次笑了。

"啊，我还要问你一件事"，关光夫一本正经，"请你不要回避，直言相告，好不好？"

"这要看是什么事？"

"个人，你个人的事。"

"我个人有什么事？你呀，成天想的官、钱、色，除了这些就是跟我过不去……"

"我听别人说，你跟一个男人在紫阳湖边玩，掉进水里，是那个男人把你背回去的。"

艾玛大吃一惊，但表面保持平静地"咯咯"一笑："你听谁说的，我有那么好的福气，男人疼爱得不让我走路，背着我。"

"第八镇的一个参谋看到的。"

"参谋叫什么，把他叫来对质嘛。"艾玛说着白了他一眼，"就是有男人背我，关你什么事，真是！"

"要是真有男人背你，我就没指望啦！"

"我什么时候给你指望了？"艾玛说着淡淡一笑，"别一相情愿了，花楼、杏红院里你相好的有的是。"

"我……那是想你想得欲火中烧，只好到那些鬼地方解解闷，灭灭火嘛。再说我也是人，有七情六欲嘛。言归正传，你知道今天我请你来是为什么事？"

"不知道。"艾玛白了他一眼说。

"张之洞总督给了我五十人的精兵，已经在凤凰山下，封闭训练了几天，今夜出击。我的军机天将马上就到位，请你来共同享受一下胜利前的喜悦。"

"张之洞大人真的这么傻呀？"艾玛给弄糊涂了。

"这叫有胆有识，你怎么对我总是门缝里看人——看扁了呢？"关光夫说。

"关大人在吗？"门外有人叫。

关光夫朝艾玛一笑："来了，我委任的正副天将来了！"说着豪迈地应着，"请进！"

门开了，一个彪形大汉出现在门口，他向艾玛与关光夫微微一点头。关光夫站起来，指了指艾玛："督军府艾玛参谋。"

"你好，艾参谋！"彪汉说。

"这位是我的天将施家峰将军！"关光夫指着来人向艾玛介绍。

"施将军好！"艾玛起身，"请入首席！"

施家峰环扫四周，看到室内除他自己，仅只他们俩人，就毫不客气地落座首席。关光夫愣了下问："施将军，袁副帅呢？"

"啊，对了，他刚才看里面有人不方便，他请你到外面有话跟你单独说。"施家峰说。

关光夫走后，施家峰认真地打量了一下艾玛，小声问："艾参谋为督军府高参，掌管电文机密，精通几国洋文，实力……"

"啊，请问施大帅……"

"我早听关大人介绍过你"，施家峰忙说，"愿为关大人效犬马之劳，往后还请艾高参多多在关大人面前美言美言，有朝一日进京城在皇室一睹风光，拜见皇上，当个什么差役……"

"施大将军"，关光夫进门来打断他们的交谈，"袁副帅因腿疾不能走路，今日不能出阵，实为憾事。"

"没事，有关大人压阵，我施某冲锋拼杀，还有五十位忠勇之士，定能将革命党人扫荡干净，关大人也能名震江城！"

晚上，施家峰率领五十个剽悍精兵赶到了紫阳湖友家巷 67 号的不远处时，关光夫突然跑到他跟前低声问："施大帅，你看我的指挥部设于何方？"

施家峰明白过来关光夫是临阵怕死，忙道："你到斜对面厚墙院中观战，不可外出，打起来了子弹是不长眼睛的。"

"对呀，我也是这个意思嘛。"关光夫道出心里话，又道，"施大帅，生命是没有返程票的，你命令那正目在前冲杀，你在后面压阵就行了，将来打天下……"

"关大人，你的左右有十几人护着是不会出问题的，我们军人必冲在前，否则革命党人杀过来了，你有什么闪失，我也没有前程了，请大人保重！"施家峰一挥手，"各小队按战术包围 67 号，听到号音，见人就杀，不可放走一人。"

各小队正目接令，按早就部署的战略战术，逼近友家巷 67 号。

施家峰没有多犹豫，他向左前小巷走了过去，四五个各拿铜号、身背长剑、腰挂短枪的士兵"呼"地站了起来。

"各位兄弟"，施家峰心情激荡，"进入号位！"

"是！"众人异口同声回答。

"关光夫与随从保镖都在隔两条巷子的墙院内观战，你们不可攻之。这条狼现在不能死，因为我们还要这条狼去吃另外的狼。如果这里杀声顿减，听到三长两短的号音，就立即转向督军府方位，鸣号示威，并投入血战。记住：勇者胜！另外，互相施救，战场不可留下伤亡者。估计明天敌人将全城搜索，我们按预定潜伏区不能变动，自有兄弟会保证安全！"施家峰说完消失在黑夜中。

小 引

　　武昌的革命党人一个接一个遭到逮捕、屠杀，这一切是以忠于清王朝的督军府主政官卫队长英征为首的家伙干的。英征手下有一批跟着他的死党。为了将这群革命党人的敌人干掉，聪明的吴兆麟集思广益，利用皇室特派员关光夫的身份，从张之洞手中得到了五十个精兵。经研究个个蒙面，由刘复基、潘首发蒙面指挥，斩首罪官，不料战场被敌人识破，在敌众我寡的情况下，吴兆麟率部赶到，打死敌人，但是混战还是拉开了……

第八章　蒙面杀敌，黑夜混战

友家巷 67 号，四十余名反革命军官正在喝酒，督军府警卫主官、旗人英征，举着酒杯一下跳上一张空的方桌，"各位弟兄"，他环视众人，"今天，老长官汗布的代表，八旗名将的头位大帅，蒙托的长孙吉春代表汗布将军来看望各位……"

汗布是八旗名将蒙托的儿子，清政府关注中原腹地的权力，张之洞主政两湖总督之时，清王朝担心张之洞引进西方先进思想，联络各地军政官员举旗独立，特派汗布为两湖督军特使，监视湖北军政官员，对有疑虑或不太听使唤的官员，汗布直接电告皇城，由清政府命令张之洞更换之。湖北新军训练有方，威震全国，清政府担心张之洞以湖北为中心扩张统治中原，命令汗布在各个军政首脑中安排旗人主官，使满汉军人之间的矛盾日渐显露，不久，张之洞建议朝廷调走汗布，以解决各类不和之因素。但清政府不理解，张之洞的一副官亲赴皇城，在城门贴布告：

满清总揽国政，毫无常识，满汉矛盾太深，以汉人为家奴，而且卖官买官，内政不修，欲求富强，诚难矣哉。

今有汗布在军政安插亲信，制造满汉事端，不利中华民族之兴旺，汗布不驱，鄂人举旗反之……

由于出现这震动性的布告，汗布夹着尾巴溜回了京城，但他人走了心却没有走，遥控亲信与革命党人为敌，处处设有督察，发现革命党人即杀之！

日知会成立不久，干事吴兆麟建议除掉这些捕杀革命党人的凶手，苦于没有好办法，既保存自己，壮大自己，又可扫荡这些清政府的走狗。吴兆麟召开军事会议，献出一策，命令革命党人潘首发化名施家峰，刘复基化名袁简三整治关光夫，取得张之洞的五十个精兵的指挥权，再命令革命党人丁正平伪称是汗布的长孙吉春，向那些坚决捕杀革命党人的军政下级官员，宣称汗布有重要事情向他的亲信通报，并派长孙代告。督军府主事官英征极为兴奋，悄悄地将一些他认为最忠于朝廷，屠杀革命党人决不手软的中下级军官，按丁正平的要求，于下午六点

四十分进入友家巷 67 号共进晚宴，欲借汗布权势重振湖北军政。他们哪里知道这是吴兆麟将军策划的一次捕杀反革命者的巨大行动。

此时吴兆麟正在电话前守候着，掌握各路勇士胜败的消息！

"报告，刘复基他们已经进入指定战区！"

"情况进展呢？"

"没有开一枪，正等命令！"

"命令刘复基，按原制订方案进攻！"吴兆麟命令。

刘复基接到吴兆麟的命令，这时化名施家峰的潘首发突然从小巷中奔过来，喘着粗气说："怎么办，宴会厅门口有五六个持枪哨兵。"

"报告，督军府电讯参谋艾玛被我两个士兵扭着押过来了！"又一个士兵报告。

刚才关光夫宴请潘首发，正好潘首发走在前面，刘复基听到了女人说话的声音，忙从门缝中朝里一看，顿时惊了一身冷汗：天呀，怎么这个节骨眼上艾玛来了呢？难道她看出了什么破绽？刘复基不敢进去，只好临时谎称脚受了伤，不能参加行动，总算把关光夫打发了，没想到艾玛这个时候又出现了。

"快，把她放了，叫她离开，不能伤了她，更不能让她知道是我在这里指挥捕杀反革命。"

"刘兄，吴哥赶来了！"一个士兵报告。

"啊，他这个时候怎么能出来呢？"

"他叫你快去！"

"他人呢？"

"在对面的小巷子里等你。"

刘复基不敢怠慢忙奔过去，吴兆麟迎住他道："今天这些旗人主政官，一个都不能杀！"

"为什么？"刘复基大吃一惊，"改变方案了？"

"满汉一家，共建立宪国家，争取他们投奔我革命党人，这是其一"，吴兆麟说，"其二，你要稳定他们，掩护我亲赴督军府夺取二百支手枪与一批炸药。"

"吴哥，你……你为什么……"

"旗人中很多是支持、帮助我们推翻帝制的，只有极少数是……"

"好，我按你的命令执行，问题是这些军队只知道宰杀革命党人的……"

"我明白，其中有不少杀害过革命党人的家伙，按原方案处以极刑！"吴兆麟说。

"这还差不多"，刘复基拉了下蒙面黑布，"艾玛到这里来干什么，你知道吗？"

"不知道，快把她押起来，让两个士兵看守，千万别伤害她，等我们结束行动再把她放了。"吴兆麟说着又问，"关光夫他们呢？"

"安排好了，他怕死，不敢出来，统统关进了一个黑洞。由宋明海负责洞门守护，外面不开锁他们是出不来的。"

"吴哥，有人要求处死关光夫。"

"不能处死，有他再加上艾玛的关系牵着，我们就能随时了解清政府的情况，不然我们就如眼瞎了、耳聋了，怎么能制胜呢？遇事要从长远看，有战略思想，只看眼前利益者，事业不会成功的。"

"好，我听吴哥的。"刘复基说完扭头又回到一线。

化名吉春的革命党人丁正平，以小解为由与刘复基碰过头，又回到宴席间时与主持今天宴会的英征交换了一下意见。英征说："也好，为政府做了那么多事，没有得到升迁是个大事，这都是总督张之洞不用油桶，用饭桶的表现嘛。"

"好，我讲，你记录！"英征又跳上桌面，清了清因喝酒太多而有些沙哑的嗓子，大吼道，"各位兄弟，请安静，安静一下！"

四十几个人，八十多只眼睛一下子都盯住了英征。

"弟兄们，各位都是军政的中下级主事官，吉春君此行湖北，企盼了解各位在维护大清政权的大业中建功立业，回皇城后好向文武大臣请功。两湖总督张之洞对各位的功业，特别是打击革命党人的功劳视而不见，没有受到晋升与奖赏。今天请各位站出来在这里向吉春君作个报告，日后好论功请赏。"

"我想请英征君先讲。"丁正平笑笑说。

"好，我讲"，英征道，"这几年我用开水烫死五个革命党人，他们是孙中山从日本派到湖北来犯难的。"

"我叫胡世海"，一个军官站起来，"三个革命党人为我亲手所捕，全部用火烤死！"

"好，请过来，与英征君站在一块儿！"丁正平说。

"我叫邓国德，是左队官，杀死过一个革命党人。"

一共二十多个杀害过革命党人的家伙排成了两队，立于丁正平左右。丁正平大声问没有发言的："你们中还有吗？杀过革命党人的对政府有功，快快站出来！"

"我叫程北生，杀过一个革命党人。"

"请站过来！"丁正平说。

隐蔽在左前房子楼上的刘复基将二十几个杀害过革命党人的凶手看得清清楚楚。这时，丁正平的右手向空中连举了三下后，大声道："请诸君注意，有长官

要见你们！"

刘复基听到暗语，看到暗号动作，从楼上跳了下来。众人一看，一个个蒙面大汉手持快枪、利剑，大吃一惊，正在不知如何是好之时，丁正平大吼："杀过革命党人的全部跪下！"

英征一看上了当，不等其他人反应过来，他就猛地朝丁正平扑去，刘复基闪电般迎上去，一把揪住他的头发："大胆狂徒！"

英征非一般主官，生性凶恶，他从腰中拔出匕首刚举起，刘复基飞起一脚踢中他手腕，匕首"喵啥"一声掉在地上。

"啊……"仅仅只用几分钟，几十颗罪恶的头在血水中滚动。

"英征，你的死期到了！"刘复基说着手起刀落，英征倒在血泊中。

几个罪大恶极的军官被蒙面人闪电般地处决了。

没有被杀的官员一律跪地，连大气都不敢出，刘复基按照吴兆麟的交代，扯起嗓门道："你们记住，清王朝腐败无能，中国要前进，必须推翻帝制。今后我们若发现你们杀害我革命党人，就像对英征他们一样处以极刑！"

"谢大侠的不杀之恩！"一个官员这样一说，其他二十几人也异口同声这般表白。

"滚！"刘复基说着，不等这些家伙起身，接着道，"不准出门！"

"官人，有几十个人冲过来了！"一个蒙面汉报告。

刘复基左右扫了眼，丁正平已经从一具死尸身上拔出了手枪，不远处十几个随同刘复基来的人好像有异动一般，刘复基正要赶过去，"砰"地一枪打过来，子弹从他头顶飞过。

"砰砰！"那开枪的人一头栽倒了。

刘复基一看那开枪打死异动者的身影，知道是吴兆麟赶到了，无比兴奋，那带来的人"哗"地大乱起来。

"我们上当了，上当了！"一个人大叫，毫无畏惧地奔过来，拉下面部黑布，"你们命令我们来杀革命党人，现在你们把杀过革命党人的人全部杀了，你们是什么人？"

"是干这个的！"吴兆麟举枪射击，打死了这个不识相的家伙，"与革命作对者，死也！"

"跟他们拼了，拼了！"有人在黑暗中呐喊。

一阵阵军号声四起，刘复基一看吴兆麟对天鸣枪，并大叫："我们的部队来了，我们的部队来了……"

张之洞的那五十个蒙面精兵与没有被杀的几十个敌人一听到四面军号齐鸣，以为真是大部队来了，乘黑暗作鸟兽散……

"走，快走！"吴兆麟兴奋地命令，并拉下面罩对刘复基说，"关光夫还蒙在鼓里，艾玛由两个士兵送到了长堤街61号。"

"吴哥，手枪与炸药搞到了吗？"刘复基一边跑，一边焦急地问。

吴兆麟听着，心里翻江倒海般难受……

吴兆麟怀着沉重的心情，率领刘复基等赶到凤凰山下一栋房子跟前，轻轻击了两下掌。门开了，他忙闪进去，刘复基等也跟着闪进了门。

"好了一点吗？"吴兆麟问那正在施救的医生，客厅里昏暗的油灯下，有两个被血水浸透了的人。

"我已回天无术了。"老医生站起来极度悲痛地说。

吴兆麟朝二位战友脱帽之时，外面一阵急促的马蹄声，一个在房顶放哨的士兵赶过来："队官，马队来了！"

"多少人马？"

"足有十七八个，都是骑马的。"哨兵说，"正在包围我们的房子呢。"

吴兆麟忙快速奔到房子顶层去观看，由于夜太黑只能看到一些黑影，有人不时地朝天开枪，不知为联络还是什么，军号在城内外划破黑夜的寂静。

"吴哥，我出门看看！"刘复基说。

"走，我们从后门出去，轻一点！"吴兆麟说，"快点，没有命令不准开枪！"

今天这场血战按照吴兆麟的部署，督军府的守军被调虎离山进了友家巷67号。吴兆麟将刘复基在艾玛家在肥皂上按的钥匙印，配了钥匙，打死守军揭柜开箱一看，装炸药的柜中是石头、砂粒，原认为是装枪的箱子中是一堆废铁。一个士兵介绍，今天上午东西全部转移了，至于转移到什么地方去了，只有英征长官知道。

刘复基偷配钥匙，67号设鸿门宴，吴兆麟苦苦策划的谋略落空了吗？从另一个重伤的正目口里吴兆麟得到证实，这里的东西确实是今天上午转走的。

"老弟"，一出门，吴兆麟边走边对刘复基说，"今天上午督军府的东西转移了，是不是艾玛发现了什么？"

"有这种可能吗？"

"有。"吴兆麟将今夜毫无收获的事告诉了他。

马队不知道为什么又向武泰闸方位去了。吴兆麟示意大家停步，刘复基百思不解地问："吴哥，如果艾玛看出什么，今天怎么不让人抓我呢？"

"万一人家放长线钓大鱼呢？"吴兆麟说着又一笑，"不会有问题，但今天关光夫与艾玛的动态要了解，特别是制作炸弹的炸药，还有那二百支手枪，你要千方百计地探清存放地点，武器对革命党来说太重要了。"

"这么说我得马上去找艾玛？"

"今天杀了这么多罪官，军政官员都震动了，说不定艾玛正在向皇城发报呢。你马上去找她，有情况速报告。我们都要立即回营，今夜非同往常，各部长官肯定要查营房的。"吴兆麟说完扭头扫了眼夜空，"分头走，快！"

"吴哥"，刘复基有些紧张，"如果艾玛去找我，没有找到怎么办？还有关光夫，处死了对我们利不利？"

"他活着对我们有利，是战略上的需要。"

"万一他怀疑我是革命党人呢？"

"你关键是要争取艾玛，从她那里搞情报，不要急，按我与你讲的三套方案轮番用，这个女子有良心，不是那种坏透顶的旗人。"吴兆麟说，"走，我先护送你到长堤街61号，看她回去没有。"

刘复基点了点头。

小　引

　　黑夜中，刘复基被宪兵抓住捆在草棚中。宪兵正目商明信杀死了革命党人潘首发。江湖暗探肖结巴与商明信相商，认为刘复基是革命党人，抓住交给官府必得一笔银子。为了吃独食，他出点子请商明信出面杀死了四个宪兵，商明信意识到肖结巴也不会放过他，他便先下手为强，将匕首插进了肖结巴的腮帮子。肖结巴死了，商明信杀死五人，这革命党人所换银子，全部归自己一个人，他弯下腰去，拖起捆在地上的刘复基向官府走去。吴兆麟正暗中保护刘复基，由于深夜满街都是追捕革命党人的宪兵，吴兆麟跟踪失误，正好撞见从敌群中突出来的丁正平，听说刘复基已落敌掌，心中大怒，急追击而去。然而，肖结巴的姘妇张桂香，这刻正带着特务关光夫，不顾一切地奔向捆绑刘复基的所在地……

第九章　尸横血泊

关光夫心有余悸地赶回旅馆后，命人将艾玛找来，心绪未定的艾玛走进来"啪"地给了他一耳光："笨猪，一头笨公猪！"

"你……你他妈的凭什么打我？"关光夫拍着被打得发烧的脸，"我怕你神经出了毛病呢。"

"是你出了毛病！"艾玛朝椅子上一坐，"你被两个骗子耍了，他们杀了他们要杀的人，调虎离山企图偷走制作炸弹的炸药和二百支手枪。但无巧不成书，英征今天上午不知道是哪根神经作怪，把这两样东西转移了，要不然你算是……"

"艾妹，千万别说出去了，我帮革命党人杀了几十人，传开了非杀我的头不可！"关光夫一下子跪在地上，"我求你了，守口如瓶，好吗？"

艾玛这会儿改变了过去的形象，冷冷一笑问："银子，拿多少银子来？"

"你开个价吧，万一走漏了风声，上下没有银子打发是行不通的。"关光夫知趣地说。

"还算你识相"，艾玛说着扶住他，"起来吧，'怕死鬼'！"

关光夫趁机双手拉住她的手不放："什么事都好说。"

"请问关大人在这里吗？"门外有人叫，是一个女人的声音。

"谁来了？"艾玛问关光夫，"你还有心思找女人？"

"我怎么知道是谁"，关光夫白了她一眼，对着门外的人说，"什么事明天来。"

"关大人，你不是要我丈夫给你找革命党人吗，他现在发现了情况。"

"你……你是谁的太太？"关光夫问。

"肖结巴，就是那个从炮兵标统退役的肖运节呀，外号肖结巴，还记得吗？"

"记得，前几天不是从我手里拿去十块大洋吗？"

"对对对。"

"他人呢？"

"正盯着那个革命党，他担心那人跑了，特要我来请你命人去捉拿。"女人在外面低声说。

关光夫被革命党人今天的行动吓破了胆，哪里还敢出门！只好对艾玛说：

"快电告巡捕房，缉拿之！"

"看你"，艾玛道，"今天是你坏的事，杀了英征他们一批忠于朝廷的命官。现在肖结巴发现的革命党人，十有八九是刚刚杀了英征他们的革命党人，这些革命党人中是不是有袁简三、施家峰鬼都不知道。万一施、袁两个骗子供出了你，你的嘴明天就不会吃饭了！"

关光夫一听，觉得艾玛言之有理，心中更害怕了："我……我们马上走！"

"去哪儿？"

"回北京。"

"跑到天边，朝廷也能把你找到。"

"我……我俩一同躲到日本去。"

"我为什么要跟你走？我又没犯事，就凭你胆小如鼠的熊样，还有想我的心思？"艾玛说，"关光夫，你可是好话说尽，坏事做绝的男人。你除了甩出一把臭钱能搂着女人过夜，还有什么女人能相中你？"

"你？"关光夫"呼"地冲过来，翻脸不认人，一把揪住她的衣领，"我……我剥你的皮！"

艾玛没有料到关光夫这一手，但很快就从惊恐中悟过来：他要杀我灭口！

"关光夫"，艾玛也伸手抓住他的衣领，"你是不是要打死我，封我的嘴？"

"是又怎么样，不是又怎么样？"

"老实告诉你。我已经将这事告诉了一个人，如果我有什么不测，他会把你的恶行报告朝廷，到那个时候把你押上断头台，你只怕是吃不到后悔药的。"

关光夫一听艾玛还留了一手，觉得背后有一支黑洞洞的枪口正对着他的脊梁，只好自找台阶下："我是急得不行，实在想不出别的招。"

门外，肖结巴的太太还在等着，不时地用指头敲一敲门。

"走，去看看到底抓到的是谁。"艾玛催促说。

紫阳桥对面的一间草棚里，四个宪兵扭着刘复基，另外两个宪兵将一颗人头用铁丝穿着，各拉着铁丝一头，血淋淋的人头睁着眼睛张着嘴。其中一个正目正在审问刘复基："朝廷几十个命官被你们杀了，你肯定是凶手，不然怎么裤子上、鞋子上有这么多的血呢？"

"他口袋里有蒙面黑布罩子！"一个高个子宪兵从刘复基口袋里搜出黑面罩，大声问道，"说，你是不是革命党？"

"英征大人的头是你砍下来的？"两个宪兵将人头提到刘复基跟前，"这就是你的罪证！"

"宋胖子"，那正目对高个子说，"你们说怎么办？"

"商明信，你是正目，这里你说了算！"宋胖子说。

刘复基的嘴被一顶军帽塞住了，不能言语，两眼怒视着众宪兵。

枪声大作惊动了督军府，张之洞交来的五十名精兵知道不妙，被赶到的宪兵缴了枪械。于是，宪兵与巡捕警队一同围捕革命党人。商明信带着人赶到友家巷67号，他首先将英征的头找到，命令两个队兵用铁丝串着提起。宋胖子当时一看，不耐烦地说："提颗头干什么，吓死人！"

"胖子，这你就不知道了"，商明信一笑，"一是有向官府讨功的本钱，二是找英长官的爹妈要银子。也就是说，提了这颗头就能升官发财了。你呀，懂个屁，还得跟老子多学几手。"

宋胖子一听是这个道理，便命令两个列兵将人头提起。

众人出了友家巷67号，直奔督军府。

肖结巴今夜辗转难眠。自从关光夫来湖北住进洪昌旅馆出没督府以来，托人向江湖红黑道招暗探。凡探得革命党人的踪迹，并由官府抓住证实是革命党人的，关光夫可赏大洋十到一百块，还可升官。肖结巴当过炮兵，现已退役，自从与关光夫接上头后，他认为自己有用武之地：其一，革命党人读的《猛回头》、《民报》、《警世钟》、《新民丛报》他都见过；其二，他新近认识的女人张桂香，因过去做过妓女，现在年纪大了当皮条客，认识的人特别多。他认为真要抓一个革命党人的大头目，说不定从此走上了金路。便与张桂香四处打探，八方秘访，昼行夜伏地捕捉信息。也算是求财心切，不畏严寒，自称公母野猫出洞，总会有肥鸡入口也！

今夜他与张桂香听到友家巷发生枪响，人声鼎沸，冲出一看，正好一列兵向他家这边奔来，他急忙问："兄弟，出什么事了？"

"革命党人用计，杀我官府命官几十人。"

"革命党呢？"

"跑了，都跑了。"

"不能让他们跑了，抓一个就能发财的！"肖结巴这时也不结巴了。

这刻大街小巷兵荒马乱，哭声、骂声与枪声交织着。肖结巴回到屋子里对张桂香说："快，机……机会来……来了，快给老子把衣服穿……穿好。"

"什么事把你高兴得流口水？"张桂香拉过衣服朝他身上套。

"有……有……人送银子来了，快……快拿东西装。"

看到肖结巴得意忘形的样子，张桂香哈哈一笑："看你那德性，有人给你开金山门，那才是苕到了顶！"

"婊子养的，你除了挖苦老子，还有什么本事？过去你年轻、漂亮，做官的、发财的都在你肚皮上骑过，挖过你那黑洞，抱着你打滚，事后甩你几个银子还骂

你臭婊子，提起裤子就走了。现在你人老珠黄，只有老子来提你这只破鞋了。不是老子可怜你，你连破草棚都住不上……"肖结巴一激动说话反而利索了许多。

"少跟我老子前，老子后的"，张桂香一把揪住他的耳朵，"不是老娘跟妓院三姑娘有交情，你能认识关光夫，别他妈的过河拆桥。再说你刚刚沾点边就吹起来了，你能肯定你今天夜里就能发起来？"

"你想想"，肖结巴一边扣衣服一边说，"杀了人的革命党必定在逃、在躲，官府的人在追、在找。我们只要盯住那到处逃、到处躲的，准是革命党人！"

"天这样黑，紫阳湖这么大，武昌这鬼地方，大街只几条，小巷子到处横，你晓得革命党跑到哪里去了呢？"张桂香认为肖结巴头脑简单，"你去，我不去，万一被枪打死了，连收尸的人都没……"

"你就知道死、死、死，就不知道活得鲜活？人家关光夫上午一个女人，下午一个女人地换，将来你跟着我发了，我保你做大官的阔太太……"

"少来这一套，走就走吧。"张桂香烦躁地打开了门，"你想发财想疯了，臭婊子养的。"

"好好好，你不想钱，只想男人"，肖结巴在她屁股上捏了一把，"走吧，眼睛放亮点，脑壳放灵点！"

张桂香扫了他一眼，肖结巴打趣道："这叫公母野猫出洞。"

事情就这么巧，肖结巴与张桂香转过紫阳桥，刚刚步入长堤街口时，觉察前面有异动，他一把拉住张桂香："蹲下！"

张桂香刚一蹲下，三个黑影从马路对面冒出来，直向长堤街奔，"咚咚"的脚步声打破夜的寂静，只听其中一人道："你们快跑，回营房，快回营房！"

"不，我们先商量一下！"其中一个人道。

这三个人一溜烟进入一栋低矮的房子后面。

"十有八九是革命党，刚才杀了人跑出来的！"肖结巴说，"快，快去向关光夫通报，要他带人来抓。"

"脚长在他们身上，跑了怎么办？"

"快去，我盯着！"肖结巴急了，"记住，6号房！"

洪昌旅馆距长堤街口并不远，张桂香为了银子，也为了结束这种人不人、鬼不鬼的生活，拼命向关光夫所住的位置奔去……

这三个黑影，正是刘复基、丁正平、潘首发。

"杀了这么多我们革命党人的敌人，官府决不会善罢甘休，全城大搜捕是少不了的。"刘复基说，"把血衣扔了，快回军营，以免长官怀疑。"

"刘哥"，丁正平说，"我与潘兄马上到刘静庵家里去，你过一会儿来，我们等你，这里不是议事的地方……"

正在三人研究之时，肖结巴一眼看到右后的一条巷子里冒出几个巡捕，他忙奔过去："快，这里有革命党人！"

那高大个巡捕定睛一看："肖哥，是你呀！"

肖结巴这时才认出："啊，商明信，商哥！"

"肖哥，你怎么在这里呢？"商明信问。

"三个革命党人正在前面的矮房子后头说话，我亲眼看到的！"肖结巴激动得心跳加快，"肯定是他们犯的事，我亲耳听到他们叫着快回营房！"

正目商明信与宋胖子紧急相商后，六人在肖结巴指点下，将一张黑网悄悄围向了刘复基他们。

日月的光环有时是那么灿烂，有时又是那么黑沉沉。

丁正平站在刘复基后面，潘首发站在刘复基的前面。当刘复基正要说什么，突然听到四周大吼："不准动，动就打死你们！"

这突袭的刹那间，潘首发冲过去拔剑就杀："快跑！"

"啊！"一声惨叫，潘首发不幸倒在血泊之中，但他仍然在急呼："跑……"

"潘兄"，刘复基扑上去，并扭头对丁正平喊道，"快跑！"

丁正平只好含泪杀出重围。

几个宪兵合力扑上去，将刘复基扭住。

肖结巴一看抓住的革命党人被商明信他们押走了，自己冒死侦察，却是麻雀飞到粗糠堆里，空欢喜一场！不，一定要等到张桂香把关光夫叫来，拿了头功后，再给商明信喝口水，不能便宜了这群瘦猪。

"你们等等"，肖结巴对众宪兵说，"我跟你们正目商兄议一下。"

商明信说："宋胖子，你们到这个草棚里站一会，我跟肖哥说几句话。"

宋胖子他们扭着刘复基进了草棚，草棚上面的草早被风卷走了，只有几根枯竹横在上面，月亮这刻也从云缝中钻出来，那凄凉的光照在刘复基的脸上。刘复基望着拖进来已气绝身亡的潘首发，愤怒充满他的胸腔，他的战友死在不该死的地方……

外面，肖结巴为了拖延时间，等待张桂香领着关光夫来，正与商明信商量着出点子。

"商兄，实话告诉我，抓一个革命党你得多少钱？"

商明信一听，愣了一下问："肖哥，你什么意思？"

"俗话说得好，马无夜草不肥，人无横财不富。我只是想利用这个革命党发一笔横财。"肖结巴说，"你同不同意？"

"官府肯定是有奖的。"商明信说。

"那才几个钱，又有这么多人分，轮到你能拿几个子？"肖结巴说，"你想听

我的妙计吗?"

"什么计,说呀,别卖关子了。"商明信说,"快点,天不早了。"

"有两个计",肖结巴说,"其一,把宋胖子他们都杀了,我们吃独食;其二,不要把他交给官府,通知他家里人,拿钱来赎人,这叫绑票。你看行不行?"

"当兵的几个家里有钱?要绑票去汉口绑银行、金号的老板,那才叫来得快。这一条使不得,第一条还可以考虑考虑。"

"好",肖结巴一拍大腿,"你把他们稳住,我住的地方离这不远,家里有支短枪,我干!"

"行,快去快来!"商明信决定吃独食了,"不行,不能用枪。"

"那怎么办?"肖结巴问。

"一开枪就会引来麻烦,用刀干!"商明信贴着他耳朵说了几句。

吴兆麟赶到长堤街 61 号下面,不见刘复基他们出现,他担心刘复基中途出问题,忙顺着长堤街朝紫阳湖方向走,与赶来的丁正平撞了个满怀。

"吴哥,出大事啦!"丁正平喘着气,"刘复基被抓,潘首发可能战死了。"

"怎么回事?"吴兆麟也紧张起来,"快说。"

丁正平与吴兆麟一边快步走,一边说。吴兆麟听着脊梁骨上直冒冷汗,咬着牙对丁正平说:"拼死命也要救出刘复基,不要开枪引来敌人,我在明处,你在暗处干。一定要配合好,千万别出差错!"

"吴哥,我明白了!"丁正平的手按住那锋利的剑把。

两人冒死直扑上去,寻找目标!

宪兵商明信命令宋胖子将刘复基捆好后,他对宋胖子说:"出来,我跟你说点事。"

宋胖子牛高马大,跟商明信为争一个叫李梦红的妓女发生过不愉快,现在抓住了革命党人属于共同创收,自然也就合得来。宋胖子的口头禅是:只有永远的利益,没有长久的朋友。商明信没有什么文化,宋胖子在金口乡下教过书,喝过几年墨水,在队官面前称得上是一参谋。今天有运气抓到革命党人,又将英征的头抢到手献给督军长官,回去肯定要发一笔,商明信不敢亏待他。现在商明信避开其他四个列兵把他单独叫出来,一定是研究官府奖的银子如何分配问题,他心里痒痒的,如同抹了二两猪油般。

"在这里说。"商明信指着一道黑墙说。

"什么事?"宋胖子问。

"明天官府奖的钱怎么分?"

"英征的头是老子认出来的，这个革命党人也是我抓住的。我当然是头功，银子一大半是我的……"

"咚!"不等宋胖子说完，肖结巴从他背后举刀就劈，宋胖子的头被劈成两半，吭都没吭一声就倒在地上了。

"怎么样"，肖结巴提着带血的刀，"一阵风就把他的小命吹了!"

"好"，商明信用脚踢了踢宋胖子的下腹，"婊子养的，口还开得挺大呢，银子要一大半，这回好，分文不用取了。"

"快，再叫一个出来!"肖结巴催促着说。

仿效杀宋胖子的办法，另外三个宪兵都成了肖结巴的刀下之鬼。当他提着血淋淋的刀跟着商明信走进草棚，看到刘复基的四肢被捆住躺在地上，走过去用脚踢了一下刘复基的头说："放心，老子今天算是开了杀戒，都是为了你这堆银子!"说着扭过头，"商哥，把他扶起走吧!"

多个心眼的商明信没有去扶起刘复基，而是低声说："看到你杀了几个弟兄，我的手、腿发软，你……你扶他走吧，这堆银子我也没有勇气拿了。"

"见你的鬼!"肖结巴说着，一手抓住刀，一手拉起捆住刘复基的绳端，"起来，为了把你换成银子，老子杀红了眼呢。"

"哎……"商明信拔出短剑，突然向肖结巴右腮刺去。

肖结巴的右手拉住绳端，左手握的刀一下挥不过来。他明白他与商明信也许会较量，没想到对方下手这么快，一下子右手抓住商明信握匕首的手腕，两眼冒金花说不出话来。

"咚!"商明信抽出右手，挥拳猛击肖结巴的头部，肖结巴支持不住一头栽倒在刘复基身上。商明信一把将他提起，对只有出气、没有进气的肖结巴说："你莫把他压死，他是银子，你知道不?"说着又向他胸窝刺去，正要拔出匕首，背后有人掐住了他的脖子，并扭住了他的头。

"怎么，不认识你爹啦?"

"吴……吴哥……你……你……"

吴兆麟说："你不是天天到处找革命党人吗，我就是。你不是怀疑日知会是革命党人的组织吗，我就是日知会的干事。怎么样，没有想到在这里相见吧?"

商明信两腿这回是真的发软了，一屁股坐在地上："饶……饶命……"

"告诉你，今天杀死几十个罪官，是我吴兆麟一手策划的，你到阎王爷那里去告发吧，就说我吴兆麟决心团结同胞，推翻清政府，推翻几千年的封建帝制。"

"吴……吴哥……我只是想搞几个钱，真的不……"

"杀!"丁正平一剑削掉了商明信的头。

"快走!"吴兆麟见刘复基与丁正平在拾地上的武器，"不要了，快走!"说着抱起烈士潘首发。

"吴哥，敌人来了！"丁正平说。

三人没有办法，只好放下烈士，含泪告别潘首发，如同一阵旋风般消失在黎明前的曙光中。

张桂香领着关光夫赶来了。关光夫在血水中认出了潘首发的尸体，大吃一惊："艾玛，艾玛……"

"怎么了？"艾玛见他吓得后退，走过去问。

"他……他就是欺骗我的施家峰，原来他是革命党人！"

艾玛上前用电筒照了又照，拍着他的后腰说："刚才这里是场厮杀，我们的人死了，革命党人也死了一个。你摸，他们的血还是热的。"

"我们来晚了"，张桂香提起肖结巴的头，说，"他死了。"

"艾玛，快走，无论是革命党人来了，还是官府的人来了，发现我们都是一死，快走！"关光夫说。

张桂香急忙抓住他的手："关大人，我怎么办？"

"去把杀我官府的革命党人找到，为你丈夫报仇。"关光夫说，"找我有什么用？"

"银子，今夜总要给我几个银子吧？"张桂香哀求道。

"去你妈的"，关光夫揪住她的头发，"留着你也是祸……"

"关大人，我……我……"

"哎！"关光夫一刀捅进她的后颈窝，张桂香追随肖结巴去了。

小 引

　　刘复基晚上被艾玛找进房，从艾玛嘴里知道，革命党人中的郭尧阶已经叛变，将革命党人内部的情报机构向皇城军机特派员关光夫报告了。刘复基一听，浑身的血几乎要凝固了。艾玛是真心爱他，同时也断定刘复基是革命党人，担心他被张之洞派去的宪兵捕走，坚决不要他连夜出门。但刘复基担心吴兆麟与革命党人的安全，跳窗出来报告，并告知二百支手枪与炸药的隐蔽存放地。吴兆麟当即决定组织敢死队乘黑夜夺枪、夺炸药。在吴兆麟的亲自指挥下，刘复基和弟兄们蒙面上路了……

第十章 叛 徒

因为有吴兆麟、刘复基等革命党人的多方活动，处死罪官，使得清王朝对武昌新军及各种形式的组织进行了多方侦察，革命党人没有退缩，继续宣传，组织反清反帝力量。

1907年1月8日晚上，关光夫刚刚离开旅馆，带着郭尧阶、冯启钧赶往张之洞总督公寓时，艾玛已经找到了刘复基，并将他约进自己所住的长堤街61号。刘复基不知道艾玛有什么事找他，还没有坐定，就问："艾妹，你有什么事这么急呀？"

艾玛没有立即回答他的问题，只是将茶泡好后递给刘复基，沉默了片刻，问："你认识吗？"说着从口袋里摸出一张纸，展示在刘复基眼前。

刘复基定睛一看，上面是："……会长刘家运，接应长卢应龙，干事代号军事长……"

看到这里，刘复基顿时额头上冒出了冷汗。

去年，刘复基入炮标后不久的一天晚上，吴兆麟将其约进家中，由于是同乡，比较熟悉，客气的礼节也就免了。吴兆麟说："老弟你仅比我小两岁，且又做过教书先生，我今天请你来读一段历史。"

刘复基接过来就读：

……甲午中日之战中国失利，日人索割我辽东……后改割闽为割台也……日人得寸进尺……清廷腐朽……中国之前途，非推翻帝制……孙文在日本组织中华同盟会……

"吴哥"，刘复基拍案而起，"小弟投笔从戎，跟着大哥挽救中国……"

这一夜，吴兆麟把刘复基引入正路，参加了日知会。经代表推举刘家运为会长，接应长为卢应龙，负责军事组织的军事长为吴兆麟。为了便于隐蔽斗争，吴兆麟的代号就是军事长。

艾玛搞到了这份情报，意味着日知会已被清政府的谍报官侦破，日知会的为首人员将有生命危险。刘复基恨不得插上翅膀飞出去通知三位同志尽快想办法虎口脱险，但艾玛已将大门反锁，手枪压满子弹握在手心。刘复基心里琢磨着：她是要杀我，还是另有图谋？

"这几个人你都认识吗？"艾玛问。

刘复基皱了皱眉头说："艾妹，这几个人我都不认识，且不明白这是什么意思。"

"日知会你该明白吧？"艾玛单刀直入地问。

"没听说过。"刘复基说着站起来，"我头痛，想回去睡。"

"你怕不是头痛吧？"艾玛冷冷一笑，"有人对我大清政府不满，在武昌高家巷圣公会设立日知会，组织反清武装。你作为有文化的军人，难道不知道这些？"

"不知道，真的不知道。"刘复基双手在额头上揉动，"我头疼得像针扎，我先走了。"

"我这里有日本制造的药，专治头痛病，你先吃一点。"艾玛说着拉开一个药箱，"吃了症状马上就会减轻。"

刘复基接过艾玛从药箱中拿出的一个盒子，以为里面真的是治头痛的药，但打开盒子一看，一叠纸出现在眼前：

……暗号：一是彼此见面则将右手握拳，谓之紧守秘密。能知握拳者为同志，否则非同志也，要防之；二是彼此见面用左手捂胸，谓之抱定推翻满清帝制，建立共和国体之宗旨；三是彼此见面后用手将领口提齐，谓之恢复中原……

"艾玛，本人不明白这是什么！"刘复基将纸条递给她，"请你说说。"

"既然刘哥不清楚，小妹只好告之。"艾玛站起来如同背书一般，"湖北新军训练走在全国之前列，政府也花了大量金银。军人学非所用，对政府怨恨极深，孙文抓住此机遇宣传革命之风暴，称推翻帝制建立西方之立宪国体，组织反清政府的团体，联络革命党人，在湖北军政中势力很大，据称达三千人有余。这些信息你一点不知道？"

刘复基听着更是惊异：她怎么什么都知道呢？

"我一点都不知晓。"刘复基表面保持冷静，但心几乎要跳到嗓子眼了。

"我再告诉你"，艾玛继续说，"孙文还不甘心，派刘公、刘英二人带巨款来湖北，委刘公为湖北都督，刘英为副都督，这二位大官你不认识？"

刘复基望着她不语。

"这么冷的天，你头上出这么多的汗，是不是不舒服？快擦一擦。"艾玛递给刘复基一条干毛巾。

"茶太热了，再说我的汗腺特别丰富，很爱出汗。"刘复基擦着汗说。

艾玛坐在他对面的椅子上："你可知道'共进会'？"

刘复基在没有摸清艾玛的底细前是绝对不会向她透露真实情况的，其实他就是真正的"共进会"会员，但他摇摇头说："不知道。"

"我告诉你，是以孙武为核心组织的，还有潘美伯、徐达民等一批人，是不是呀？"艾玛问。

"不……不知道。"

"这个你也不知道，那么'文学社'呢，难道你又不知道？"艾玛紧追一句。

出于革命的需要，"文学社"与"共进会"都在新军中发展，而且人员很多，两个组织的革命党人共图发展，为了防止敌人破坏，暂时又不联合。刘复基出于会社之间的需要，也加入了文学社，负责两个组织的联络纠察。没想到艾玛如此深入，实为可怕。

"我还可以告诉你，文学社的领头人为杨洪胜、王文锦、陈磊等一批人，你还有必要瞒着我吗？"艾玛说，"刘哥，跟我讲实话吧。"

刘复基淡淡一笑："最好不要强人所难。"

艾玛又问："那以牟鸿勋、苏成章为首的'学生会'你不会不知道吧？"

"你说的，我觉得很新鲜。"

艾玛挥着纸条又说："这就是这些革命党人联络的暗号，我认识一个革命党人。"

"你把他找来对质嘛，看我是不是革命党人。"刘复基站起来，"我走了！"

"别急，有些事是不以你的想法而转变的"，艾玛说，"其实，我说我认识的革命党人，远在天边，近在眼前。"

"你是说我吗？你绝对弄错了。"刘复基说。

"不用声明，你头冒冷汗，是担心官府派人去捉拿你的同党。我今天把你找来，有两个意思：一是你们中出了叛徒，把你们都供出来了，我担心你的安全，把你找来其实是保护你；二嘛，是希望你不再当什么革命党了。"艾玛说。

刘复基沉思着不语。

"那次在我楼下杀了两个宪兵，还有杀了几十个革命党人认为的罪官，我想你不但知道，而且还是参加者。"艾玛将手枪"啪"地放在他面前的桌上，"我侦察到了你们这些事，你也该知道我是干什么的。怎么样，是开枪打死我，还是放我一条生路，继续与你们作对？"

刘复基明白，既然她能这样与自己对话，楼下必有重兵潜伏。

"有人出大价钱想了解那二百支手枪和那批炸药放在什么地方。我可以告诉你，放在新安里8号督军府的秘密仓库里，那里除了有武器，还有电台、金银储存箱，就看你长了几颗头，有没有那个胆量去了。"

刘复基百思不得其解：她到底要干什么？

"你认不认识那个代号军事长的人？"艾玛问，"从这么长时间的接触看，我觉得你对很多事情的想法跟别人不一样。"

"这些事你都知道，干嘛还问我，你是考验我吗？"

"我要不是真心爱你，今天决不会把你找来。"

"你爱我什么？"

"说不清楚，爱得有点朦胧。"

"我一个当兵的，不值得你这个皇亲国戚这样深情吧？因我而误了你的青春，你会后悔的。"

"爱上你我无怨无悔。"

"他们要你用女色勾引我？"

"没有这样的事，你多心了。"

"那你到底是为什么？"

"老实告诉你，你们中的郭尧阶，向巡警道的冯启钧秘密报告了这些事。而冯启钧为了讨好皇城命官，靠上大树，又报告给了关光夫。这会儿关光夫带着冯启钧去向张之洞总督报告去了。就这么回事，明白了吧？"艾玛道白了，"郭尧阶不知道你，但我知道，我担心你进了监狱被杀头，那时再保你也来不及了，只好先将你保护起来。"

"啊，是这样。"刘复基喝了口水说，"好说，我什么都不是，只求当兵将来得到皇城重用，求得发展，他们抓我也得不到什么。我走了！"

"不要再浪费口舌了，我不会放你走的。"

"你放不放？"刘复基抓起桌上的手枪，"开门！"

"门是反锁着的，没有我的钥匙是打不开的。我知道你现在是救你的同志心切……"

"艾妹"，刘复基再不能等了，"别说了，你放我走吧。"

"我也告诉你，没有张之洞的命令，今夜是不会去抓你的同志的。"艾玛说，"请你坐下，有话慢慢说，我不会害你，要害你早把你给关起来了。"

"开门！"刘复基用手枪顶住她胸口，"快！"

"没装子弹，能打吗？"艾玛一笑，猛地扑上来，抓住他的手一个反扭，"蹲下！"

刘复基没有料到这个女人会使用这一招，被她按倒在地上动弹不得，只得反硬为软："你……你要干什么？"

"我……我……"艾玛两眼涌出泪花，"刘哥……"

"艾妹"，刘复基从地上站了起来，拉着她的手无限深情地说，"这么说你真的是在关心我的事业？"

这回轮到艾玛不作声了，她泪水涟涟……

"你的事业在京城，而我与你有着不同的方位，你说是吗？"

"刘哥"，艾玛不顾一切地扑进刘复基的怀里，"你说，你是不是在爱着我？"

"艾妹"，刘复基不能忘记正事，"你要真爱我，就马上放我走。"

"不行，我死也不能让你走！"

"为什么？"

"我如果放你出去，你去通告你的党人，而他们逃走时正是关光夫带人去抓他们的时候，你不是自投罗网吗？我不管你是不是革命党人，承不承认对我来说不重要，重要的是你的安全，生命每个人只有一次。我……我已经不能没有你了……"艾玛泣不成声。

刘复基第一次主动抚摸她的头，第一次感受到她是真诚地在恋着他，但是吴兆麟大哥的话又在耳畔响起：冷静，冷静是走向成功的丰碑！"艾妹"，刘复基轻轻地搂着艾玛说，"我不是革命党人，你关心我，我非常感谢，但今夜我真的得走。"

艾玛点了点头，说："我送你走吧。"

"没有这个必要吧。"

"很有必要，这里很多做官的都知道我是督军府的，有我在他们是不会……"

"我走了"，刘复基说着指着门，"开锁吧。"

"你不要我陪你回去，我是不放你走的。"

"好吧"，刘复基扭头"咚"地爬上窗子，"再见。"说完，不等艾玛作出反应，飞身跳到楼下地上了。

艾玛望着他离去的身影百感交集……

吴兆麟并不知道党内已经出了叛徒，更不清楚关光夫与冯启钧已找张之洞报告了党人之机密。这刻他没有睡，而是拿着一张图给丁正平看："如果你侦察到那二百支手枪与那些炸药都在新安里8号，你今夜务必把它们搞到手。革命同志很多都还是赤手空拳，连自卫的武器都没有，还谈什么打江山，推翻帝制呢？"

"革命经费很紧张，没有搞到武器，钱也是要的。你先回去，我明天找刘复基研究一下，请他找另一条线摸武器线索。"

"吴哥，快开门。我是刘复基呀。"

"说曹操，曹操就到。"吴兆麟说，"快开门！"

门开了，刘复基一看二位热情地迎住他，扫了他们一眼说："出大事了，出大事了！"

"啊，出了什么大事？"吴兆麟与丁正平异口同声地问。

"郭尧阶叛变了。"

"什么?"他俩又是异口同声。

"郭尧阶当了叛徒……"刘复基简洁明快地报告了艾玛所讲的情况。

三人感到事态严重。

"复基弟",吴兆麟说,"你不要再回炮兵标统了,暂避几天,如果大局没有变,我推荐你当宪兵去,这样一可以确保你的人身安全,二是信息多,便于**掩护**革命同志。"

"好,我听吴哥的安排",刘复基立即表态,"艾玛向我透露出消息,那二百支手枪与制作炸弹的高级九号炸药都在新安里8号,由督军卫队一个班守着。正班长外号叫眼镜蛇,副班长外号叫吊眼狼,都是贪财贪色的货。"

"你怎么知道?"吴兆麟问。

"艾玛,督军府的电讯参谋刚刚告诉我的。"

吴兆麟一听,说:"我们马上转移,观察几天,没有大的动态就行动!"

"我建议,今夜就把枪与炸药搞到,连夜发给革命同志,不然枪转移了,我们的同志也被他们关完了,将来有了武器也没有人使用。"刘复基说。

吴兆麟望着丁正平问:"你的意见呢?"

"先下手为强,不能等着敌人来捉。来杀!"刘复基又说。

吴兆麟沉思了一会儿才说:"好!抢到武器后,今夜分发,并组成敢死队把郭尧阶给干了,不能让疯狗继续咬人。"

"走,我杀叛徒去!"刘复基激动地说。

"慢",吴兆麟说,"郭尧阶叛变,他认识的人并不多,平日他与总干事长刘静庵有一些交往,但我们他都不认识,现在最危险的是刘静庵。"

"我去通报刘静庵快走!"丁正平说。

"估计来不及了",刘复基摇着手,"袭击冯启钧家!"

"使不得",吴兆麟说,"我想起来了,保安门内的我革命党机关,有刘家运、朱元成、胡瑛、吴贡三、张难先等今晚在开会。卢应龙今晚要送经费去,刘静庵也许会去,他是总干事,今晚还要在码头接应从日本运来的《民报》。"

"那怎么办?"刘复基问,"我们分头行动?"

"郭尧阶认识刘静庵",吴兆麟说,"但他不认识我,只要刘静庵不叛变,刘家运、卢应龙口紧不说,我就没有什么危险。"

"你的意思是……"刘复基迫不及待地说。

"刘静庵要接的船是凌晨三点,估计他还没有去,今晚他肯定不会参加开会。他没有固定地方,现在在何地很难讲。"吴兆麟皱紧眉头说,"我们先去保安门内机关四周打探,看情况而定。记住一定要带上炸弹、手枪,不可大意。"

"蒙面，要蒙上面。"丁正平说。

"对对对"，吴兆麟走到刘复基跟前，伸手拍了拍他的肩头，"老弟，现在要有艾玛同去保安门就好了。"

"她去不得，她是……"

"如果她真与关光夫他们站在一条船上，今晚你已经被抓起来了。她很有可能一只脚在关光夫的船上，一只脚在革命党的船上，只要引导得当，这个人是会转变……"

"吴哥，我们走了，现在不是研究艾玛的时候，去保安门，救党人要紧!"刘复基心急地说。

小 引

　　革命党人中的郭尧阶叛变，特务们分多路抢功，直奔武昌保安门内的革命党人机关。吴兆麟得报之时，刘复基又被女特务艾玛骗进了家中反锁房中，认定刘复基就是革命党人。刘复基与艾玛一阵舌战后从窗台跳了下去，立马向吴兆麟通报。他们不知道叛徒已经率领宪兵直取革命党人机关。

　　革命党人总干事刘静庵等，并不知道敌人突袭，更不清楚已经出了叛徒，他们正研究智取枪弹组织武装之大计。吴兆麟经过紧张决策，决定放弃一切已经设计好的战略战术，营救被宪兵包围的革命党人。然而宪兵、特务各路人马悄悄地包围了保安门内的革命指挥机关，巡警道头目冯启钧，两湖谍报总管冰云水，朝廷情报督导关光夫等都已到场，一批大小特务在叛徒郭尧阶带领下，从明门暗道直扑而入……

第十一章　黑夜，捕捉革命党人

就在刘复基与艾玛紧张而激烈的舌战时，关光夫亲自督战，由巡警道冯启钧指挥的捕捉革命党人的行动，在保安门悄悄地展开了！

关光夫右手握着德造短枪走到冯启钧面前，叛徒郭尧阶举着望远镜朝内看，张之洞负责情报工作的特务头目冰云水这刻开汽车赶来了，一见关光夫得意忘形的神态，似笑非笑地问："怎么样，革命党跑了没有？"

"这里太危险，不是说你不来的吗？"关光夫迎住他的目光，"这点小事要你冰大人亲自督战，那要我们这些人做什么？"

"关大人乃皇城督官，就是在张总督面前也高三分。"冰云水说，"如果今天革命党人抓住了，关大人当然是头功，若跑掉一人乃我冰某之罪也。今日有个什么闪失，只怕明天早上我脖子上顶的不是颗头，而是个血疤子。"

"对，有冰大人督阵多份力量，革命党人插翅……"

"伙计"，关光夫打断冯启钧的话，"冰先生系两湖总督府谍报总管，出言不恭，对我等捕杀革命党仍满腹不悦，我看有通革命党人之嫌疑……"

"不不不，关大人不能这样看。"冯启钧两边讨好地说。

"我就是通革命党人，是他们的保护伞、总后台，你又能怎么样？"冰云水向前迈进一步，"你到湖北来了几天就不得了了，难道还想把张总督的权都接过来不成？"说着他提高了嗓门，"你还想翻天啦，老子跺一跺脚，这武昌城都要抖三抖，格老子四川人的脾气、血性，你都不知道，还在这里跟老子抖狠！"

关光夫气得脸色发青，两眼要喷火似的怒视着冰云水。今天接到郭尧阶的报告，他带着冯启钧赶到张之洞总督公寓，看见张之洞与冰云水正谋划围剿新军中的革命党人。一见关光夫赶到时的焦急样子，知道有重要事情相商，张之洞一边给关光夫让坐，一边说："说吧，有什么事？"他朝冰云水一指，"跟你一样的职业，听一听没有关系嘛。再说你俩早都互相认识，只是没有交流的机会，今天正好成全你们。"

关光夫一听脸上出现一丝酸笑，走到张之洞身边，附在他的耳畔神秘地嘀咕了几句。张之洞听后一愣，"是吗，不会吧？"说着一挥手，"请冰总管先出去一下，我与关督军有点事要谈。"

冰云水本来就对关光夫从京城到湖北来抢他的饭碗心里不舒服，这会儿又建议张之洞将他赶出房去，顿时火苗在脑门窜动，但当着张之洞的面不好发作，只好鼓起腮帮子怒气冲冲地拿起手枪朝门外走。冯启钧平日与冰云水有些交情，担心因冰云水不悦而引起一些矛盾，急忙跟着出门赔笑说："请冰兄不必介意，关督官……"

"去去去"，冰云水向他挥手吼道，"关某人比我管用，跟着他转去，将来在京城皇帝屁股后面闻屁，总比在湖北当个巡警道有出息！"

"冰兄，你这是什么意思嘛，我是一手托两个兄弟，很公平合理的，你……你怎么能这样？"

"我怎么样嘛"，来到客厅，冰云水的声音更大了，"你想想，自从京城来了一公一母，你巴结公的是想升官，巴结母的是想闻骚……"

"你口里放干净一点"，冯启钧不耐烦了，"莫得寸进尺，这做官好像六月的天气，早晚不一样！"

"我知道，我早晚是要下台的，格老子凭这颗头的灵敏，当个谍报员总还可以吧？总不像人家，狗屁本事都没有，只晓得巴结对自己有用的主子。"冰云水一屁股坐在沙发上，"去吧，莫失掉升官发财的机会。"

冯启钧被他骂得气不打一处来地回到张之洞的房间。

"你看，请张总督定夺。"关光夫一见冯启钧推门进来，"你看是不是请冯先生……"

"冰总管不去，这件事好像有些不好讲吧？"张之洞说，"你们都是分管谍报的，只是……"

"张大人"，关光夫语气坚决，"革命党人在湖北根深蒂固，人员分布广泛。冰总管虽为四川万县人，但在湖北也有七八年之久，朋友遍布两湖各个角落，人际关系颇为复杂，万一有丁点根叶连着革命党人，通风报信了，我们不是前功尽弃吗？"

"张大人，关督官言之有理呀。"冯启钧这个不倒翁这会儿又站在关光夫一边，"从今天的名单上看，有的革命党人就跟冰总管有交往，内情不好说。"他干脆从背后杀了一黑刀。

"就这样定了吧，张大人？"关光夫站起来，"不早了，我得带人去保安门，督捕革命党，电告皇上湖北动态呀。"

"就这样吧"，张之洞一挥手，"有什么事速告我。"

"知道，有什么情况先报告张大人，再报告京城。"关光夫一脸阴险地说，"我们走了。"

冰云水一看关光夫与冯启钧出了张之洞的房门，起身装着要小解进了客厅又

一侧门，亲眼看到他俩出了客厅门，急忙转进张之洞的房间。不等他开口，张之洞便道："人家是皇上派来的督官，你只是两湖总督的主管，上下管十万八千里，有什么好赌气的呢？小不忍则乱大谋。"

"张大人，我是……"

"别说了，我心里有数"，张之洞说，"京城上下都在说我的新军中在培养革命党人，为推翻清政府培养文武将校。这革命党人有文化者为众，我们为什么就拉不住他们，这是什么道理呢？"

"张大人，他们要向西洋学习，推翻帝制，建立共和国体，这都是1894年孙文在美国搞的什么兴中会的主张。现在孙文在日本联合黄兴、蔡元培，将兴中会、华兴会、光复会，三会联一，搞了一个什么'中国同盟会'，举孙文为总理，声言驱除鞑虏，恢复中华，创立民国，平均地权……"

"你说了多少次了，都快谱成曲子当歌唱了。"张之洞没好气地指着他说，"你也要想想，武昌城里出了革命党人，别人不先报告你，而去报告关光夫，这说明了什么？"

"这……这很简单，底下这帮混混眼睛都长在头顶上，找腿肥的抱……"

"哎呀，我看要把你丢到海里洗洗脑壳"，张之洞生气地站起来，"什么事都要问个为什么。好啦，你快去现场看着点，不能让他将不是革命党人的文化人也抓了。兴湖北，练新军还是要靠有文化的人才。你们成天就只知道要升官、发财，就不知道将来这些有文化的人可兴湖北，光我华夏。"

冰云水是老鼠钻风箱——两头受气。出了张之洞的公寓，驱车直赶保安门内，他今天非要与关光夫争个高低不可。

"冯先生"，关光夫不能再沉默了，"人都部署好了吗？"

"正在部署，行动的时候不能太急，万一有鱼漏了网，说不定跑了的就是大鱼！"冯启钧说。

"好"，关光夫又问，"郭尧阶认识的人，一个都不能跑的。他走在前面，后面的与他左右的都不要慌，我亲自押他进门捉人，你在这里督阵！"

"是，执行关督官的命令"，冯启钧回答着，向后面一挥手，"把郭尧阶押过来！"

四个正目押着郭尧阶走过来了。关光夫迎上去时，冰云水气呼呼地分开众人堵在关光夫前面，面对着郭尧阶问："郭矮子，还认识本官吗？"

郭尧阶定睛一看，挤出一脸笑："冰总管，是冰总管呀。别说武昌城，就是京城文武百官，不知道冰总管的也不多嘛。"

"你他妈的口里像含了冰糖一样甜"，冰云水伸手托住他的下巴，"这么大的事怎么忘了向我报告呢？"

"这……这……"郭尧阶朝后面的冯启钧扫了一眼，急步上前，贴着冰云水的耳朵小声说，"冯大人说关大人是皇上派来的，树大、腰粗，在军界、政界混饭吃，只有投朝中有权有势又是皇亲国戚的才有出头之日。他还说就是张大人也非旗人，总有一天会被罢掉军政两权，只是迟早之……"

"我明白了。"冰云水不想在大庭广众之下听他啰嗦，一拍郭尧阶的头，"去吧，关大人给你准备好了帽子，将来戴不完，可别忘了给兄弟我留一顶啊！"

关光夫与众人被他说得哭笑不得。

"走，快走！"冯启钧又一次打破尴尬局面。

关光夫押着郭尧阶直向保安门内走去，众特务悄悄地潜伏在内外接应。

此刻，吴兆麟就挤在冰云水的汽车左侧的宪兵之中，刚才冰云水与关光夫、冯启钧的对话他都听得一清二楚，一则天黑大家不走近看不到；二则宪兵们一看是军人挤在此，也当是来捉革命党人的；三则关光夫也好，冯启钧也好，都不认识吴兆麟，但吴兆麟认识他们。不过冰云水认识吴兆麟，因为吴兆麟的哥哥吴兆祺充任第八镇军事参谋，也主管过情报，与冰云水较熟悉，多次宴请冰总管时，吴兆麟作陪，彼此就有些交往。

"冰总管。"

冰云水一听军士中有人叫他，便寻声望去，"谁呀，黑灯瞎火的叫什么？"冰云水担心革命党人打他的暗枪，不想别人暴露他的身份，"有话过来说。"

"我是吴兆麟。"

"啊，兆祺兄的弟弟，工程营左队队官兆麟老弟。"冰云水说着走过来，"你怎么到这里来了？"

"我与几个兄弟从这里路过，看到你的汽车停在这里，又听到你与人讲话的声音不愉快，怕你吃亏，就停下来看看，万一有什么事小弟也可以当个帮手。"吴兆麟挤到他身边说。

"哎呀，谢谢兄弟的关心"，冰云水说着向左右扫了眼，"各就各位，不要围着我！"

众特务遵命潜入黑暗之中。刘复基与丁正平一看吴兆麟的手势，也跟着众特务后退。

"你不知道，格老子的肺都要气炸了。"冰云水低声从牙缝中挤出每个字，"皇城派了个什么狗头特派情报督官关光夫来了，在张大人面前说话声音高得像狂吠，连我这个谍报总管都不放在眼里，天马行空，独来独往。今天一个叫郭尧阶的狗东西，声称是革命党人，在巡警道冯启钧这个王八蛋引导下，投了关光夫。关光夫为了立大功，把我们都甩了，单独带人来抓保安门内的革命党人，说这是他们的机关。你说，想升官也不是这样的升法呀，我不管怎么说还是两湖谍报总管！"

"走，我们进去抓人嘛。"吴兆麟建议，"不让他们吃独食！"

"不怕，等会儿我们朝天打枪，让他们听到枪声都跑了，看这个婊子养的拿什么立功！"刘复基跨前一步说。

"他是谁？"冰云水指着刘复基问吴兆麟。

"我的随从，信得过！"吴兆麟说。

"冰大人，我们帮你出这口恶气！"刘复基又说道。

"是的，开枪，向空中开枪！"冰云水从腰里拔出枪，"走，我们上汽车，有什么不测开着汽车走人。"

"好"，吴兆麟向刘复基、丁正平一挥手，"走，帮冰总管出气。"说着又朝前面看了看，"冰总管，我带着弟兄们也跟着去，他们抓，我们也抓，他关光夫要是阻挡……"

"你就说是冰总管的副官，反正他们也不认识你，把帽子压低一点，夜黑谁也看不清谁。明天要追查起来，老子不承认，说不知道，气死这狗日的！"

"对"，吴兆麟说，"京城来的又怎么样，武昌这是冰总管的地盘，黑白两道冰总管说了算，走！"

刘复基今天才真正认识了吴兆麟临危不惧、灵活应变的大将风范。他对丁正平使了个眼色，跟着吴兆麟左右，握刀提枪直向保安门内的革命党人机关走去。这地方他不知道出入多少次了，但现在感到格外沉重。

再说关光夫押着郭尧阶刚要翻墙过院，突然"砰砰"两声枪响划破了这沉闷的空气，紧接着有人大喊："抓革命党，快，堵住门，别让他们跑啦……"呐喊声大作之时，吴兆麟他们三人同时响应，边开枪，边跟着叫着、喊着。

关光夫愣了一下，不明就里，只好命令冯启钧："堵住门，命令其他人翻进去，快！"

特务们呼啦啦直跳院墙。

"快，把门撞开"，吴兆麟他们一行奔过来大呼，"撞开门！"

关光夫这会儿搞不清这是冯启钧带来的人呢，还是哪里冒出来的特务，反正是抓革命党人，也跟着撞门。他冷静地对众人道："别叫喊，这不是给革命党通风报信吗？"

"枪都响了，还有什么保密的？"吴兆麟故意挑拨一句，"谁打的枪？都跑光了，开枪的要负责！"关光夫听着火冒三丈："别开枪，别开枪了……"

保安门内，特务们开始大搜查。

革命党人卢应龙等正在开会，听到枪声急忙分头跑。这时十几个革命党人从右侧的小胡同中冲出来，吴兆麟一眼扫见了卢应龙的身影："快，快从这里跑！"

卢应龙为接应部长，反应快，他对身后的十几个同伴命令："跟着我冲！"

"站住！"一个特务大吼一声。

"砰！"吴兆麟开枪击毙了这个特务。

"卢兄"，吴兆麟冲上去，"郭尧阶叛变了，是他带人来的。我与几个兄弟现在特务中掩护，你快冲出去通知弟兄们快快隐蔽！"

"吴哥"，卢应龙大吃一惊，"你……你们……"

"快走，车到山前必有路，你们快走！"

"你快走，时间来不及了！"刘复基上前说。

"走，左后方，快从左后方走！"丁正平说，"关光夫来了，叛徒来了！"

"打死他，我要打死他！"卢应龙气愤地瞄准。

"慢"，吴兆麟说，"你快走，不能因小失大！"

卢应龙扫了各位一眼，率领机关十几位革命党人，在吴兆麟他们的掩护下，从左后方的暗道突出了敌人的包围……

吴兆麟一听保安门内枪声停了下来，断定有一些革命党人被关光夫他们捕捉了。为了防止万一，他命令二位战友撤出来之时，看见前面树下一个女人踮着脚尖朝这边望，月光下那身影是如此的熟悉，那女人突然朝他后面奔过去。吴兆麟闪电般一跃进入一堵墙后面，丁正平也紧跟一步跳过来。

"不好啦，艾玛赶来了！"丁正平对吴兆麟说。

"这是怎么一回事？"吴兆麟说，"注意，若有情况我们就把刘复基抢下来！"

刘复基没有料到艾玛这个时候出现。他吃惊地瞪住她："艾妹，你怎么来的？"

"我就知道你会来这里"，艾玛拉着他向前走，"快走，冰云水的人与关光夫带来的人混杂着，谁也认不出谁，乘混乱之机快走！"

"我……我……"刘复基担心吴、丁二位的安全，但又不敢对她实话实说，"你先走吧，我想再看看。"

"你还有弟兄？"

"就我一个人。"

"你到底来这里干什么？"

"来得早不如来得巧，路过碰到了就来看看热闹。"

"你说的是真话，还是假话，我现在不想追究。快走，有话回去再说。"

"不，我不能走！"刘复基挣开她的手，"你先走吧。"

"刘哥"，艾玛又一次单刀直入，"今天这件事我心里明白了，但有一点我可以告诉你，关光夫抓到了革命党人，非杀不可！"

"我又不是革命党人，怕他什么？他真要在太岁头上动土，我到冰总管那里告他！"

"他连张大人都不放在眼里，冰云水算什么？他的电台密码只有我一个人知道，他备了二百支手枪、大批炸药制造炸弹。关光夫本打算是孝敬巴结爷儿们、奶儿们的，这会儿他不送了，说是留着手头用，万一张之洞他们有什么不测，他用这些武器组织敢死队，杀进张公馆，夺取两湖总督位。你知道不？"

刘复基一听心中更是一喜：枪、炸药都在，非搞过来为革命所用不可！

"快看，抓到了，抓到了！"有特务惊喜地叫起来。

刘复基与艾玛同时将目光扫过去，关光夫押着郭尧阶，在众特务的保护下走过来了，冯启钧带着特务押着十几个革命党人紧跟在后面。刘复基朝前移了两步，定睛一看：张难先、刘家运、朱元成、胡瑛、吴贡三等都在其列。

"关大人，他是总干事。"郭尧阶站在一边对关光夫说，"他叫刘静庵，鬼得很，别让他跑了！"

"快，把革命党人总干事刘静庵捆紧些。"关光夫命令冯启钧，"他跑了要你的头！"

冯启钧立马又命令四个特务扭住刘静庵。

"就这么多吗？"关光夫问。

郭尧阶前后看了看说："接应长卢应龙跑了，应该有几十个人，大概跑了一半以上。"

"走，给我搜！"关光夫命令。

刘复基听着心中又悲又喜，悲的是刘家运、刘静庵他们落入魔掌；喜的是卢应龙带大批弟兄逃出了虎口狼窝。他乘艾玛不注意闪进夜幕中，与吴兆麟他们直奔而去，一边跑，一边说："枪，快去把那二百支枪搞出来！"

"这里离新安里8号有多远？"丁正平问。

"不远，快！"吴兆麟说，"天亮之前搞到发给弟兄们，组织敢死队杀死叛徒，救出刘静庵等！"

"对，二百支枪，又有炸药制造炸弹，这支队伍交给我，一定能杀死狱卒，炸开监狱！"刘复基喘着粗气信心百倍地说。

吴兆麟断后，心里百感交集：机关被破坏，这些人中除了刘静庵认识他，其他人都知道有一个军事长，但谁都不认识他，再出叛徒也不要紧，只是革命党人惨遭杀害对其他革命党人的心理影响是不可低估的……

"快，躲，快躲起来！"刘复基说。

吴兆麟扭头一看，特务们提着马灯，押着革命党人走过来了。借助昏黄的灯光，他看到刘静庵被五花大绑，关光夫与冯启钧并肩骑在马背上，叛徒郭尧阶跟在马屁股后面，由四五个士兵押着。而冰云水的汽车已经开着大灯远远地驶走了，看路线是直奔张之洞的公寓去了。

"杀上去，打死几个家伙把刘总干事他们救出来！"刘复基对吴兆麟说，"下命令吧，吴哥。"

"跟你说过几次了，遇事要冷静些，要讲策略。现在敌众我寡，不能轻举妄动，我们才三支枪，不但救不出同志，连我们自己也要搭上去。"

"怎么办，那你说怎么办嘛？"

"走，搞那二百支枪去！"吴兆麟命令着，"听指挥，不得乱来！"

小 引

　　吴兆麟、刘复基率领革命党人，潜入督军府后院，准备夺取临时仓库中的武器，用于营救被敌人生俘的革命党人。刘复基突然失踪，生死不明，又侦知武器已于上午转走。吴兆麟正要杀进敌营寻找刘复基，守官告知，革命党人的叛徒郭尧阶被押过来了，并派来十二人单独看守，吴兆麟得报大吃一惊……

第十二章　夜袭卫队营

吴兆麟赶到保安门，两座哨楼出现在眼前，但不见哨兵，一盏马灯挂在左边的哨楼上，闪着淡黄色的光亮。

另一个角落，一个女人正悄悄地注视着他们三人。

"吴哥"，刘复基猫着腰过来，"弟兄们都来了。"

吴兆麟扭头一看，刘复基去联络的革命党人来了十几位，忙说："东西都带好了没有？"

"他们都带有袋子，搞到武器弹药，背起就跑！"

"好"，吴兆麟说，"好像有些不对，这么重要的地方，怎么没有重兵防守呢？"

"艾玛亲口讲的，东西转到这里来了"，刘复基说，"不会有问题的。"

"命令丁正平先到前面摸底，其他人潜伏不动，但每人都要看好三处退路。"吴兆麟交代。

"丁正平不能去，还是我去好！"刘复基说。

"为什么？"

"万一有闪失，我死也甘心；再说这里我来过，路比较熟悉，还是我去的好！"

"注意，今天刘静庵他们被捕，明天要武器打下监狱救人，万万不可大意，今夜的行动，关系好多同志的生命！"吴兆麟说着沉默了一下，又接着说，"千万别开枪，枪响惊动了敌人就不好办。我们的力量非常有限。"

刘复基左右扫了一眼："如果听不到动静，就是我被他们摸掉了，赶快到61号找艾玛救我！"

"好！"吴兆麟回答了一声，"快去！"

刘复基避开岗楼，快速地从左前爬上了院子。

吴兆麟目送走战友，从右后向前走了几步，丁正平赶过来了："我抓了一个从里面出来小解的家伙。"

"啊，人呢？"吴兆麟问，"快送过来！"

"捆在草堆里，我用纸把他的嘴堵住了。"丁正平说，"好像是个前队官，面

孔有点熟。"

"快把面罩戴好"，吴兆麟说，"武昌城就巴掌大点地方，千万不能露了馅。"

"好。"丁正平说着拉好了蒙面罩，转身走了。

吴兆麟心里是不平静的。他是个读书过目不忘的人，记忆力特好，现在丁正平所讲的到底是谁？

刘复基去的方位没有动静。

"吴哥，弄来了！"丁正平说。

吴兆麟急忙赶过去一看，一个手脚被捆着的人正蜷缩在一堆杂草中。他走过去近距离地看了看他的脸，大吃一惊地命令："快帮他解开绳子！"

"你认识他？"丁正平问。

"何止认识"，吴兆麟说着急忙道，"陆哥，让你受惊了，对不起，真是很对不起！"说着将他口里的废纸拉了出来。

"你……你们是谁？"被吴兆麟称为陆哥的人惊魂未定。

"真是大水冲了龙王庙——自家人不认识自家人了。我是兆麟，吴兆麟呀！"

"哎呀，吴哥！"陆哥也认出了吴兆麟，一把抱住他，"把我急死了，正要去找你呢，就是走不开呀。"

"有什么事？"

"出事啦，机关被特务包围，总干事被冯启钧的人抓走了。"

"你怎么知道的？"

"卢应龙跑到我这里来了，正在我的床下呢。"陆哥焦急地道，"损失很大，刘家运也被抓了。"

"我知道，就是为这事来的……"吴兆麟把今夜发生的事简洁地告诉了他。

陆哥名叫陆河中，外号大力士，河南新乡人，是宪兵营前队队官，与吴兆麟是拜把子兄弟，也算是日知会的骨干之一。1902 年 1 月，反清义士陈少白受孙中山之命，在香港创办《中国日报》，1 月 25 日正式创刊，他得到这张报纸后保存下来，后来将这张报纸秘密地交给吴兆麟读。唐才常以上海为中心组织反清力量，林圭以武汉为中心组织军事武装反清，他亲自找林圭与唐才常要求加入……

认识吴兆麟后，他活跃在日知会这一反清组织中，不断想方设法为日知会组织资金，深得革命党人的信任。今天他因发烧刚刚吃完药睡下，突闻枪声响起来，一列兵告知保安门处传来枪声，并伴有呐喊声。陆河中急忙电话询问，才知道是捕拿革命党人。陆河中立命士兵各自在岗，不得出岗。不一会儿有士兵通告，有他的同乡求见。陆河中断定其中必是革命党人突出重围，命令自己的亲信士兵换下门岗士兵后赶到门口，一见果是革命党人接应长卢应龙，连忙将他迎入室内，并要其他人换上军服进入营区，以防宪兵追来搜查。

"不好啦，叛变的郭尧阶把大家供出来了，你怎么办？"卢应龙问陆河中，"我们一起走，过江！"

"不怕"，陆河中说，"他不认识我。"

"前队官，督军府参谋艾玛来了，在门前会客室。"一个正目赶来报告，"她说有急事找你。"

陆河中一听大吃一惊："卢兄，艾玛是间谍，她是不是冲着你来的？"

"不知道"，卢应龙说，"我们朝这个方位跑，他们是绝对不知道的，你看是不是别的什么地方有漏洞？"

"你先在我床下躲一躲，有事我会让士兵告诉你的。"陆河中安排好卢应龙一行。

艾玛的出现是陆河中始料不及的，虽然陆河中跟她交往不多，但毕竟是在同一栋房子里办公，陆河中他们也算是外围警卫吧。英征被革命党人杀死后，他又兼着内楼的警卫，正是这样的一些工作关系，陆河中与艾玛就熟悉了，艾玛有什么事找他，他都是有求必应。

"她说有什么事吗？"陆河中问通报士兵，"请你快回去报告艾参谋，让她稍等一会儿，就说我有点事马上来。"

士兵走了，陆河中也不知道什么原因使艾玛深夜来访。他将手枪挂在腰间，又在另一个口袋里装了支德造小手枪，万一有什么情况，就先打死她，再逃跑！

一走进前门客厅（实际是一间空房，不过十几平方米），陆河中发现艾玛正用目光盯着他。他笑笑问："鸡都叫二遍了，艾参谋还没睡呀？"

"陆队官，我求你一件事。"

"什么事，还轮得到我？"

"我在岗楼上面的储备库门口，你给我十个兵作保卫，抓住的人我带走，你不得扣下。"艾玛说。

陆河中说："艾参谋官，你讲的事我听不明白。"

"请你给我十个士兵，告诉他们由我指挥，跟我一块儿到储备库门口去，无论谁袭击储备库都不准动刀枪，抓住了人交给我带走，你们不得扣押。"艾玛竭力说清楚，"对外保密，不得告诉任何人。"

"到底出了什么事？"陆河中反问，"我们能帮你什么忙？不要你付工钱的。"

"我的好兄弟"，艾玛对陆河中说，"能满足我给你讲的要求吗？"

"都能做到。"

"万一有人向督军府报告，张总督下命捕杀呢？"

"我用头担保，不会从我口里说出对你不利，对你的友人不利的话！"陆河中说。

艾玛见陆河中这般，沉思了片刻问："你知道今天夜里出了大事，明天要开斩吗？"

"没听说。"

"刚才保安门那边传来枪声你都听到了吧？"

"听到了，是出了什么事？"

"明天，明天再说，快先按我说的办。"

陆河中心中虽不安，但还是按照艾玛的要求临时将十个士兵交给了她。果然，不久卢应龙就来找他，称日知会机关被破坏……

陆河中不敢多虑，以小解为由，潜出来想尽快通知吴兆麟等，没料到吴兆麟已经不请自到了。

吴兆麟听了陆河中的报告，说："趁天还没有亮，叫卢应龙快走！"

"不行"，陆河中说，"他们穿了军衣在兵营隐蔽，比在外面安全。"

"对"，吴兆麟说，"我们有一同志，与艾玛相识，潜入了你的军营，为的是搞到二百支枪与制作炸弹的炸药。"

"这些东西都被关光夫用汽车运走了。"陆河中说。

"什么时候的事？"

"今天下午。"

"运到什么地方去了？"

"搞得很神秘，是冯启钧派人押送的。"

"那完了！"吴兆麟大吃一惊，"你快去，潜进去的党人用黑布蒙面，你出暗语晚上又看不到，就大声叫他……"

"报告队官，有一督府参谋找你！"一个列兵跑过来说。

"人呢？"

"已经从后门的地道走了。"

"快追！"吴兆麟命令完，又问陆河中，"你的武器库里还有武器吗？"

"空的！"陆河中回答。

吴兆麟一拉他的胳膊，将手中的短枪朝东指了指："天快亮了，你马上去组织武器与人，如果刘静庵他们今天受刑，我们不偷袭监狱救人，他们就死定了！"

"好，我马上行动！"

"还有"，吴兆麟说，"通知孙武、彭楚藩、蒋翊武、李作栋他们，早作准备，凡郭尧阶知道的同志立即转移。"

"好好好。"陆河中说。

吴兆麟心里系着刘复基的安全，他心焦地问："你那后院的地洞口在什么地方？"

"走，我带你去！"

"队官，巡警道长官冯启钧大人到！"一个列兵喘着粗气赶过来报告。

吴兆麟一听心中大喜：送肉上案板了。

"人呢？"陆河中问。

"在队官部。"

"他一个人？"

"有十几个兵士跟着，其中有一个穿西服戴着眼镜。"

"你快去应付一下，就说我拉肚子正在蹲厕所，一会儿就到。"

"是！"列兵领命离去。

吴兆麟望着陆河中，沉默片刻说："你叫岗楼里的士兵都走，由我的人装扮成你的人站岗。你在一号岗楼里搞清情况后立马向我通气。"

"好！"

"慢"，吴兆麟叮嘱说，"要沉得住气，不要担心，逮捕的人中没有认识你我的。冯启钧跟你是同乡，又有比较好的交情，现在他来，八成是有什么事求你帮他。"

"什么同乡、同村，他这个人只认权、认银子！"陆河中说着气愤地一挥手。

"别激动，快去快来！"吴兆麟说，"天亮之前我一定要离开，不然别人认出我来了，工作起来就更麻烦。"

"你等着，我去去就来。"陆河中直奔队官部。

"丁兄，快通知人都撤！"吴兆麟扭头对丁正平说，"东西转走了，这里人多目标大。"

丁正平点点头。

叛徒郭尧阶与冯启钧坐在陆河中的队官部，两眼左右扫视，露出惧怕之色。冯启钧示意他喝茶压惊，不要惊慌。冯启钧见左右都站在身后，便命令道："都到外面去，陆队官来了，请他马上进来！"

几名随从都站到外面去了，队官部只有冯启钧在陪同郭尧阶。

今天在张之洞公寓报告完日知会情况后，关光夫便迫不及待地要立马赶去围捕日知会干部之时，张之洞不知出于什么心态，狠狠地瞪了关光夫一眼说："你初到湖北，不要见绳子就是蛇。湖北新军是我建起来的，他们中很多人对我大清政府与外人签订的条约不满，这是爱国的思想，不为大过，要好好开导。世界之大，人各有志，你要他们都跟你想在一块是不行的。日知会除了骨干分子关几天看看外，不要随便杀人，一般的应从宽发落，以便安定民心，共建国家。"

"大人"，关光夫仗着自己的特殊身份，在年过七旬的张之洞面前也不甘示

弱，"我大清王朝容不得革命党人，他们是要动我朝廷根基，推翻我帝制，到那个时候他们不会手软，也会把大人推上断头台的！"

"好！"张之洞一瞪眼，对左右命令，"送客！"

关光夫立功心切，也不计较张之洞对他这般态度，不过他记下了这笔账，等待调平事态，再向皇城报告。

"冯先生留步"，冯启钧正要跟关光夫走，一个副官赶上来，"张大人有请。"

"嘿，都什么时候了，马上要围捕革命党人了，没有时间。请你转告总督张大人，等我们捕了日知会干部再来向大人报功！"关光夫迎住副官说完，拉住冯启钧，"快走！"

副官怒视着关光夫无可奈何。

"好，我去一下马上就来！"冯启钧圆滑地赔着笑说完，不管关光夫是什么态度，扭头就走了。

这张之洞是直隶南皮人，字孝达，号香涛，晚号为抱冰，同治进士。他历任翰林院学士、内阁学士等要职。1873 年被授予四川学政，奏设尊经书院。1884 年由山西巡抚晋升为两广总督，启用军事良将冯子材，在广东设广东水陆军学堂，创建枪炮制造厂，开矿山，立广雅书院学习西方文化，可谓武备文事并举，深得清政府重用。1889 年又调任湖广总督。由于他治政有方，1894 年清廷又命令他代替刘坤一为两江总督。1900 年他协同清政府，力主镇压义和团，保护外国驻中国使馆（1900 年 6 月 14 日，张之洞与刘坤一联合电商裕禄，拟以三总督联衔会奏，"请旨痛剿"义和团）。1901 年与刘坤一联衔会奏变法条陈（指 1901 年 7 月 12 日，两江总督刘坤一，湖广总督张之洞第一次会奏变法事宜，筹拟四条：一设文武学堂；二酌改文科；三停罢科举；四奖励游学。7 月 15 日，刘、张又再一次会奏，并提出整顿中法十二端，即崇节俭，破常格，停捐纳，课官重禄，去书吏，去差役，恤刑狱，改选法，筹八旗生计，裁屯卫，裁绿营，简文法等。7 月 20 日，张、刘第三次上折，提出"采用西法十一端"，即广派游历，练洋操，广军实，修农政，劝工艺，定矿律、路律、商律，交涉刑律，用银元、行印花税，推行邮政，官收洋药，多译东西各国书等供国人研读。清政府收阅，朝野震惊）。1902 年他奉命充督办商务大臣，再署两江总督。1906 年又晋协办大学士，擢体仁阁大学士，授军机大臣兼管学部。1908 年督办粤汉铁路，1909 年充实录馆总裁官。1908 年 10 月 4 日病逝，享年七十三岁，遗著有《张文襄公全集》，这是后话。

关光夫对张之洞了解一二，不敢对这位在举国朝廷有分量的人物太多冒犯，只好在门外等候。冯启钧被张之洞再次召见，必是对其另有叮嘱，对其不利等语。

没有一会儿冯启钧返回了，关光夫劈头就问："这老东西又使什么刁谋？"

"没使坏，叫我保护好你与郭尧阶的安全。"冯启钧骗他说，"张大人说革命党人很团结，你在武昌不安全，你马上搬到巡警道去住，我派人保护你。"

"就说了这些？"

"还说革命党人都是年轻人，当兵的多。"

"放这么一阵屁臭都不臭。"关光夫骂开了，"侦破日知会是革命党人的组织，你立的功也不小。你说，你想到京城做什么？"

"我……我……"冯启钧结巴了一下，"想与京城的名妓过夜……"

"胸无大志"，关光夫说，"真他妈怪，革命党人口口声声推翻帝制，建立立宪共和国体。而你们这些拿朝廷俸禄的，成天脑子里想的是财和女色……"

结束逮捕刘静庵他们后，关光夫把冯启钧拉到一边说："郭尧阶还有什么用？"

"他知道的已经都说了，认识的革命党也不多。"冯启钧皱紧眉头望着他说，"你的意思是……"

"本来是想今夜处决算了"，关光夫说，"但一想还是留几天好。明天审问刘静庵，他是证人嘛。"

"关大人"，冯启钧讨好地说，"据说革命党人在军中有好多，日知会成员上到标统，下到列兵有的是。他们又都没挂牌子说是日知会会员，日知会就是革命党人。如果郭尧阶不杀，关在什么地方都不安全，非被革命党的打狗队杀了不可。"

关光夫寻思了一下后说："有办法，你把他送到督军府存武器的仓库秘密关几天。"

"前队官陆河中说话很新的，他没问题吧？"冯启钧问，"这个人读的书多，对西洋的什么宪政讲得头头是道，对吴樾在京城炸五大臣，他在士兵中说炸得好呢。"

"我的枪及炸药等在那个仓库放了几天，没出问题，今天上午才转走。我看了，仓库很坚固，就把他先关在那儿，审完刘静庵再作定论。不然被革命党人杀了灭口，后面一大串革命党人挖不出来呢。"

冯启钧因实在没有好地方可关，也只好把郭尧阶送来了。

陆河中还没有走进队官部，冯启钧就在走道东头迎住他，一番客气后说："河中兄，今天找你的麻烦了。革命党人的叛徒郭尧阶，帮助我们抓了他们的总干事刘静庵，还有一大批革命党人。我们担心革命党人把他给杀了，皇城来的情

报官建议关在你的仓库中。"

"哎哟，这么大的事你怎么不早说"，陆河中一跺脚，"我不准备一下，跑了怎么办？"

"没事，我派十几个人帮你守，只借你那间仓库用一下，天亮后审完刘静庵，我们就把他带走。"

"老哥"，陆河中板起脸，"这革命党哪儿有，我都说不清楚，万一有什么差错，跟我……"

"跟你没关系，我派人守嘛，你放心。"冯启钧扫了眼怀表，"还有几个小时就天亮了，没事儿。"

"那好吧。"

"黑狗"，冯启钧朝前面叫，"过来一下。"

一个长得黑乎乎的正目握着枪，腰里挂着短剑，走过来立在冯启钧与陆河中面前。

"这位是前队官陆官长"，冯启钧指着陆河中说，"你带人把那个姓郭的关在陆官长指定的仓库里，出了事我要你的脑袋。"

"是！"

"他叫马清先"，冯启钧指着黑狗对陆河中说，"因长得黑胖黑胖的，所以就有了'黑狗'这么个雅号。是我堂弟的同乡，使枪弄刀的还行，忠于我就更没话说了。"

陆河中上下打量了一下黑狗，微微地点点头。

"好，我走了！"冯启钧说。

"行，我不送你了。"陆河中说完，命令一个列兵，"把仓库门打开"，接着又对马清先说，"快押进去吧，我马上回来。"说完扭头准备走，但又转过身来，"你们有十几个人守，我得准备饭，折腾了一夜一定都饿了。"

"谢谢队官，连我一共 12 个"，黑狗忙说，"最好来点酒，弟兄们都很冷，喝点酒可以暖暖身子。"

"好，会令你满意的。"陆河中加快了离开的步伐。

小 引

　　艾玛将刘复基绑到长江边，又命令人将他绑在枯死的树桩上。在刘复基的怒视中，她没有发怒，而是点数着革命党人从1900年以后的数次起义，无论是孙中山指挥的，还是各地民众自发的均告失败。艾玛告诉他，清政府是当时全国人民最大的老板，与老板作对是没有好下场的。刘复基虽然处于逆境中，随时有被这个女人杀死的可能，但内心佩服这个女人是真正在研究清王朝，在关注推翻帝制、建立宪制的人与事，特别是多次设计让他撞入她的罗网，刘复基被发自内心的热烈激情炙烤着。然而，她一直声明他死也无法完成推翻帝制，他的党人只有失败，不会成功，然后她奋力地举起锋利的短剑向他背后刺去……

第十三章　冷血女杀手

"你是恶魔，恶魔！"刘复基摇晃着头，咆哮着，"你为什么，为什么要绑架我？"

"Mr刘，你冷静地度过人生最后一刻吧，为了我们的友谊，当太阳从东方刚刚升起的时候，我将把你推进长江，让你去迎接太阳，你能领会到生命的最后灿烂吗？"艾玛如同在朗读一篇描写人生的散文一样。

刘复基扭头扫了眼背后滚滚的长江，怒视着艾玛："为什么，请你讲这是为什么？"

"为了你"，艾玛说，"你不是喝着长江水长大的吗？长江，我要长江……"她后面的话没有说下去。

"你讲清楚，要我死没什么，我只是不明白，我不能做冤死鬼。"

艾玛，是一个典型的间谍吗？

在保安门处刘复基他们消失以后，艾玛扭头一看，跟随她的五人正好都向她走来了。她向这五个军士说："你们既是督军府的卫队兵，也是督军府派来保卫我的保镖。今天事关重大，各位甘愿为我效劳，不对外多言多语，各奖大洋五百块！"

"参谋官"，领班向剑兵说，"本职率队奉命跟随官人多日，无一犯事，今夜逮捕革命党人，由关大人的卫队与巡警道长官冯大人负责。"

"好，知道就好！"艾玛说着左右扫了眼后问，"你见到关大人的卫队了吗？"

"没有，他们都缉拿革命党人去了。"

"走，快去督军府后面见陆队官！"

旋即，艾玛赶到了陆河中的队官部，与陆河中达成协议后，陆河中便不知去向。卫队领班向剑兵赶过来向艾玛报告："陆长官的十几个兵力都按照你的命令潜伏好了，我们是不是……"

"别慌"，艾玛说，"事成后奖你一千块大洋。"

"谢官人。"

"参谋官，有人从后院跳进来了。"一个卫队报告。

"走，去看看。"艾玛拉着向剑兵，"肯定是他来了！"

刘复基并不知道内有潜兵，他避开哨位蒙面进入后院，看到院内空荡荡的，只有他多次来见到的那架木梯，仍然靠在二楼横梁上。他左右看了看，就直奔那架木梯，只要上了二楼就能从左侧打开窗子，摸进去将武器装袋从二楼放到一楼后院，然后背起就跑！

上到木梯中间时，四周还是死气沉沉的，他感到有些奇怪：怎么没有人呢？

这里的守备军官英征被处死后，宪兵又驻进来了。宪兵中的前队官陆河中是日知会成员，且与吴兆麟是良友，他来接任了英征的指挥位置。经打探他因老父病故回家奔丧还没有回来，事出太急不能等了。但是陆河中下午吃饭时已经回来，他并不知道这一情况。而此刻吴兆麟与陆河中在外面也接上了头，刘复基也不知道。

艾玛正好蹲在楼梯口左后方的暗处，向剑兵就伏在她右侧，一看刘复基手中握着枪，有些恐惧地道：

"他……他手里的枪……"

"打掉，扑上去按住他！"艾玛坚决地命令。

"这会儿他肯定压弹上膛了，万一枪响了怎么办？"

"打死你，也要把他抓住！"艾玛拧了一下他的脸，"怕死鬼，还想升官发财？"

"不是我怕死，而是担心坏了艾参谋官的事儿。"

"除了这张嘴，还有什么？"艾玛用手点了下他的厚嘴唇，"听话，好好干，将来到了京城吃香的，喝辣的，比在弹雨中冒死拼命，挣的钱还多！"

"那是"，向剑兵又低声说，"他怎么站在梯子中间，不上，也不下了呢？"

艾玛不语，两眼眨都不眨地盯住刘复基，只要他的头一伸上二楼的楼梯，她就会第一个飞身上去一拳击中他手中的枪，决不能让他开枪惊动城内巡逻的军警。

"看，他又上了！"向剑兵说。

"别吭声！"艾玛白了他一眼，"跟你在一块儿，耳朵都要吵聋了。"

向剑兵不好意思地收回目光，悄悄地站起，作扑上去的准备。

这是一架很长的大架梯，供楼上官兵上下之用，这栋老房子也是清朝早期建造的民房，是督军府从市民中征集来的。房子的背后是蛇山，左前不远就是长江，如果速度快，跑到江边也要不了半分钟。

"一步，两步。"艾玛看到刘复基正朝上爬。

"看我的！"艾玛低声对向剑兵说，"动作快一点，抱住他的脖子，堵住他的嘴！"

"好！"向剑兵说。

"别伤着他了。"

"知道。"

刘复基上到梯子最上面了，他握枪的手扶着梯子两边时，艾玛如箭般冲过去，"啪"地打掉他手中的枪，不等他反应过来，向剑兵已经将他的脖子抱住，用一块洗脸布堵住了他的嘴。

"快，捆住他！"艾玛命令。

几个卫兵一拥而上，用早就备好的绳子将刘复基绑了起来。

"快走！"艾玛又命令。

后院通向长江边的一条如同暗道般的石板路上，刘复基被抬着，艾玛在后面，江水的浪涛声听得越来越清楚。刘复基明白过来了：艾玛一伙要将他沉进江底。

长江边由于洪水的一次又一次冲洗，不知是哪个年代种下的一片柳树，已枯死大半，干裂的林子中冲积而成的砂石与泥土，形成一座座大小不一的沙堆。

在一个不太大，但距江水仅只两尺左右的沙堆上，有一株又粗又高，但已枯死的柳树，艾玛直奔过去站在上面，对抬着刘复基累得喘粗气的几个士兵道："抬上来，快抬上来！"

五个卫兵大汗淋淋地将刘复基抬到了堆顶，正要狠狠甩下去，艾玛冲上去双手托住刘复基的背："轻点，轻点，甩死了你们还升什么官，发什么财！"

"官人"，向剑兵喘着气，背靠树，"甩到江里喂王八算了，这人没多少用处。"

"你除了赌、嫖、吃、喝，还会什么？"艾玛冲着他不满地道，"一肚子臭粪！"

"参谋官，我是说已经抓到了他……"

"把他捆在树桩上"，艾玛命令，"绳子别勒得太紧，跑不掉就行！"

"好"，向剑兵命令，"把他的四肢捆牢一点。"

几个士兵一阵手忙脚乱，刘复基被捆在了干枯的柳树桩上，艾玛对左右道："你们都给我上堤那边草里面躺着，不准偷听，有事我会来叫你们的，有偷听者，杀之！"

"是！"几个家伙异口同声地回答，只有一个叫俞建仁的正目斜扫了眼被绑的人后才走。

所有的人都走后，这个沙堆上只有艾玛与刘复基两人了。刘复基怒视着艾玛，艾玛反而甜甜地笑了，她将塞在他口里的洗脸布拉出来，低声说："别激动，冷静，冷静下来我们商量一些事情。"

……

待刘复基大发一顿愤怒的火气后，艾玛坐在他对面问："你是革命党？"

刘复基担心吴兆麟与其他弟兄的安全，暂时保持沉默。按照他的猜测，可能他们也被宪兵抓了。

"我故意告诉你，你们革命党中出了叛徒，到保安门去抓你们的党人了。果然不出我所料，你也去了。没料到这着棋吧？"

真的，刘复基没有料到这个女人如此有心计，现在落到她手心了，身后就是长江……

"我告诉你，你们需要的武器藏在督军府的二楼，你又上钩了，是有一种上当受骗的感觉，还是感到我技高一筹？"艾玛终于摊牌了，"我通过两次试探，就知道你是革命党人，你承认也好，不承认也罢，事实已说明了一切。"

刘复基的心这会儿反而平静下来了："这么说你比关光夫他们高明？"

"他抓革命党也是为了升官发财，我抓革命党也是为了同样的目的。"艾玛走过来，"现在你身上每一两肉，就是一两黄金，一颗人头，就是一顶四品或五品的官帽，这么值钱的买卖谁不做呢？"

"你把我送到京城，做了三品或四品官，怎么感谢我呢？"

"这就看你怎么配合了"，艾玛说，"不过我劝你，坐在磨子上吃藕，想转一点，看穿一点，人生在世无非就是追求荣华富贵，如果伸手可取的话，何必去吃皮肉之苦呢？"

"我怎么样才能得到荣华富贵？"

"我们相互配合，定能得到我们想要的！"

"我要是让你失望呢？"

"我送你到龙王爷修的水晶宫去享享清福。"

"我要是与你合作呢？"

"我看你很难做到。"

"你怎么如此肯定？"

"其实，你走的路本身就没有前途"，艾玛劝说，"光绪皇帝听信康有为的妖言，于1898年搞戊戌变法。结果是1900年1月24日，慈禧太后废了他的皇位，还派杀手一路追杀康有为，你说与主子作对有好处吗？"

"康有为、梁启超是中国改良帝制的志士，如果当初他们邀我去，我也是会跟着他们干的！"刘复基冷冷一笑说，"中国的进步与知识分子代表你看不到，亏你还在国外喝了好多年洋墨水！"

"康、梁与朝廷抗争得到了什么？"艾玛继续数落，"1900年2月11日，朝廷严令李鸿章，将康有为、梁启超在广东的祖坟铲平，以儆凶邪。14日，又命令闽、浙、广东督抚拿十万两银子悬赏提他们的人头。你说，连性命都保不住了，谈何推翻帝制，振兴国家？"

"你不要眼睛只盯住康、梁二位，现在是孙文，孙中山先生，他是不会……"

"你又错了"，艾玛打断他的话，"据我所知，1900 年 5 月，香港议政局议员何启，建议孙中山与李鸿章见面合作，你知道这个消息吗？"

"这只是何启老先生的见地。有些事并不是你想象的那样。"

"孙中山还给过李鸿章三万块钱，这一事实你作为一个读书人，还能不知道？"

"这个三万块的事我清楚，是为了抗击洋人，跟推翻帝制建立共和民主宪制不一样。"刘复基说，"我就是像唐才常、林圭那样死，也不会使你们满意的！"

"告诉你，刘哥，清政府只要出面，谁也成不了气候，孙中山不是请日本人帮助他吗，结果还不是灰溜溜地又潜逃了？"

"不能这样讲，得看这段历史。"

"怎么看，像郑士良也是孙中山鼓动在惠州起事反朝廷，不也是自取灭亡？"

"失败没有什么，这次举事失败了，下一次就不会败，我相信我们会成功！"

"人生有时候是没有第二次的，比如杨衢云（革命党人杨衢云，曾经担任香港书院教员，是孙中山的兴中会会员，惠州起义失败后，他拒绝出国暂避，继续为革命奔走，被两广总督德寿派出的杀手，于 1901 年 1 月 10 日，在香港下了毒手），人死如灯灭，他哪里还有第二、第三次呢？"艾玛扳着指头说，"你怎么老朝死胡同里钻，不撞南墙不回头呢？孙中山的兴中会会员发动的最后一次起事也失败了，跟洪全福一样的下场是会等着你的！"

刘复基对洪全福的广州起义是了解一二的。1902 年 12 月 27 日决定起事，后改为 1903 年 1 月 25 日。洪全福与谢缵泰进入广州后，找李纪堂出面在广州陶德洋行定购武器。黑心的老板企图侵吞预订枪款，便到两广总督德寿处告密，事败。

"听你这么说，你对反清的事了解得不少嘛！可你为什么老是看到失败，而不想想未来的光明？"刘复基对艾玛的态度不满。

"你看，你们有光明吗？"艾玛从口袋里摸出一张纸，"郭尧阶交给我的，就凭这个清政府就可剿灭武昌新军中的革命党人！"说完，将纸展开放在刘复基面前，"你看你都认识谁？"

刘复基在月光下注意到，这是日知会的名录，也是革命党人的名单，上面没有每个人的真名，全是代号，像吴兆麟的代号就是军事长……

"你说，军事长是不是你？"艾玛问。

"就我目前的军事知识，还不够格。"

"那是谁？"

"我能告诉你吗?"

"好，我要你告诉长江。"艾玛说着拔出一把短剑，"刘哥，我……我送你上路。"

"别手软，刀朝左胸捅，心脏在左胸。"

"我不会一刀杀了你的"，艾玛说，"我要你慢慢地、痛苦地死。"

"最毒不过妇人心，这话果然不错。我现在没有反抗能力了，给个痛快也算是认识一场嘛。"

"好吧"，艾玛举起剑，"我从你背部下手，从后到前，一刀捅穿。"

"好!"刘复基扭头望着东方，一副视死如归相，"我的妻儿在东方，我的家在东方，让我看着东方死去!"

"哎……"艾玛举剑从背后刺了下去。

刘复基没有死，背部也没有痛感，双手反而好像动了一下。

"啊……"艾玛一下扑倒在他胸前，抱住他，"刘哥，你……"

刘复基捆住双手的绳子被艾玛割断了，长时间被捆住的双手麻木得没有知觉。艾玛滚烫的泪水洒在了他涨红的脸膛上，他没有说别的，只是问了一句:"你怎么会有那张名单?"

小 引

　　叛徒已经撞到了吴兆麟枪口上，但不能杀，因为革命党人陆河中还要继续潜伏在督军卫队中做队官，他自己也没有必要现在暴露身份，下一步如何行动尚待上级决策。叛徒不杀，疯狗还要咬人，除掉叛徒也是革命党人的职责，吴兆麟与陆河中两个人的大脑如同两辆高速运转的战车……

　　天快亮了，叛徒郭尧阶在等待着进京城升官……

　　警惕的向剑兵忠于职守，他是亲自抓住革命党人的元凶。面对这两个敌人，吴兆麟下达了命令……

第十四章　督军府卫队营的枪声

"我说大兄弟"，吴兆麟走进关着郭尧阶的仓库，一副大将风度地笑道："让我们未来的军机大臣受委屈了！"

坐在木板上背靠着墙的郭尧阶，睁开眼睛问："这位大人是……"

"你不认识啦？"吴兆麟走近他，"张大人的情报主事胡德文呀，你不记得了，去年张总督请你去报告朝廷政务时，中午吃饭我们是同桌嘛。你呀，贵人多忘事！"

"啊，我记起来了"，郭尧阶忙点头，"对对对，还有陆河中、英征，对不对？"

"没错。"吴兆麟左右扫了眼，"刚听陆队官讲你在这儿，特地来看你。"说着又向左右看，"今天为了你的安全，苦了你了。"

"没事儿，等风头过了就好啦。"郭尧阶自嘲地道。

"你这一步走对了"，吴兆麟说，"其实跟着革命党走有什么好处？你呀，是该走这步的。这次立了大功，听说要提你到军机大臣左右干大事呢！"

"你知道什么时候走吗？"

"不知道"，吴兆麟说，"你急什么，今后回武昌的机会少了，多待几天找老友看看嘛。"

"不行，不行"，郭尧阶说，"我从那个组织中走出来，革命党一定会设法暗杀我。"

"有这么严重吗？"

"你不知道"，郭尧阶说，"不加入便罢，一加入了一切都要按革命党人的命令办，倘有阳奉阴违，泄露秘密者，必处死刑无疑！"

"知道你过来的多吗？"

"卢应龙是里面的一个大头目，他跑了当然对我的生命构成威胁。"郭尧阶说着沉重地摇着头，"现在武昌是不能再待下去了，要说也只能离开武昌。"

"兄弟如果需要，我们共同想想办法。"

"没有必要"，郭尧阶忙说，"有人要我进京，在皇城谋发展。"郭尧阶来劲儿了，"说心里话，我以前参加革命党人的活动，就是为了做大官。"

"此话怎么讲？"吴兆麟说，"我怎么听不明白？"

"以前我做了几天实业，资本小了撑不起来，后来帮人做生意，吃人家的饭，受人家管，日子也过得紧巴巴的。后来通过冯启钧大人介绍，为了谋求升官发财的机会，就进了军中。"

"你……你找到升官的梯子了？"

"我先加入革命党，了解了革命党的内部情况，再叛变交出一串党人让朝廷捉拿，就可以升官发财。"

吴兆麟笑了："好主意，这年头像你这样聪明的人不多。"

"冯大人只是一座小桥，关大人也算是座大桥，但真正的大桥是谁，你知道吗？"郭尧阶得意地问。

"不……不知道。"吴兆麟假装心里明白而又不明白地盯住他。

"一个女人，一个蛮漂亮，手眼通天的女人？"

"啊"，吴兆麟这回真的有些内心发急，"谁？"

"督军府参谋，这是她的公开身份。"郭尧阶说，"其实她比关大人在皇城的关系还多，又掌管督军府与京城的电讯交往，什么消息她都是先知道，就是张大人都不敢怠慢她呢。"

"尧阶兄，你是怎么认识这个女人的呢？"吴兆麟心中有了底，急忙追问了一句。

"我告发了革命党人的那天……"郭尧阶津津有味地道开了。

关光夫接到冯启钧的电话时，艾玛正在给关光夫送电报，抄写一封发往京城的电报。她看到关光夫的神情突然活跃起来，刚才如同死了娘般的表情烟消云散了。关光夫放下电话，就急不可耐地说："艾妹，我出人头地的时候终于到了！"

"啊，捞到条大鱼啦？"

"对了！"关光夫说，"冯启钧叫我快去，一个做联络的革命党人叫郭尧阶，投了我们。走，去见他！"

艾玛一听顿时心里涌起一道无法用语言表达出来的味儿，跟着关光夫赶到冯启钧的办公室，与郭尧阶进行了交谈。关光夫与冯启钧赶去向张之洞报告后，艾玛走进被看管的巡警道的一间临时囚室，郭尧阶已经认识她，知道她的身份，忙脸上挤出笑意说，"艾高参"，他在"参"字前加了个"高"字，以示讨好，"请坐，给你们找麻烦来了。"

艾玛上下打量了他一下，问："革命党人的纪律那么严，谁叛变了，都有革命党人的暗杀团来办，你不知道这武昌城只有磨盘大，你将来一出门被黑枪暗刀干上了，头就搬家了！"

"是呀，我也正想问这个问题"，郭尧阶说，"我没有说出刘静庵他们之前，冯大人声称什么都好商量，我把革命党人的机关一说出来，他就变了口气，说要离开武昌很难办，关大人说叫我有什么事找冯大人。他们得到了想得到的就互相推脱，把我的生死置之度外了。"郭尧阶一拍大腿，"这说话不算数，谁还敢投过来呢？"

艾玛心中有了底，说："我可以帮你！"

"你？"

"对，就是我。"艾玛一笑，"怎么，看不出我能帮你？"

"不不不"，郭尧阶急忙说，"冯大人讲你是朝廷派来的，也跟关大人一样权力很大，除了张大人，在武昌，谁也不在你们的眼里。"

"知道就好"，艾玛说，"这年头求发展要看谁权大，还要跟朝廷中谁有关系，树大根不牢有什么用？"

"对，找准靠的！"郭尧阶的脑细胞又活跃起来了，"有本事的人不会巴结上面，也算是完了。"

"有些事你明白就行"，艾玛问，"你就知道革命党人的机关在保安门内这唯一的地方吗？除了认识刘静庵、卢应龙之外，还认识谁呢？"

"我……我只跟他们打交道，别人就不知道了。"

"不是革命党人的头头，一般革命党人认识吗？"

"不认识，我们只是打手势表示是同党，互不道姓名。"

"面熟的有没有，比如说炮兵标统中有没有？"艾玛追着问。

郭尧阶想了想说："没有。"

"你只知道这一个地方，功劳不大。看来他们不把你当回事，让你当个什么小差，出门时不怕革命党人杀了你？"

"是啊，后患无穷。"

艾玛又问："他们对你不重视，你再准备跑到什么地方混生计呢？"

"我的确留了一手！"郭尧阶说，"不知道艾高参能不能帮帮忙。如果是真心帮我，我把东西献给你，保准立大功！"说着站了起来，"我郭尧阶的心比别人多几个眼！"

"你的条件是什么？"艾玛单刀直入。

"进京城当差！"

"我百分之百帮你，你拿什么答谢我？"

"提供一份革命党人名单！"

"好"，艾玛忙说，"我保准你离开武昌，去一个连皇帝都找不到的地方！"

"一言为定！"

"定了！"

郭尧阶与艾玛进行了艰苦的谈判后，脱下鞋子，将最里面的布撕开，取出了一张写满代号的革命党人名单。艾玛看了看后问："炮兵标统的这个代号指的谁？"

"不知道，只知道是工程营的，具体是谁就不清楚。"

"你见到人后能认出来吗？"

"只有刘静庵、刘家运、卢应龙他们知道，我这个级别的不清楚。"

"那你这张名单有什么用"，艾玛的手在空中摇了摇，"天书，天书谁读得懂嘛？"说着塞进口袋，"不过我决不食言，十天半月后我亲自送你到京城谋发展，保准你高兴。到什么时候发了，别忘了……"

"高参放心，我这个人别的记忆差，就是记恩比记什么都记得牢。"

吴兆麟听着哈哈一笑："老弟，人家艾高参我们连见面的机会都没有，她还能当着你的面许愿，你这回算是走大运了。怎么样，拉兄弟一把吧？"

"你等着吧，我过了这几天，我们兄弟好好议一议，一个好汉三个帮，我一个人在京城，不一定好使。"郭尧阶好像真是朝廷大臣一般，"你再多邀几个心腹，像冯大人就只能用一次，关大人太油……"

楼下，陆河中与向剑兵他们一行人喝着酒，丁正平走进来在陆河中耳边嘀咕了几句。陆河中拍桌而起："这个王八蛋，血口喷人！"

已经喝得半醉的向剑兵被陆河中的热情招待感动得热血沸腾，一见陆河中这般，忙按住他的胳膊："大哥，有什么事，别发急，兄弟为朋友，两……"

"你跟我过来！"陆河中拉着他的手，对其他士兵说，"你们慢慢喝，我跟向兄有事相商。"

"是什么事？"向剑兵右手搭在陆河中肩上，"我们这些人手中有权有势，背后又有冯大人撑腰，谁敢把我们怎么的？"

"今天就有人在皇上头顶动土。"陆河中说着推开一间房门，指着吴兆麟说，"这是张大人的副官申官人！"

"申大人好！"向剑兵忙行礼。

"不必客气，申大人是我的好朋友，比关大人还有来头……"

"我本人姓向，名剑兵，跟冯大人很好！"他打断陆河中的话说。

"嘿，冯启钧算什么角色，你真是！"陆河中白了他一眼，"人家见的都是大官。"

"我……我……"

"我说向君"，吴兆麟瞟了他一眼，"你对革命党人怎么看待？"

"报告申大人"，向剑兵开始邀功，"本人跟着冯大人，杀过四五个革命党人，今天抓住刘静庵、刘家运，我是立了头功的!"

"怎么个说法呢?"

"刘静庵差点跑了，是我追上去抓住的。刘家运躲在一个角楼上谁也没抓到，也是我搜到的。"

"嗯，也算是一功臣吧。"吴兆麟走过去，拍着他的头问，"郭尧阶没有给你引路?"

"是他告发的嘛。"

"你对他怎么看呢?"

"他悔过自新，冯大人和关大人都说不杀，还给他官做。他说他害怕革命党人杀了他，要我保护他。"

"现在他又有新的交代，你知道吗?"

"不知道。不过他胆小，把刀架在他脖子上，就会什么都说，不会耍骗我们的。"

"这就好!"吴兆麟一掌按住他的左胸，"这里头是心吗?"

"申大人，有话请讲，我向剑兵虽是一粗人，但忠于朝廷! 再说跟着你们绝对没错儿。这不，今晚上各位累一点，吃喝陆大人都安排好了! 这千里做官，也不都只是图个吃喝嘛?"

"嗯"，吴兆麟突然狠狠地"啪啪"扇了他两耳光，"你犯的事，为什么不交代?"

向剑兵一时不知如何是好，"大人，我……我没犯……"

"郭尧阶说，你是日知会干事，也是革命党!"

"大人，他这是血口……"

"把郭尧阶带进来!"吴兆麟命令。

丁正平将五花大绑的郭尧阶押进来了。

楼下，士兵们正在喝酒猜拳，好不热闹。几个喝多了酒的士兵已经躺在了椅子上，其中一个大个子抓住一个已醉倒在地上的人的头发，拿着酒瓶大吼："婊子养的，装醉了，不行，不喝不是英雄……"

楼上，向剑兵似乎是酒醒了三分，他左右扫了眼之后，突然抓住郭尧阶的衣领："你血口……"

"杀了他!"丁正平道。

"对，杀了这条疯狗!"陆河中也说。

"哎!"向剑兵举刀朝郭尧阶劈去。

"砰砰砰!"三声枪响，紧接着外面有人大吼，"快跑，革命党来了，革命党

来了!"

向剑兵大吃一惊,"大人,怎么办?"他盯住吴兆麟问。

"命令兄弟们顶住,他们是来抢夺郭尧阶的!"吴兆麟说。

楼下喝酒的兵与陆河中的士兵们惊恐地冲进来了。

向剑兵跑到二楼口:"弟兄们,把革命党抓住,抓活的……"

"砰砰!"丁正平手中的枪响了,向剑兵一头栽倒在楼口。

"快撤!"吴兆麟命令。

"你们从后门走,我指挥他们从前门打。"陆河中说。

吴兆麟领着弟兄们在陆河中的掩护下,直奔后院的那道暗门。今天杀叛徒他是经过再三研究的:其一,明天验尸,郭尧阶确实是向剑兵劈死的,他的剑上面有血;其二,向剑兵向众士兵呐喊革命党人来了,很多士兵都听到了。这说明革命党人确实来袭,乱枪中向剑兵被打死了,这一切令陆河中很好向冯启钧、关光夫他们交代,而他本人仍然可以潜伏在督军卫队中。

吴兆麟越过两条小巷进入长堤街边,刘复基突然从暗角冲出来:"吴哥!"

"你……你怎么在这里?"

"我们不是说好了吗,我没回来,就来61号……"

"叛徒杀了,快走,这里不是说话的地方!"吴兆麟命令。

"枪声又要惊动敌人……"

"快走!"吴兆麟拉着刘复基。

这时,东方已经泛白了,一道淡红色的光环似乎涂在了天际……

听到了枪声的冯启钧不敢多虑,匆匆赶来,陆河中将革命党人几十人偷袭,打死郭尧阶以及向剑兵有力反击的事,编织了一个完整的故事讲给冯启钧听,并将五百块大洋塞进他的口袋,声明让他向上面多多美言。向剑兵手下的士兵也很感谢陆河中,如果陆河中说出向剑兵及其士兵吃喝,不守门院,让革命党人偷袭得手,今天他们统统都要吃皮鞭、坐大牢!

关光夫上午九时过来,他上下左右看了看现场,闻到从向剑兵死尸里飘出的酒味,皱了皱眉头,对跟在屁股后面转的冯启钧说:"陆河中昨夜在干什么?"

"我担心他的营中有革命党,让他与他的士兵统统睡觉去了,是向剑兵的人守的。"冯启钧说。

"革命党人来了多少?"

"听陆河中讲,有几十人!"

"内外找到了多少颗子弹壳?"

"有一百多颗",冯启钧说,"士兵们都说,听到向剑兵在楼上大喊革命党人来了,准没错。"

"革命党只杀了郭尧阶与向剑兵?"

"死了的只有他们俩,伤兵有两三个。"

"你快到监狱去,马上提审刘静庵,我过一会儿来。"关光夫说着朝艾玛的办公室走去,但中途他又站住了,回头对冯启钧说:"你请艾参谋官到胭脂路45号去,我有急事找她。"

"她上午没有来,说是不舒服。"冯启钧说,"我刚才上楼去找她才知道的。"

"我明白了",关光夫朝楼下走,"我找艾参谋去,有什么事中午碰头!"

小 引

　　艾玛与刘复基在长江边的对话、行动，都被他们随行人员中的领班俞建仁偷听了。俞建仁明白艾玛即便不是革命党人，也是其同情与支持者。他不明白皇亲国戚也反对朝廷，也要建立共和，走立宪民主的道路是为什么。他赶到艾玛处，并声称只要艾玛将肉体贡献给他，他就可以守口如瓶。艾玛为在枪口下求生，只好利用女人的优势，巧妙地与其周旋。当她伸手从床头被子下摸出暗藏的手枪之时，并没有完全沉入女色中的俞建仁发现了艾玛抽出的手枪，并耍出一花招，利用男性的力量，突袭成功，打掉艾玛的武器，又快速地将艾玛再次打翻在地，并拾起手枪对准艾玛。艾玛这是第一次受到突袭，她从惊恐中很快平静下来……

第十五章　与色狼周旋

艾玛从床上坐起来，浑身酸软软的没有四两力气，她扫了眼怀表，已是九点钟了。

"咚咚咚!"一阵急促的敲门声，艾玛有些心烦地问："谁，有事下午来，我正休息呢!"

"长官，我是俞建仁。"门外传来声音。

"什么事?"

"急事，有急事向你报告。"俞建仁在外面说。

自从艾玛从京城到了武昌，张之洞总督担心她的安全，经过再三考虑给她派了以俞建仁为首的几个卫兵，有任务时艾玛可以带他们，也可以指挥他们做些事情。俞建仁是个正目，有着良好的军事技能，又有一些文化。从某种意义上来讲艾玛还是信任他的，大小事都是他往返跑，还没有出现过什么差错。今天这么急敲门还是第一次，是什么事儿使他这般急呢? 穿好衣服下来，艾玛简单地用手指梳理了一下有些凌乱的头发，才去开门。俞建仁扫了眼房间后才说："长官，我能进来讲吗?"

"请进吧。"艾玛说着已经扭转了身。

俞建仁咬着牙内心在道：高傲的女人，看我的了!

"有什么事，快讲吧!"艾玛说着坐下来。

"艾高参"，俞建仁一下子语气如同与她是同一个等级一般，"我今天来不是你的侍从，而是审问你!"

"啊，你是不是发烧了?"艾玛立即警觉起来，"俞建仁，没有什么可讲的，给我滚!"

"啪!"俞建仁将手枪拍在桌子上，"给我跪下!"

这突如其来的一下子把艾玛搞懵了，但是她毕竟是见过世面的女人，扭过头将门关上，背靠着门说："你开枪吧，我不会给你跪下的!"

"是给皇上跪，不是给我跪!"俞建仁说着凶狠地走过来，"快跪下!"

"什么意思，请讲清楚!"艾玛冷静地问。

俞建仁飞快地从墙上取下她的手枪，哈哈一笑说："不跪也行。我问你，昨

天你让我们抓的那个蒙面人是谁？"

艾玛心里打着鼓：这小子怎么……

艾玛说："你也是有老婆孩子的男人了，一个单身女人与一个单身男人的事，用不着你过问。我昨天不过是借你们的力量。"

"不"，俞建仁说，"我是不关心这些的。"

"你关心什么？"

"他是革命党！"

"你……你……"艾玛马上心跳加剧，这小子是猜的呢，还是真的偷听了呢？

俞建仁被派往艾玛处听差后不久的一天晚上，关光夫把他叫到旅馆，一本正经地对他说："从今天起，你要悄悄地给我注意艾参谋官与哪些男人有交往，明白吗？"

俞建仁睁大双眼点点头。

"我准备回京城纳她为四房，现在她有些动摇"，关光夫将十几块钱塞在他手里，"没钱花时找我，等我在武昌搞顺了，送你到将校学堂读书，出来后带你到朝廷中给军机大臣当个差，比在下面做个什么官都好！"

"谢大人关照！"俞建仁急忙跪下。

"起来"，关光夫说着拉开门，伸长脖子，"四姑娘，过来一下。"

"来啦！"一个酸溜溜的声音传过来，紧接着是一阵走戏台般的碎步声音敲击着木纹地板。

俞建仁不知道关光夫要干什么。

不一会儿妓女四姑娘走过来了，一进门笑盈盈的还没说话，关光夫就说："陪陪我这位小老弟，钱我晚上一起付给你。"

"关大人，我……我……"

"哎呀，都是男人嘛，这有什么呢"，关光夫一拍俞建仁的屁股，"快去松松劲儿，只要听话，今后有你乐的！"

"官人，别不好意思！"四姑娘拉着俞建仁就走。

"啊……啊……"俞建仁扭过头望着关光夫，"我……"

"去吧，完事后过来一下。"关光夫目送他走。

一切都那么简单，一切都那么顺利。在财、色两支毒箭的射击中，俞建仁投入了关光夫的魔下，替他监视着艾玛的行踪。然而艾玛有时行踪不定，使他捉摸不透这个女人。不过艾玛的姿色，艾玛的风韵，艾玛的举手投足都给他无限的想象。有时候他也想癞蛤蟆吃天鹅肉，但想归想，决不能有行动，否则弄不好是要掉脑袋的。

昨天晚上俞建仁已经睡下，艾玛要人把他找了去，命令他带着人随她去保安门内看看宪兵抓革命党人，他随着艾玛到了指定地点，艾玛只要俞建仁他们观察动态，而她自己与一个高个子男人在嘀咕什么，不要他们走近，更不让听。俞建仁对此感到奇怪。逮捕革命党人后，俞建仁正要护送她回长堤街休息，没想到艾玛将他们领进了督军府，并交代，按她的命令抓人，但不能打。结果将一蒙面大汉抓住塞住嘴，送到了江边绑在树桩上，还要他们离开。俞建仁想不通，也很想了解其中的内幕。艾玛命令他们到防护堤那边去，不准听她与蒙面人说什么，俞建仁没有执行，他说服其他人为他保密，悄悄地潜伏过来，将艾玛与刘复基的对话断断续续地听到一些。从交谈中他认定：蒙面人是革命党人，绝对没有错！

回到家里，俞建仁怎么也睡不着，经过一阵激烈的思想斗争，他决心与艾玛较量一下。自己若胜利了，财、色双丰收；若失败了，他投靠关光夫照样可以收拾这个女人。他不相信关光夫的实力比这个女人差！

"按照朝廷的命令，革命党人必须打进大牢！"俞建仁说，"你们的对话我听到了，你昨天为什么把他放了？"

"你就是为这事来的？"艾玛问。

"其实这事很好解决。"俞建仁拿着手枪走过来，"就看你的表现了。"

"你……你什么意思？"艾玛反问。

俞建仁一边解衣服扣子，一边说："你又不是个黄花闺女，这还不明白？"

"嘿，俞大哥"，艾玛咯咯地一笑，她卖弄风情地一晃腰："你这奶油小生，几个女人能抵挡得住？"

俞建仁没有料到艾玛会如此干脆、热烈，他难以克制地、兴奋地一下子扑上去。艾玛散发着青春热情一下子将他揽在怀里，嘴一下子含着他的嘴唇拼命地吻着，抱着他的两手不停地在他的后背上搓着、揉着，一阵性欲的骚动，将俞建仁搅拌得眼冒金花。他伸出手去扒艾玛的衣服时，艾玛轻而有礼地抓住他的手："宝贝儿，别急，为了我们的真正高兴多持续一会儿，你首先要冷静一会儿。"说着她又在他的脸上来了一个深深的吻。

"艾玛"，俞建仁几乎要昏过去了，"我……我受不了啦。"他呻吟般地呼喊着艾玛，但手中那支威胁艾玛的枪始终没有放下。艾玛的眼睛一直在关注这能结束生命的东西。

"宝贝儿……"艾玛也发出男人最喜欢听、最容易发酥的语音。

"亲爱的艾玛，我的心肝宝贝……"俞建仁低叫着，欲把手伸进她的衣服里。

"你稍稍冷静一下，我……我小解就来。"

"不……不能再等了……"

"笨蛋"，艾玛右手拧着他的耳朵，左手去解他胸前的外衣扣子，"脱了衣

服，你先上床吧！"

"你呢？"俞建仁自己三下两下解开她的外衣扣子，"你受得了吗？"

"我也是人，也是有情有欲的女人嘛"，艾玛再次吻着他，并在他耳边说，"我小解，马上来！"

"不，你想跑！"俞建仁警惕地双手抓住她的胳膊，"耍什么小心眼儿？"

"厕所在里面，你站在门口，看我能朝哪儿跑嘛！"艾玛说着向房间一指，"在那儿，你在门口用枪对着我好吗？"

俞建仁见她这般，只好说："去吧。"说着搂着她的腰向几米远的厕所走去。

这是一间德国商人改造过的套房，除了会客厅、卧室、厨房、卫生间外，还有一间不大，但比较适用的书房。

"宝贝儿，你先耐心等一会儿。"艾玛推开厕所的门。

"艾玛"，俞建仁拉着她小巧润滑的手，"门开着，不要关。"

"哪有用手枪对着情人小解的"，艾玛只好按他的意思，没有关门蹲下去了。她的左眼角扫视着手纸下面，那里有一支德式袖珍手枪，子弹已经上膛，这是她为了对付不测而作的准备，看来现在是没有机会用了。

俞建仁看着这个艾玛脸上甜美的笑容，似乎感到自己多心了。然而他不敢轻视这个有知识、有文化、来自京城皇宫，又带有特殊使命的女人。他要得到她，而且是真心的。如果放走了她，她明天就会报复他。他想，只要发现她有反抗的苗头，就一定不能手软，决不能留下祸根！

"建仁哥"，艾玛提着裤子站起来，亲切地叫了一声，"你什么时候开始注意我的？"

"很多男人都在想着你，但又畏惧你，只能望你兴叹。"

"为什么呢？我是人，又不是老虎。"她说着坐到了床上，"脱衣服嘛，怎么又不敢啦？其实女人都喜欢大胆热情的男人。"

"艾妹"，俞建仁一听她叫他"建仁哥"，也忙改口称呼了，"你真的喜欢我？"

"我们女人不像你们男人，见一个爱一个！"艾玛穿着内衣躺在床上，双手叠起枕着头，两片淡红的小嘴唇动着，"我们女人对感情很专一，一旦爱上一个男人，就会不顾一切，就像我对你。你看我是不是具有浪漫激情的那种女人？"

俞建仁坐下来了，他坐在床中间，左手继续握着枪，右手在艾玛的腰部抚摸着，一脸的色笑。

"怎么，还用枪逼着我呀？"艾玛不高兴了，"我的一片真情，换来你黑洞洞的枪口？"

"艾妹，你真心实意，甘心情愿？"

"我需要。一个人需要什么时是不讲究条件的。"

"将来呢，将来你也需要吗？"

"你敢跟我一起上京城，我照样需要你。"

"你……你在京城就没有男人？"

"在日本读书与在英国读书时都没有找男人，后来在青岛跟一个英国公使相好过几个月。"

"为什么又不相好了呢？"

"他出车祸死了。"

"后来为什么不找男人了？"

"后来就到了你们武昌嘛，给关先生当助手。"

"我看关大人对你很好，也在想你吧？"

"他周围的女人很多，我不喜欢花心的男人。"

"你……你觉得我花心吗？"

"反正没听说你上妓院。"艾玛说着故作妩媚态，"我……我知道嘛。"

俞建仁一下子扑上去抱住了艾玛，用嘴狠狠地亲着她，手枪"啪"地掉在了地上，这个声音艾玛听得非常清楚。

机不可失！艾玛的右手悄悄地伸到了床头被子下，抓住了那支勃朗宁手枪，这也是防备万一所用，子弹上了膛，打开了保险栓，只要一扣动就可击发。

俞建仁如同一只咆哮的狼喘着气拉扯艾玛的裤子，说时迟那时快，艾玛一个滚动，狠狠一脚将他踢到床下。始料未及的俞建仁大吃一惊，正要爬起来，艾玛的手枪顶住了他，刚才荡妇的神态完全没有了。

"姓俞的，把你当人，你自己要做狗！"艾玛用枪对着他，"说，是想悔过，还是一死了之？"

"艾妹，我是真心……"

"住口，你想强奸我，说我放走了革命党人……"

"我……我真……"俞建仁将头顶着地，两手支住上半截身子，"真的是喜欢你，你跟革命党有什么关系我不管，我真的不管，也绝对不出去说什么，只是想你……"

艾玛听着，右手举枪瞄准他，左手去提刚才被俞建仁拉断的裤带，俞建仁认定这是突袭夺枪的最佳时机。只听他"啊"的一声，扑上来用头撞击艾玛的腹部，并闪电般挥拳猛击她握枪的手。

"哎呀……"艾玛惨叫声中手枪"啪"地掉在地上。

"打死你这恶妇！"

"你这只狼，今天跟你拼了！"艾玛狠狠地伸手抓住他的裆部，并用左手去

抓地上的枪。

"你!"俞建仁的拳头对着她的腹部砸来……

"来人啦!"艾玛呼叫着抓住砸向她的拳头。

"我决不会……"俞建仁抓起一件衣服堵住艾玛的嘴，"我决不会……"

"住手!"大门被踢开的声音与一个洪亮的声音传进来，俞建仁举在空中的拳头停住了。

"你是谁?"俞建仁惊异地瞪大双眼，他已经注意到对方手中的枪正瞄准着自己，"你……你要干什么?"

"你把一个女人压在地下，挥拳打一个女人算什么英雄?"来人阴沉着脸，"有本事把洋人赶出国门，把国家的领土夺回来，那才是真英雄!"

"你……你是谁?"

"一个有良心的中国汉子"，来人怒视着他走过来，伸出粗壮的胳膊抓住了他的衣领，"俞建仁，这是你干的事吗? 你还是人吗?"

"大……大哥……我……我们是……"

"刘哥"，艾玛惊喜地爬起来，"你……你……"

"快穿衣服!"刘复基命令艾玛。

原来，吴兆麟与刘复基简单地交谈后，吴兆麟对他说："艾玛肯定是个有良心的女人，但是关光夫对她的影响很大。我担心她中途有变，我建议你去跟她再交流一下。如果她真心拥护革命党人，请她提供一些有关刘静庵等关在监狱的情况，以便我们营救时少走弯路。"

刘复基认为吴兆麟言之有理，赶来时正好听到艾玛的呼叫声，从门缝里向内一看，俞建仁已经将艾玛压在地上，要对她下毒手了。

"大哥，大姐，请给罪人一条生路吧!"俞建仁跪在地上只是一个劲地求情，"我……我错……"

"刘哥，把他交给我吧!"艾玛穿好衣服，从地上拾起枪。

"留着他到关光夫那儿去置你于死地吗?"

刘复基不明白地望着艾玛。

"他偷听了我俩的对话，又跑来占我的便宜"，艾玛说:"还敢到关光夫那儿去……"

"是……是关光夫叫我监视你跟些什么男人交往的。"俞建仁哭喊道，"不信你问他去!"

"老实告诉你俞建仁"，艾玛用枪点着他的脑门，"仅仅只隔几个小时就不认识啦?"她指着刘复基对他说。

俞建仁摇了摇头。

"你不是把我绑在江边吗？"刘复基干脆揭出来，"怎么样，革命党人在你面前你为什么不抓？抓到我不但能拿到一千块钱，还可以连升两级嘛！"

"大哥，我……我们只是跑腿的。"

"废话，刚才不是非常狠吗？"艾玛说，"你已经活到头了！"

"慢，放他一条生路！"刘复基制止道。

"你想成第二个刘静庵？"艾玛对刘复基说，"我处决他！"

"艾长官，我……我俞建仁……"

"砰！"艾玛手抬枪响，一枪击穿他的脑门。

俞建仁两眼圆睁着栽倒在地，死前没有得到色，也没有得到财。财色两空，他死不瞑目。

"怎么办，宪兵来了怎么办？"刘复基盯着艾玛，"打死人是要……"

"怎么回事？"门口出现一人。

"丁兄，你来干什么？"刘复基大吃一惊，"你怎么知道我在这里的？"

"吴哥怕你有什么事，让我悄悄在背后保护你，听到枪响，我担心你的安全，赶上来的。"丁正平解释。

"你们互相认识？"艾玛惊异地问。

"快把尸体拖走，别的事以后再议。"刘复基说着弯腰抓起死尸的一条大腿朝前拖。

艾玛望着他的举动不言语。

"丁兄，快帮个忙！"刘复基说。

丁正平力气大，抓住俞建仁的一条胳膊，两人将死尸朝外拖。

"喂，你……你们打死人啦！"这时，关光夫出现在门口。

众人朝门口望去之时，艾玛说："关先生，是我打死了俞建仁！"

"你凭什么打死了他？"

"他想强奸我，用枪逼着我脱衣服，我用隐蔽的手枪打死了他。"

"这……这是哪儿来的两个人？"关光夫指着刘复基、丁正平问。

"我不认识他们，是听到枪声自发赶来的。"

"对，我们担心这里出事，听到枪响赶来的。"丁正平望着渐渐围拢来的人说，"长官大人若没有什么事，我们就走了！"

"把尸体抬到楼下，我马上派马车送走"，关光夫说，"这几个路过的人可靠吗？"

"听到枪响就追来看看，说明这两人不是什么坏人，照说不会有什么大事。"艾玛说。

"你们俩帮忙抬下去，快！"关光夫发号施令。

这时刘复基与丁正平趁机抬着死尸向楼下走。

吴兆麟在不远处一直关注着这边的情况。

艾玛见关光夫站在房间，从地上拾起手枪说："我没有想到，俞建仁这个死鬼色胆包天。"

"谁让你长得这么漂亮呢"，关光夫朝床上一坐，"我是来找你有事的，而且是很大的事。"

"你先到外面去站一会儿，我换一下衣服，这地上的血也没清洗，天大的事等会儿再说，我得安静一下。"艾玛说。

"你先收拾吧，我在外面等你。"关光夫今天不知道出于什么原因，还真的走出去了。

关光夫一出门，艾玛忙将门关上，不让关光夫看到她在房间干什么。艾玛插好门闩，几步跨到窗口，几个宪兵听到枪声找来了，正问刘复基他们什么。艾玛在上面叫："我打死的坏人，跟他们没有关系。"艾玛说着又向刘复基挥挥手，"辛苦了，你们走吧，这事由关先生马上下来处理。"

刘复基会意地点点头，伸手向她挥了挥，与丁正平一起快速走进了一条小巷。

"喂，是你打死他的，就快下来嘛。"两个宪兵对艾玛说。

"我来了"，关光夫的声音从楼梯间传来，"他企图强奸、盗窃督军府的重要秘密，是我们打死的。"

"你是谁？"一个宪兵问。

"从京城来的军机大臣特派员关光夫！"他说着朝窗口的艾玛一指，"她是督军府的参谋，也是从京城来的，就是她打死的。"说完又朝死尸一指，"快抬走吧，我们没有必要为一个死鬼费这么多口舌。"

宪兵们互相看了看，各拉一条胳膊拖着死尸走了，他们的身后留下一条长长的血迹……

关光夫转身向楼上走来。

艾玛一边收拾房子，一边在想：幸好打死了，不然现在还不好办。那么关光夫现在来干什么？又有什么阴谋吗？枪与炸药又转到什么地方去了？审问革命党人什么时候开始？看守的兵力有多少？……

一连串的问号，闪现在艾玛脑中。

小 引

　　抓住艾玛私通革命党人证据的俞建仁，想占有这个美女时，手枪也不离手，连艾玛小解他都用手枪逼住。艾玛藏在手纸中的手枪无法抽出来发挥其作用，与对方决一雌雄，便使美人计将其骗到床上。当俞建仁扑上来之时，艾玛闪电般从被子底下抽出德国造手枪，但还是被俞建仁打掉，在这关键时刻，刘复基赶到制服了这只色狼。艾玛一枪结果了这只疯狗。关光夫阴差阳错地赶到了，他看到一具死尸与几个男人同时出现在艾玛房间时，关光夫不知道发生了什么事，艾玛很机灵地编了个故事将真相隐瞒过去。关光夫偶然间发现死者俞建仁的日记，日记中有一段似乎是艾玛私通革命党人的文字与素描。两人正为此事争论，巡警道头目冯启钧匆匆赶来报告：湖广谍报主管官冰云水打死了他的副官，其中因果复杂……

第十六章　情报·男人·女人

关光夫知道艾玛不喜欢有人在房间内抽烟，他将点燃的烟又熄灭了，将烟头朝外扔时看到一件男人的军衣，血糊糊的，拿起来提在手中看了看。艾玛一边擦地上的血迹，一边说："是那死鬼的，甩到外面去？"

"他敢想你？"关光夫冷冷一笑，"你是不是平时用语言或行动挑逗他了？"

"别在这儿没事找事！"艾玛白了他一眼，"你没事可以走了，我得一个人平静地躺一会儿。"

"你就没想到找个男人压压惊！"关光夫淫邪地一笑，"如果你早同意我俩同居一室。今天这事儿不就没有啦？"说着他一甩血衣，"咚"地从口袋里掉出一个小本子。"都写了些什么破玩意儿？"他走过去拾起本子。

这是一个日本人印制的小本子，看上去很精致。关光夫翻着翻着，看到一幅漫画。漫画的下面有一排字，上面写着："这个女人不简单，跟一个革命党人抱在一起痛哭，又放了他。今天……今天我要得到她，而且是跪在地上求我玩弄她，这就是男人征服女人的力量……我俞建仁从来没有真正做一回男人，今天恐怕要喝洋水了，比起我那乡下黄脸婆，想必她那……"

关光夫担心艾玛看到了他的神情变化，转过身去背对着她，悄悄地将小本子塞进口袋里。

"那死鬼都写些什么啦，你搞得那么神秘"，艾玛已经注意到了他的反常神态，一边擦地，一边问，"记载着跟某某妓女在一块儿的浪荡事儿？"

关光夫扭过头说："怎么样，你也想欣赏一下这样的……"

"烧了吧，别把人的灵魂给玷污了。"

"不会那么严重吧？"关光夫说，"看来你对净化灵魂宣传比革命党人的调都高呢。"

"我还真比不上他们。"艾玛甩了一下头发，"你说怪不怪，明知道反朝廷是要杀头的，但他们就是不怕。"

"这叫政治，不是女人玩的。"

"你别老是女人、男人的，跟我讲事儿正经点好不好？"艾玛一脸不悦，"说，你找我有什么事？"

"皇城来电,直接发给张大人的情报主管,声称从京城到武昌的皇亲国戚,本是食我朝俸禄,应报我朝的恩,但有人竟敢背叛朝廷,与革命党人暗通情报,出卖肉体、灵魂,毁我朝基石,张之洞总督命令冯启钧捕杀之!"关光夫说着双手交叠在胸前,两眼瞪着艾玛,"这件事是我当前之首任,也是我赶来告诉你的大事。"

"啊",艾玛大吃一惊,"谁,有点线索吗?"

"只有两个人知道。"关光夫说。

"哪两人?"

"我是其中一个。"

"还有谁?"

"你急什么",关光夫朝椅子上一坐,跷起腿,"泡茶。"

"卖什么关子嘛",艾玛拨了一下头发,走进厨房,"你说什么都不爽快,不像个男人!"

关光夫心中一喜:好吧,小娘儿们,今天就凭这个小本子,要你乖乖就范,定你的罪,看你还忙乎什么?

"听说张之洞对捕捉日知会成员不感兴趣?"艾玛一出来就问,"冯启钧要追查跑了的卢应龙,他说算了,对日知会成员也下令一概从宽免究?"

"他病得不轻,临死之前不想死后多一个骂名。"关光夫从艾玛手中接过茶杯,"你的消息很灵通嘛,一大早的事你都知道。"

"昨天就传开了",艾玛说,"昨夜冯启钧通报称卢应龙跑了,张之洞说跑了就跑了,其他日知会员算了,这叫法不责众。"

"也不见得",关光夫说,"革命党人的头儿朝廷是要杀的,他张之洞是顶不住的。"

"张之洞这几年在湖北办的事……"

"天高皇帝远,很多事他张之洞在湖北做了,皇帝又能怎么样?再说他在湖北训练新军,现在要推翻朝廷的就是新军,他……他不是做了件大坏事嘛!"关光夫气愤地一拍桌子,"拿朝廷的钱,吃朝廷的饭,反而挖空心思要阴谋推翻朝廷,这样没有良心的黑肝烂肺之人都有,你说该不该杀?"

"我说关大人",艾玛也捧起茶杯品了口茶水,"朝廷中从一品官到八品、九品官,十有八九是腐败贪窃民财之人。这妓女、吸大烟的满街都是,这国家成何体统?从秦始皇公元前 220 年统一中原灭六国后到魏晋南北朝,再从唐、宋、元、明到我们清朝,有几个不是由于腐败被推翻了的?"

"你先别说这些",关光夫打断她的话,"革命党该不该杀?"

"生杀大权又不在你我手里,湖北的权力在张之洞手中,你左右得了吗?"

艾玛白了他一眼，"你好像是两湖总督似的，真不知道天高地厚。有丁点儿权力就觉得尾巴能搅动东海的水啦？"

"我不跟你探讨这件事，我想问你几件事儿。"

"说吧。"

"我的那二百支枪与一批制作炸弹的炸药，为什么每次转移了地方，都有人知道？"

"日知会会员都是革命党人，他们潜伏在新军与市民中，胸前又没有挂牌子。他们在暗处，我们在明处，怎么防呀？没打你的黑枪，就是他们开恩了。"

关光夫冷冷的脸上挤出一丝笑："我们在捕拿刘静庵他们，有人看见你到了保安门内现场，跟几个男人嘀咕一阵子就走了，有这事吗？"

"有，怎么，你查我的行踪？"

"别急"，关光夫一挥手，"你夜访督军府，后来又避开守军溜了，有人看见你抓一个什么人从后门跑了，去向不明。有这种事吗？"

"回办公室拿东西，后来走了，难道我还向一个正目报告我的行踪？"艾玛反问，"你凭什么跟踪我，我有什么罪证？你拿出来嘛，为什么老是跟我过不去呢？"

"不是我跟你过不去，而是你自己与自己过不去"，关光夫说着拿出俞建仁的日记本，"还是你自己看吧。"

艾玛愣了一下接过来正要翻动，关光夫伸手按住一页："就看这个就行了。"

艾玛定睛一看，这是几幅比较逼真的素描画：第一幅是一个男人被绑在树桩上，一个女人两眼迎住男人的目光；第二幅是女人挥剑砍断绑着男人手脚的绳子；第三幅是一男一女搂抱在一起，泪流满面；第四幅是女人拉着男人的手从江边的沙石树林中走出来……

"天哪，这不是画的我与刘复基吗？"艾玛不敢看了，更不敢正视关光夫的眼睛。她竭力地平静一下有些慌乱的心绪，用一种欣赏艺术品的语气说："这个俞建仁还懂绘画艺术，平时怎么看不出来呢？"

"这画下面的文字你也应该读一读"，关光夫冷冷地道，"他还是一个比较成功的记者或什么家的。"

艾玛刚才看到这一幅幅的画心情格外紧张，那笔尖纵画的线条，只要熟悉她的人一看就知道是她，这不是……不是……她害怕了。慌乱中关光夫提醒她看画下面的文字，她读着，冷汗不知不觉地从额头上大粒大粒地朝下面滚，挂在了腮帮子上。

"艾妹"，关光夫拿出手绢帮她擦汗，"你是怎么了？"说着将艾玛拉进怀里抱着，"不怕，有我呢。"

"你?"艾玛从中悟出了什么,挣扎着推开他,"这是俞建仁的日记?"说着抓在手中朝口袋里装,"我要研究一下。"

"没有必要了",关光夫说,"你对这幅画与下面那段文字害怕啦?"

"我有什么好怕的?"

"老实告诉你,俞建仁早就奉命监视你了。"

"谁在背后搞我的鬼?"

"是我,你又能怎么的?"

"你……你太……太……"

"过来!"关光夫咬着牙瞪圆着双眼盯住她,"只有我,才能决定你的生死!"

艾玛没有走过去,她明白他现在想占有她。

"我可以断定,俞建仁发现了你私通革命党人的行为,你担心他坏你的事,就使用美人计把他骗来杀了!"

艾玛不语。

"我可以告诉你,俞建仁早就听我的安排了。"

艾玛听着,扭过头来:"还有什么要说的?"

"这就能让你死罪难逃。"

"你回去收拾东西吧,把我送到军法官那儿处死!"艾玛说着站起来,"这么好的立功、发财的机会到哪儿找去,我这身骨头对你来说,价值万两黄金呀。"

"艾妹",关光夫站起来拉住艾玛的手,"你真与革命党人私通,这人是谁?"

"俞建仁这个死鬼画了漫画,也没指名道姓说是我,你就称是我通革命党人。现在你拾了张破纸当天书,不过我也不怕,在湖北我暂时说不过你,到了皇城朝府,你能值几文钱,别太张牙舞爪了。别人不知道,我还不了解你?除了捞钱玩女人,就知道今天讨好东,明天讨好西地找梯子朝上爬,你还有什么真本事?一个男人成天花花心,永远没有出息……"

"你有完没完",关光夫打断她的话,"你到底怎么的,刚才抬走俞建仁的人是不是革命党人?"

"人家是听到枪响赶来的,我都不认识,八成是便衣巡警。"艾玛说着推开他的手,"说事就说事,别动手动脚的。"

"艾参谋在家吗?"门外有人在叫。

艾玛与关光夫互相扫了眼没吭声。艾玛向门口走了两步才问:"谁呀?"

"冯启钧,巡警道的。"门外的人回答,"听说关大人在这里,我找他有急事儿。"

关光夫走到艾玛跟前对她耳语道:"就说我不在,别开门。"

"为什么?"艾玛问,"没听他说有急事吗?"

"我……我想与你……"关光夫双手搂着艾玛欲言又止。

艾玛狠狠地瞪了他一眼："你别想得美。"然后又提高嗓门，"啊，我正与关大人说事呢，进来吧。"

关光夫无可奈何地苦苦一笑。门开了，冯启钧哭丧着脸避开艾玛，朝关光夫说："关大人，快给我做主啊？"

"什么事？"关光夫大吃一惊，迎住他。

"柯宝城被……被冰云水杀了！"

"啊，他凭什么……"

"他是张大人的心腹，又是情报总管，他说连你也要杀，让我给你垫背呀……"

"啊，还有这事儿？走，看他把我杀了！"关光夫从口袋里拔出手枪，扭头对艾玛说，"备武器，一块儿去。"

"坐下"，艾玛眼球一转，"激动什么？"

"我们总不能在这里等死。"关光夫说，"冯弟，把队伍调集好，走！"

"坐下！"艾玛一把抓住冯启钧的衣领，"冯哥是武昌城里有脸面的角儿，冰云水的靠山再大，也仅仅只有张之洞张大人。他明明知道你的靠山是关大人。而关大人的靠山又是皇上，是大清王朝的军机大臣。有这样过硬的背景他敢来杀人，不会是一般的小事。请冯兄直讲，不必躲躲闪闪，以便想好对策。"

"对，艾玛讲得对。"关光夫赞成道。

冯启钧沉思一会儿，在真佛面前不敢烧假香了。

柯宝城是谁？湖广总督府谍报主管冰云水的副官，又是谍报队中最著名的侦探，跟冯启钧是同乡，外号肥蜂子。由于历次侦破大案功劳被冰云水抢去，自接受侦破革命党人在湖北的情报以来，与冯启钧保持良好交往，企盼寻找到又一政治靠山，求得升官发财的途径。

这天晚上，天下着小雨，柯宝城赶到冯启钧家时，已经是夜深人静了。冯启钧一听说他这么晚造访，必有要事，忙示意八姨太江燕红开门迎客。

冯启钧虽不能手眼通天，但广交朋友，喜欢在家里养很多妓女供上下官人使用，这些妓女收的小费他取一半，由妓女出身的八姨太江燕红打点，在武昌胭脂路也算是一方热闹夜景。江燕红凭着自己多年混迹灯红酒绿中的各种手段，也帮冯启钧联络了不少官场要员、商海富商、社会名流。柯宝城常在这些地方穿梭，当然与江燕红交往极密，他找到重要线索必有小奖项。

开门一进来，柯宝城就在江燕红的脸上亲了一下，摸了一把她那丰满的给男人足够想象的胸部。占了小便宜的柯宝城用高音量掩盖自己的心虚："八嫂子，

冯兄呢?"

"在里屋,这么晚了有急事吗?"江燕红与他配合得天衣无缝。

"给你们送银子来了!"

"你会把自己口袋里的银子朝我们口袋里放?"江燕红微笑着说,"说说看,鱼有多大?"

"与朝廷的训令相同,全部是革命党人!"

"你抓到了几个?"江燕红说,"不能来空的,你要是空谈根本就没影子的事,将来你冯哥朝上面报了,结果是你放了一阵臭屁,他在官人面前不好收场!"

"这回不会,绝对是真的。"

"你没有说什么事不是百分之百,结果好多事都是刮一阵风,根本没影子。"江燕红不满意地,"就说你上次占了老娘的便宜",她声音特小,"说的金条到现在还不送来,你……你还是个男人吗?"

"好好好,把急事办了过几天再议!"柯宝城说着直奔二楼,那儿是冯启钧接待客人的地方。

冯启钧已经过足了大烟瘾,这会儿正搂着新娶的九姨太钟月芙,外号野花猫。冯启钧听到楼板响将她推倒在床上说:"你休息一会儿,我有点事要办,马上来。"

"快点,别跑到燕红房里去了!"钟月芙不满意地道,"时间不要谈长了。"

冯启钧扭头朝她笑了笑,刚跨进小客厅,柯宝城迎住他:"冯哥,把你的好事搅坏了吧?"

"嘿,是什么事不能等到明天嘛,我都睡了。"冯启钧有些心烦,"快说吧!"

"我来给你送官帽、送银子来的!"

"又在撒什么大网嘛,到时候又说网破了,鱼跑了。"冯启钧也不太相信他。

"我找到了革命党在武昌的机关,总干事也找到了。"

"啊,真有这样的好事?"

柯宝城不把郭尧阶与革命党人具体的办公机关讲出来,因为他要进行一次讨价还价的交易。

"冯兄",柯宝城说,"人生一世,很难找到发展的机会,这次我找到了革命党人在武昌的机关与大批领导人,应该是我发展的机会。根据以往的经验,我决定不报告冰云水了。这个臭婊子养的将会如同以往,将功劳归他自己,连上面奖的银子也不会给我的,我决心投你!"

"投我是好,我可以沾沾光,问题是我权不大,不能保举你升大官、发大财呀。"

"你不是认识朝廷军机大臣派来的特使关大人吗,我投了他,将来不是有好

139

多飞黄腾达的机会?"

"啊,你还搞得蛮清楚呢,谁跟你通的气?"

"冰云水这个骗子,有事无事都在骂你巴结上面来的,不把他放在眼里,这么大的动作外面怎么会不知道呢?"

"哎呀,这年头谁不在找朝廷的后台嘛",冯启钧说,"他们过年过节,哪一个不是大车小车的朝上面送?现在求发展就是找关系,谁的关系硬,谁就能升官发财。谁会来事儿,谁就会成不倒翁,鬼都搬不动他们。什么腐败,什么贪、嫖呀……"

"不要说这些了",柯宝城打断他的话,"我立这么大的功,估计朝廷会给我升什么官?"

"给你几个钱就不错了,升你什么官嘛?湖北的官由张之洞大人说了算,朝廷命官湖北都督说了不算。如果你真是全心投我,我就请关大人在京城为你请功,不经过张大人了。"

"好,就是要一步通天!"

"好说,但要情报可靠,千万不能骗人。"

"完全可靠!"柯宝城说,"冰云水对不起老子,这回我想报复他,立了功就走。"

"可以,关大人一句话你就进了京城,他冰云水是个小混混骗子,顶多在湖北还可以跳几下,上了皇朝见了军机大臣们,他连大气都不敢吭。"

"对对对,他的本事我知道,功夫都用遍了",柯宝城说到这里很恼怒地一咬牙,"我想报复他!"

"怎么报复,杀了他吗?"

"这次我对你的要求不高,升不了官也没什么,但一要搞几个钱,二要跟冰云水的四姨太好上,让他戴顶绿帽子!"

"这第二点你自己拿钱去就准能成功,反正他的四姨太过去是上海的妓女,见钱眼开!"

"你跟她熟,我也想她,我很喜欢这个女人,想把她带回长沙去混几年。"

"好,这件事我可出面,再说这个女人不太喜欢冰云水,另外,冰云水这个家伙又有了新欢。不过你把她搞走可能冰云水不会同意,小老婆跟副官跑了,这样他在市面上混多没面子!"

"哎,我就要达到这个目的,看他这个骗子脸朝什么地方放!"

"那好,我帮你两个忙,一是进京城谋差,二是让冰云水的四姨太跟你一起走。但你必须交出革命党人机关这个情报,抓住他们的主要人员。没有这两点做交易,我也不能应允你的要求。"

"好，我现在就告诉你……"柯宝城将郭尧阶给他讲的和盘托出，并将郭尧阶带来见了他。

冰云水当然不知道其中的内幕，但今天一早，他发现从门外塞进来一张纸条上写：

……你的副官柯宝城侦破革命党人的机关后，并没有报告你，他是担心你又抢了他的功，朝廷奖的银子你又独吞了，故此他去报告了冯启钧，由冯启钧去报告了关光夫与张之洞。冯启钧与柯宝城的交换条件是：冯保证说服你的四姨太随柯宝城到长沙，这项交易因捕住了革命党人而完成，不日柯宝城就与你的四姨太动身……

冰云水读了这张纸条气不打一处来，带着人赶到四姨太的住处，果然柯宝城与其同居一室，盛怒之下拔枪结束了这一男一女……

听完冯启钧的一番描述，关光夫疑虑地问："这件事还有谁知道，我怎么没听你说呢？"

"除了死鬼郭尧阶、柯宝城和我之外，神仙都不知道这个内幕。"

"那就怪了，那死鬼不可能在阴间给冰云水写信送来呀？"关光夫说，"柯宝城是绝对不可能自投罗网的！"

"是不是柯宝城图嘴巴快活，向别人透露了呢？"

"他不会这么笨！"关光夫说。

"问题是出在郭尧阶那里？"冯启钧分析说，"他死前告诉了杀手？"

"不能排除这种可能。"关光夫说，"革命党人在军中各个部队都有，日知会会员也许都是的，他们给冰云水通风报信，其一是恨柯宝城，用冰云水的手杀之；其二是挑拨你与冰云水的关系，他们从中渔利！"

"我们去与冰云水讲清楚，叫他别上这个当嘛！"

"这都是小事"，关光夫说，"问题是这个革命党人在什么地方，他是谁。既然他们能潜进督军府仓库杀了郭尧阶，就有本事杀死你和我，你明白吗？你这些日子什么也别干，就是抓革命党人！"

"我……我们怎么抓？"

"走，去见冰云水，跟他商量一下。"

"不行，他在气头上去不得，去不得！"冯启钧说着摸摸头，"他要是叫人来一枪，这个东西开了洞眼，就算是升了一品官也没有用了。"

"也是"，关光夫说，"抓革命党人是头等大事，只要抓住的这些革命党人开了口，就可以对武昌的革命党人进行一次扫荡性打击。到那时候我们进京城做

官，跟湖北再不打交道了，冰云水他们再坏也找不到我们头上了，这叫远走高飞。"

　　冯启钧脸上没有笑意，他在想：是谁给冰云水写的信呢？

小 引

　　丁正平奉命首先潜入监狱，与监狱内的日知会会员碰头，接应吴兆麟率领的劫狱队伍之时，监狱内日知会会员中有人看到日知会总干事刘静庵被捕，认为革命党人彻底完蛋了。恰在这时，他们又看到湖北督军府的文告称，谁抓住革命党人大小头目，一律奖大洋五千块。巡警道还下文告称奖八千块大洋。在重金面前，日知会会员周村伙决定走郭尧阶的道路：叛变！投靠清政府，还可以捞一笔钱。在利益的冲击中，周村伙与另外两个日知会会员设下陷阱，当潜进去的丁正平与他们联络时，三支黑洞洞的枪口对准了他……

第十七章　日知会中的叛徒

1907 年 2 月 15 日深夜，吴兆麟指挥十几人的敢死队，抬着洋油赶到守监狱的狱卒营房后面，刘复基从黑角落里走了出来，迎住吴兆麟说："不知道怎么回事，今夜敌人都是设的双岗。"

吴兆麟朝敌营反复看了看，问："丁正平怎么还没有来？"

"我联络几次都没有回音"，刘复基说，"是不是出了什么问题？"

"郭尧阶之死，给敌人敲了警钟。"吴兆麟说，"我到前面看看，不行的话执行第二套战术。"

"不"，刘复基一把扯住他，"你是军事长，万一你有什么不测，整个营救会受到损失，请吴哥坐镇，小弟我去！"

吴兆麟没有表态，也没有立即就走，他左右看了看，又摸了摸腰里的炸弹，对众友道："各位兄弟，为推翻帝制，打倒清政府，我吴兆麟这一百多斤不值什么，问题是刘静庵总干事长被敌人关了，这些天的严刑拷打……"他说着嗓子眼儿哽塞了："我……我们不能死，因为敌人还没有消灭，我们革命党人的目标还没有实现！"

"吴哥，你说吧，我们怎么办？"刘复基激动起来。

"你们在这里待命，我去一下！"

"不行，你不能去！"刘复基坚决地拉住他，"我去！"

"今天事关成败，我一定要去！"吴兆麟拧紧眉头，"你们随我同去，但要拉开距离，我不响枪，任何人不得开火！"

"刘哥，出大事啦！"一个担任侦察的革命党人赶回来说。

"怎么回事？"

"一个官人把丁正平带走了，还用枪顶着进了一间房子。"

"快，带我去看看！"吴兆麟预料到情况有异，顿感问题严重。

一溜儿枪手怀揣炸弹，在一条小巷中摸黑前进。

为了将被关进监狱的刘静庵等人营救出来，除了通过社会各界关系，特别是圣公会主教吴德施他们展开营救外，日知会众会员一致要求进行一次破狱营救行动。无论是顺民意，还是革命的需要，吴兆麟觉得只要有机会与条件，一定要为

营救同志作出努力，便组织策划火攻。当时日知会在监狱充任警官的人很多，有的看到总干事员刘静庵被捕，群龙无首，开始动摇了，有的举步不前，而绝大多数人在八方联络，将革命党人团结得更紧了，一支支暗杀团结成，专门刺杀清政府官员。

前天晚上，吴兆麟接监狱内革命党人通告，再过三天清政府有一批所谓审讯专家来武昌提审刘静庵等革命党人，如果刘静庵等还是死不招供，就押抵京城，由兵部尚书荫昌（旗人）直接逼审。吴兆麟得知这从湖北督军府传来的消息，连夜将刘复基、丁正平等找来研究。大家达成共识，一定要赶在清廷的审讯官抵达武昌之前，救出刘静庵等。

"吴哥"，刘复基提出自己的看法，"明天干不行，时间应定在今夜。"

"为什么？"丁正平问，"万一朝廷来人提前到了怎么办？"

"不会"，刘复基说，"今日晚上是看守监狱的老兵与新兵交班，我们可以利用这个交接班的机会，杀死新来的看守，救出我党人。"

"问题是要快，我担心去年12月3日的醴陵会的失败重演呢！"丁正平有些焦急地道，"还是让吴哥你定夺。"

吴兆麟没有立即表态，他听取各方意见后，于当天夜里制订出三套营救方案。最后大家一致决定于今夜行动，这样既能赶在关光夫他们请荫昌的人来审讯之前，又可以利用狱卒交班的时机将革命同志营救出来，也不会出现新的伤亡。

一切按第一套营救方案实施。

丁正平首先通过早就侦察好的一条水沟潜进去，里面接应的日知会会员有十几人，一看领头的丁正平来了，个个兴奋激动地将他迎进一间小房。其中一个叫周村伙的日知会会员对众人说："弟兄们，我与丁兄有点事先说一下，马上来！"说着推开了另一间房门走了进去。

两盏马灯闪跳着淡黄色的火苗，两个彪形大汉各持短枪、匕首，站在马灯两侧的角落里，怒视着进来的人。

丁正平由于眼睛一下子还没有适应过来，扭头问："周老弟，有什么事吗？"

"五千块大洋你要不要？"周村伙恶狠狠地问。

丁正平愣了一下，发现周围的刀枪，稳定了一下情绪问：

"你们这是干什么？大家都为推翻清廷，共建共和国努力，你们这样……"

"少废话，今晚是谁指挥？"周村伙问。

"革命党人指挥，你又不是不知道！"

"少废话，谁是今天领头的？"

"你想干什么？"

"用他的头换五千块大洋后解甲归田！"

"说!"两个彪形大汉握枪逼过来,"快招了!"

"二位兄弟",丁正平淡淡一笑,"不瞒你们,周村伙大哥正是我们的指挥!"

"你他妈的是想现在死,还是想多活几天?"周村伙一听火冒三丈,"老实告诉你,这间房子里的暗道通向城外,你不说,杀了你后我们一拍屁股就走;你说了,我们从这条暗道出去领大洋五千块一分,各自归乡,井水不犯河水,用不着再这样担惊受怕了……"

"你是受谁的指使,谁能保证给你五千块大洋?"丁正平反问。

"你看!"周村伙从口袋中拿出一纸,"督军府的文告。"

丁正平接过来定睛就读,其中一段是:

……近日革命党人在武昌新军中活动猖獗,总干事刘静庵等已经捉拿归案,不日将由京城朝廷兵部尚书荫昌大人派员专审,革命党人将在武昌全部覆灭。本督军府为给革命党人发财的机会,凡能提供现在正活动的革命党人头目者,奖五千块大洋,并适时晋官两级,由朝廷派往湖北督军府特派员关大人亲自奉送奖项……

"这么说我值五千块大洋?"丁正平读到这里问。

周村伙说:"关大人我不认识,但只要抓住了革命党人大小头目,就能去领奖项,冰大人那边比这里奖项还高,听说冰大人为与关大人争高低,愿出八千块缉拿革命党人头目!"

"如果把我的头劈成两半,你不就能拿一万三千块大洋了?"

"之所以说他们都是缉拿头领,无非是还要说出其他人嘛,像郭尧阶就说出了这么多,一生一世都吃不完这笔银子呢。"周村伙得意地一笑,"怎么样,兄弟们搭伙求财好不好?"

"周村伙,明人不说暗话,郭尧阶早被我们的人杀了!"丁正平干脆狠狠击了他一闷棍,"你杀了我,你是跑不掉的!"

"你放屁,昨天我还与郭尧阶喝过酒,他马上就要进京城到兵部尚书荫昌大人手下当差!"

"如果你是自己骗自己,这话就是你自己编的哄别人的,如果是关光夫编织的谎言,你就上当了。郭尧阶被关押在督军府仓库中,已被我们处决了!"

两个彪形大汉愣了。

周村伙先是一愣,但又不相信丁正平,他总想得到一万三千块大洋,成富翁时妻妾成群,月月过年,天天新婚,到那时衣锦还乡多风光……

"如果你真有通天术",丁正平说,"我们把今天革命党人劫狱的事抖出来,

不是升官发财都齐了吗?"

"对对对!"两个彪形大汉笑了起来,异口同声道。

周村伙哈哈一笑:"你不会把心亮出来吧?"

"千里做官,为了吃穿,瞎子见了钱眼睛都睁开了。大家这样冒死拼命,不就是为了几两银子吗?"丁正平说着一挥手,"三位如果不是试探,是来真的,我们以尿代酒,跪地结盟!"

三人都愣住了。

"怎么,不敢对天发誓结盟,算什么汉子? 老实说,我他妈的杀死郭尧阶拿了一千块大洋。要不人们怎么说马无夜草不肥,人无横财不富呢? 光凭朝廷每月发的俸禄,三代人也发不了财。什么事都要抄近路,这发财升官也是一样,也要多长个心眼走近路!"

两个彪形大汉互相看了一眼,周村伙似乎明白了什么:"丁哥,你今夜率领敢死队先潜进来,有谁担任总指挥?"

"我不知道,我只知道指挥我的是叫三毛子。这是日知会会员的纪律,每人都是外号。"

"叫三毛子的人呢?"

"我可以先去干掉他或生俘他,一同送到督军府!"

"他能值这么多钱吗?"

"这文告上讲只要是抓住头目就有五千块嘛,又没分大小。"丁正平说,"走,我们去干!"

"走!"一个大汉咬牙一挥手,"但还有话没说清楚!"

"还有什么说的?"丁正平迎住他凶狠的目光,"都什么时候了?"

"你出了门一变,我们三人能对付得了几十人吗?"大汉说着用枪管点着他的头,"你说,用什么担保?"

"你这个混蛋!"丁正平一把抓住对方的腰带,面对枪口毫无惧色,"我怎么相信你们,你又用什么担保?"

"是呀,什么事都要互相信任",另一大汉走过来,"要混生活不容易,弟兄们都熄熄火儿。"

"有话好说,好说。"周村伙这会儿转过弯来,"不要自己人相斗,现在是团结的时候,这么一闹传开了,谁都捞不到一分钱好处,还会被革命党人定为叛徒处死!"

"这样互相不信任,我们怎么办?"一个大汉问。

"以尿代酒!"丁正平从墙角拾起一土碗拿在手里,"来呀,以尿代酒!"

四人互相望了一眼,丁正平首先拉开裤子"刷刷"地朝土碗里尿起来。

"怎么，不敢啦？"丁正平一边扎裤子，一边说，"你们谁不敢立誓，今天的财就发不了！"

"拉尿！"周村伙说着也解开裤带。

另两个彪形大汉一看周村伙解裤子，也都照做了。

三条尿柱朝土碗里冲的刹那间，丁正平不敢再慢半秒了，只见他闪电般拔出腰中剑，首先"哎"地砍下一大汉的头，又狠狠地一剑捅进另一正发愣的大汉腹部，这家伙只发出"哎呀"一声，两手捂着下腹部栽倒了。不等丁正平拔出剑，周村伙反应过来欲拔腰中的枪，丁正平挥手一拳击中他的左腮帮，并闪电般一脚踢中他下腹部，冲上去掐住他的脖子："周某人明白以尿代酒的斗法吗？"

周村伙翻着白眼就是说不出话来。

"咣啷"一阵轻微的响动，丁正平寻声向左看去，好家伙，那个下腹部中剑的家伙右手挣扎着抓住了掉在地上的枪。这枪要是一响不仅仅只是结束丁正平的生命，而且会惊动监狱的敌人，劫狱就成了一句空话，多少人都会死在这座监狱里！

"嘿！"丁正平猛地扑了上去，右脚死死地踏住他的手腕，左脚"咚"地踢在他的下巴上……

这个大汉如同死猪般躺在地上，周村伙躺在地上有气无力地望着丁正平，丁正平用右脚在他脚上拨弄了两下："伙计，想发财凭两只手劳动，怎么能用别人的性命换金条呢？当初你参加日知会，不也是……"

"我……我周某人罪该万死……"

"你说，你想怎么样死，本人成全你。"

"大哥，看在我也是日知会会员……"

"你是革命的叛徒"，丁正平又一次揪住他的衣领，"说，狱中还有谁想叛变？"

"今……今天是双岗，是一个姓关的大人在监狱督导，冯……冯启钧大人也在二号岗楼，他……他们担心看守换防出事，特地都赶来了。"

"二号岗楼的口令是什么？"

"原先问'满清'，回答为'洪福'，现在改没改我不知道。"

周村伙说着半支起身子："你只要不杀我，我可以为你们带路！"

"快穿裤子！"丁正平命令着。

刁狡的周村伙刚才拉尿时被袭，手枪掉在距他仅只一步之遥的地方。这会儿他趁丁正平扫一眼因无油熄灭的那盏马灯的瞬间，一手提裤子，一手闪电般抓住枪握在了手心，当他一起身还没转过来时，丁正平发现了他的举动，冲上去飞起一脚踢中他的裆部。周村伙是兵营中的老兵，极具反击能力，他忍住痛举枪扣动

扳机，但子弹卡壳了。不等他反应过来，丁正平狠狠地用拳头击中他的脸部，又夺过他手中的枪再次砸下去，周村伙的头部被手枪砸开，脑浆与血水喷了丁正平一脸……

门被人撞开了，坐在地上血水中正喘着粗气的丁正平敏感地转过枪口，他看到吴兆麟出现在门口。

"吴哥？"

吴兆麟进来一看，急忙双手扶住他："怎么回事？"

"现在不是说这些的时候"，丁正平说，"关光夫、冯启钧这几个家伙都在二号岗楼，敌人又是双岗，看来敌人有了准备，怎么办？"

"敌人天天都有准备，我们革命党不是天天都照样活动？你怕，他更凶，你狠，他才怕嘛。"吴兆麟说着从地上拾起一支手枪，"你没有出来我们很焦急，快走！"

"怎么办？"

"发暗号，让刘复基他们行动，我们的人已经进来了一些，有的已经进抵袭击目标下潜伏了。"

"好，那就好！"

"还有"，吴兆麟说，"在通往刘静庵的那个囚室的路口，是我们日知会的人站岗，我们已经通知他了，接到我们的暗号，他就打死与其一同站岗的家伙。"

"那么二号岗楼呢？"丁正平问，"剪断电话线、电线……"

"通向二号岗楼的电话线、电线已经被刘复基搞清楚了，他接到我们的信号就剪，不会有问题。"吴兆麟说，"到处是黑的，关光夫他们是不敢出来的。"

"对，怕死鬼不敢拼命！"

"走，发信号去！"

一柱日造的手电筒光从监狱里面的墙洞射向了外面，这只电筒光三灭三亮后，监狱门口及里面所有的电灯一下子全熄灭了。

劫狱行动开始了，这也是清王朝自建朝以来第一次发生的劫狱！

小 引

　　娼妓四姑娘秘报关光夫，她深夜看到艾玛挽住革命党人的胳膊出入江边。关光夫大吃一惊，联想到这些日子革命党人在武昌地区新军中的动向，便质问艾玛，并要娼妓作人证。艾玛愤怒地拔枪对着关光夫，两人互不相让时，张之洞主管谍报的主政官冰云水赶到，说他已经抓到关光夫的得意门生、私通革命党人的冯启钧，他还帮助革命党人私藏宣传书报。顿时监狱内二号岗楼内刀枪相交，怒骂相持。一场互相残杀正要展开，监狱内发生大火，浓烟烈火冲天，火势直逼弹药库……

第十八章　监狱火警

二号岗楼内，关光夫与艾玛正面对面地坐着。艾玛握着枪对着关光夫，而关光夫虽然没有武器，只捧着茶杯，但毫无惧色地两眼眨都不眨地盯住她，不吭声，有一种仅凭气势就可压倒对方的神态。

"四姑娘，进来陪陪我！"关光夫突然轻松地道。

"关大人，我来了。"外面传来娇滴滴的声音，紧接着门被轻轻推开了。

"艾姐呀，是哪阵风把你吹进来了？"四姑娘说着一屁股坐在关光夫右腿上，"大人，早点休息吧。"

艾玛认识这个四姑娘，她是洪昌旅馆的娼妓。关光夫住洪昌旅馆时，她时不时地与关光夫同宿，帮关光夫探听一些有关革命党人的踪迹，也算得上是个编外侦探。

"四姑娘，你跟我们的艾高参说说。"关光夫冷冷一笑，搂着她，"我们对事不对人。"

今天下午，关光夫说有要事相商将艾玛请过来时，艾玛看到关光夫临时休息的那间房子里大床上放着两个大皮箱子，便问："你把电台搬过来了，我怎么工作？"

"今后你就在这间房里住、工作，在监狱里面办公安全，长堤街61号在街面上，现在革命党人活动频繁，我担心你出事儿。"关光夫说着朝对面一指，"我的房在你的对面，我成你的卫队了。"

艾玛沉默地打量着这间不大，但足够使用的房子，地处监狱里面，左右的房子里都住着看守监狱的官兵。她笑了笑，说："我也成犯人了。"

"不能这样理解"，关光夫说着递过一杯咖啡，"喝点吧，我看你也渴了。"说着将杯子放在艾玛跟前，转身出门进了自己的房间。

艾玛望着对面关光夫的房门，又看看这间似乎是为她特意装点布局的房间，一股古色古香的宫廷韵味，充满诗情画意的色彩。她左右扫了眼，又回到现实中，举杯将咖啡送到嘴边，但一股异味扑进鼻孔。她看了看，刚刚放下，对面的房门打开了一道缝，紧接着关光夫走出来了，热情地说："喝吧，凉了就不香了，这是真正的美国咖啡，据说原料来源于……"

艾玛朝他笑了笑说："请将我进来时看到的那只波斯猫抱给我玩玩。"

"算了，等会儿我还要与你谈事呢。"

"你知道我喜欢猫嘛"，艾玛给他送了个秋波般的眼神儿，"在京城，我养了好几只呢。"

"好吧，我去帮你抱过来。"关光夫说着朝外走，"我们男人有时就是不可思议，心甘情愿为漂亮女人服务。"

"来生投胎你也做女人嘛"，艾玛说着又用双手捧起杯子，"快点去呀！"

"艾玛"，关光夫站住，反手关上门，扑上来两手托着她的脸蛋，"我爱你，你怎么总是这么麻木，感觉不到我给你的电流呢？"

艾玛苦苦一笑，两眼垂下，小声道："你是真心的？"

"咚"，关光夫双腿朝下一跪，两手抱住艾玛的臀部："艾玛，我对天发誓，只要你同意，我再也不找别的女人了，只守着你。"

"像这样的山盟海誓，你跟几个女人发过？"

"你，只有你！"

"关先生，因为你总是达不到目的，才这样急迫发誓，同时想象着我的美。"艾玛一针见血，"可能你得到了我一次，你会说就这么回事，从此我对你来说不神秘，也就没有什么魅力了。你为什么不让这种魅力长存，让我们永远做工作上的合作伙伴？"

"你……你为什么这样残忍地对待我？"

"关光夫先生，实话实说吧，我不爱你！"艾玛轻轻地推开他，"我真的不爱你，你做的一些努力我都清楚，但感情这事不能勉强。我们女人对感情很专一，不喜欢花心的男人。"

"只要你答应跟我在一起，我发誓什么样的天仙都不会沾边了。"

"我想这样的表态，很多女人都听你说过。"艾玛说着坐下来，"上次我在洪昌旅馆就听到你跟一个叫四姑娘的娼妓讲过这番话，是不是？"

关光夫一时愣愣地望着她，不知如何回答是好。

"有些事你做得太过火了，使我不但不会爱上你，反而更恨你了！"艾玛收住脸上的微笑，"请将楼下的波斯猫抱上来。"

"艾玛，你……你多心了……"关光夫一把从她手中夺过咖啡，"你要干什么？"

"你不要忘了，我是学什么专业的"，艾玛走到门口，对在前面的一个士兵道，"小老弟，把楼下的那只猫抱上来。"

"是，长官！"一个士兵应了声，走了。

关光夫扭头看她一眼，生气地一挥手，"啪"地将盛满咖啡的杯子砸在地上："你……你想算计我？"

"我们谁也不存在算计谁，只是自己有时候耍点小聪明罢了。"艾玛说着将他按在椅子上，"你坐一下，本人有话对你讲。"

关光夫愣头愣脑地听凭艾玛摆布着。

列兵将楼下那只猫抱上来了。

艾玛从列兵手中接过猫搂在怀里，示意列兵离开。她转过身将猫的头贴在自己脸上，深情地望了它一眼后，对关光夫说："怎么样，你不会反对吧？"

关光夫两眼喷火般盯住她。艾玛弯下腰从地上拾起一块玻璃送到猫的嘴边，在一股香气中猫伸出舌头一下子舔干净了玻璃上的咖啡。

"你自己去吧。"艾玛放下猫，猫在地板上舔着，大概是香味使它津津有味吧，不停地"喵喵"叫着。

"艾玛，你太聪明了。"关光夫终于狠狠捶着自己的胸，"我……我……"

"关先生，你休息一会儿，看看你导演的戏。"艾玛说着叹口气，"如果兵部尚书荫昌不是我的干爷，你只怕一枪把我打死了，再奸尸。"

"艾玛。"关光夫长叫一声垂下头去。

"你看猫。"

这只活泼可爱的猫，不到十几分钟就软绵绵地躺在地上了。

"你在咖啡里下了蒙汗药，企图在我昏睡后强奸我。"艾玛冷笑着盯住他，"你……你太卑鄙了！"

"我是有些过分，可你又怎么样？"关光夫突然表现出另一种神态，"是的，我对你采用了一点不太礼貌的行动。但你私通革命党，是死罪，我只要向朝廷报告，就可置你于死地。张之洞对革命党宽容，朝廷是不会答应的。你私通革命党人，除了俞建仁留下的漫画、文字以外，我还有人证！"

"你血口喷人，我打死你！"艾玛拔出手枪。

"看是谁喷谁？"

……

面对关光夫搂着娼妓四姑娘，艾玛感到一阵恶心，但对关光夫"对事不对人"这五个字她又顿觉心疑：是什么事与这个女人有关系呢？

"那天晚上"，四姑娘从关光夫大腿上站起来，"我与客人到江堤上散步，亲眼看到那个经常到我们洪昌旅馆来喝茶会客的姓刘的男人。"

艾玛大吃一惊：她难道什么都看到了？

"你挽着他的胳膊，头靠在他肩上，那么亲热……"娼妓说着"嘻嘻"一笑，朝关光夫看了一眼，"像吃了蜜一样甜。"

"你跟炮兵标统驱逐出来的刘复基是什么关系？他可是日知会会员，只是还没有什么大罪才没有抓他。"关光夫说。

"其一，我没有与一个什么人挽着胳膊在江边走过；其二，你所讲的什么姓刘的我不认识；其三嘛"，艾玛收回枪，"如果你认为我私通革命党人，就凭这个四姑娘来陷害我，我也会到朝廷告你。有本事到朝廷去对质，要些小心眼是成不了……"

"请问关大人在吗？"门外的声音打断了艾玛的话。

关光夫不耐烦地大声问："谁呀？有什么事明天再说，我现在有事。"

"关大人，冰大人来了。"外面的列兵道。

一听说冰云水来了，关光夫自言自语地道："这个老骗子，又来干什么？"骂完，又对四姑娘说："你他妈的与姓冰的隔三岔五地见面，这会儿碰了面难为情，你快在柜子里躲一会儿吧。"

四姑娘垂下头急忙拉开背后的衣柜钻了进去。艾玛看着这对狗男女的表演，几乎要笑出声来，用手捂住嘴扭头望着窗外。

门开了，出现在门口的冰云水一看关、艾二人都在，一脸的淫笑："本人来得好像不是时候吧？"说着他朝艾玛又道："不过现在艾参谋官在是件好事，我还想着把你找来呢。"

"冰主督官在督府内外手眼通天"，艾玛说，"深更半夜找关大人商议军政要事，若有不便，我马上走。"

"不"，冰云水说，"你在最好不过"，说着扭头面对关光夫，"关大人，听说冯启钧跟你左右寸步不离，不日将赴京城，托你的福荣升为朝廷……"

"冰大人，有什么事找我的，就尽管讲，若是找冯君的话，就不要在这里说，冯君在楼下4号房办事，你可去找他。"关光夫说着，"你去吧！"他做了个送客的手势。

"既然冯兄在楼下，我想请关大人在这里召见他，有件事关系到各位的升迁。他若不在场，这台戏就没法唱了。"冰云水说。

"什么事，你先说说，让我心里有底儿。"关光夫说。

"说大，可以杀头；说小，马上万事大吉了。"冰云水说，"本人虽在张大人手下混差，主管军中谍报之大事，自从关大人以兵部尚书大人的特派员身份进入湖北，我这个主管总督也是徒有虚名了。别说过去围着我屁股转的人都转向了关大人这里，就连与我喝了血酒拜过兄弟的冯启钧，见了我也绕道而行。这年头有权、有钱见人高三分，真他妈的狗眼看人低！"

关光夫白了他一眼，不耐烦地道："要骂，你到外面去大声骂，我这儿不是你出气的地方！"

"今天，你这儿正是我出气的地方。"冰云水怒火窜出来，"你就是兵部尚书荫昌大人的儿子，这气儿也出定了！"

"你……你……"关光夫拔出手枪，"你是活得不耐烦了？"

"有本事朝这儿打！"冰云水指着自己的脑门，"打呀，开枪呀！"

关光夫浑身颤抖，咬着牙往左右一看，冰云水的卫队一律持枪对着他。他胆寒了。

"关大人，何必发这么大火呢。"艾玛从中调解，向关光夫使了个眼色，又对冰云水说，"冰大人的要求不过分，各位也是为朝廷。"说完，命令一个士兵，"快，把楼下4号房的冯大人请上来。"

士兵转头向楼下走去。

关、冰如同两只公狼各不相让地对视着。

艾玛一边给两位泡茶，一边低声劝关光夫："人家是地头蛇，你顶得过？好汉不吃眼前亏。"

关光夫长叹一口气，"啪"地将枪甩在桌子上："他妈的，我……我怕过谁？"

"老子谁都不怕，大不了不做这个受气官了！"冰云水针锋相对，也将枪放在桌上。

"两位息息怒"，艾玛忙收起两支枪，"都是自家弟兄，抬头不见低头见的，何必发这么大的火呢？再说，二位前世无冤，今世无仇，都是为朝廷的事，动什么肝火呢？"

"冯大人到！"门外列兵报告。

"请进！"艾玛唱起了主角。

冯启钧不知道这里发生了什么事，喝得醉醺醺的，两眼红得如同两个红枣儿。他一看关、冰都气鼓鼓的，猜想可能发生了什么矛盾，一下从酒醉中清醒过来："二位大人又是什么事不愉快嘛？这年头革命党闹得天昏地暗，活过了今天，还不知道明天嘴会不会吃饭，没事儿偷着乐，何必去生气呢？不开心的事儿都甩到脑……"

"废话"，关光夫制止住他，"你……你在外面惹什么事啦？"

"我……我怎么的啦？"冯启钧吃了一惊，"这些日子我跟着关大人你，寸步不离，你说东我不往西，我犯什么事了？这……这不是……"

"送进来！"冰云水大怒地一挥手，打断了冯启钧的话。

一个正目提着一个皮箱子分开兵士走进房子，出现在众人面前。

"放在上面！"冰云水朝桌上一指。

正目将那小巧而精致的皮箱放在桌上，转过身立正面对冰云水问："长官，我可以出去了吗?"

"待命!"冰云水命令。

正目只好立在原地听候命令。

冯启钧看着,忙走过去提起箱子,左右两边看了看说:"我的,我的皮箱,你们怎么拿到这里来了?"他环扫了一眼众人,火气冲天地大声吼叫。

"别激动,冯君,请你别激动!"艾玛制止他。

"这到底是怎么回事嘛?"冯启钧注视着关光夫问。

"金副官,请将东西给关大人过目。"冰云水命令。

金副官叫金德荣,原是督军府的卫队,因有文化,又会讨好巴结官长,特别是去年6月他与另一谍报官合作抓住三个革命党人后,冰云水提拔他做了贴身副官。关光夫来湖北后与冯启钧交往密切,冰云水与他们相处得不太融洽,但他周旋在三人之中互不得罪,讨得上下都对他不冷不热的。今天他跟着冰云水来监狱,事先他反复对冰云水说,千万别发火,有理让三分,走路到处通的为人处世原则。冰云水听着白了他一眼:"你是条蛇,蛇!"吼得他哑口无言,只好唯命是从了,不再插言,只是观色。

关光夫百思不得其解地从金德荣手中接过一封信,信封已经拆开,上面写着"冰大人亲启"五个字样。他望了冰云水一眼:"好像是说给你的信,我能看吗?"

"关大人,是我们冰大人请你过目的!"金德荣解除他的顾虑。

关光夫从信封中抽出信纸,打开信纸读了起来,其中一段使他吃惊不小,浑身的鸡皮疙瘩都起来了,他神色慌乱地问冰云水:"冰兄,这件事……"

"请关大人给我们的当事人看看,我们拿了朝廷的俸禄,我们这也是对朝廷负责。"

"你……你他妈的自己读吧。冯启钧,你这只睡在老子床头的狼!"关光夫骂着将信扔在桌上。

冯启钧拿起信:

……冯启钧在我日知会任干事,负责传递海外寄回的孙文所编报纸。我是他手下的传递员,每次的《民报》都由我送到他手里。还有革命党人陈天华著的《警世钟》、《猛回头》等书都是我送的,一般都装在他那只精致的牛皮箱中,不会引人注意……我这次揭发他,是我看到刘静庵被朝廷抓了……

"我……我……"冯启钧一下子脸色苍白,"这是……"

"打开箱子",冰云水命令,"快!"

副官金德荣领命打开箱子，陈天华所著的推翻清政府的《警世钟》、《猛回头》与《民报》等革命书报装了半箱子，展现在人们面前。

关光夫翻着这些书报，大惑不解地一把揪住冯启钧的衣领，"这是怎么回事，怎么回事？"他咬着牙，"当着各位的面，你不交代清楚，今天就送你进黑牢！"

冯启钧被这突如其来的袭击打懵了，他双手拿着信再次读了读后，伸手将箱子中的报纸、书都拿出来看了又看，突然大吼："混蛋，是哪个混蛋在陷害我！"他呐喊着，将信撕成碎片抛向空中，然后又抱起箱子举起狠狠地砸在地板上，"混蛋，混蛋，这简直是……"他骂着拿出洋火点火烧书。

"住手！"冰云水一下子拉住他，"你想毁灭证据？"

"我……我什么证……"

"冯兄，你现在要冷静，而不是暴跳如雷，这样别人的目的就达到了！"关光夫斜扫了一眼冰云水。

冯启钧似乎听出了弦外之音，拉着关光夫的手说："大人，你可要为小人做主啊。我为你鞍前马后跑，有些狗眼睛都发红了，好像我冯某人得了你什么好处，你许了我什么官愿，总想置我于死地而后快。今天这事上下不着边，还真把我给搞昏了，万一张大人听信妖言，将我打成革命党的头领，我就是长了一百颗头也不够杀的。"

"听冯君这么说，这是我在组织人陷害你？"冰云水沉不住气了，"你毁了证据又能怎么的？关大人读了，我与弟兄们都看了，也作了抄写。这口箱子是从你家里提出来的是事实，你四姨太、七姨太都可作证。我们做官的明白，不像有些人只知道巴结。讨好个别人朝上爬，背地里为革命党人办事，拿金银。我乃朝廷谍报官，食我朝的俸禄，应报我朝的恩。我再向你与众人重申，倘若我在军队中查出有革命党，当拿统领是问，决不手软！"说完，他示威般环扫众人，"各位都听着，革命党不抓、不杀，我们的头有一天掉了，还不知道是怎么掉的！"说完他走向关光夫，"关大人，这位冯兄犯了事，我要先把他扣起来查一下，不能听他声称是陷害，你就同意他的申辩吧？"

"这……这有些……"

"关大人"，冰云水这回主动了，"你不同意抓革命党人？"

关光夫忙望着冯启钧，好像在问：你看怎么办？

"这证据真真切切，你还想怎么的？"冰云水逼住关光夫，"郭尧阶叛变过来，只交代了刘静庵一点点事儿，他还有满肚子的事要跟我们讨价还价，结果呢，被冯启钧送到打狗队给杀了。你想，没有人通风报信，革命党知道他被关在什么地方？"

关光夫与艾玛听着不好再语。

"还有，俞建仁死前，声称他了解大人物中有革命党人，打电话问我管不管得了，我准备晚上找他，结果他被处死了，这是不是又一场大戏呢？"冰云水继续说。

"四姑娘亲口跟我讲，她看到革命党挽住某某的胳膊，这些事儿又有谁相信，谁去主政追查呢？"冰云水说着望了眼艾玛，"你们都是兵部尚书荫昌大人的派遣者，我们谁敢得罪？"

"冰主管，你是不是……"

"他说的对！"四姑娘破柜而出打断了艾玛的话。

众人大吃一惊：柜子里有妓女？

"四姑娘，你……你怎么在这里？"

"冰大人，我怎么就不能在这里呢？"四姑娘有关光夫作后台，腰板儿硬着呢，"你在床上怎么跟我说的，你要把冯大人整得七窍流血，八孔冒烟。把那些无油盐的话当着众人的面重复一遍，那才是条汉子。"

"是呀，好汉做事好汉当。在背地里杀黑刀算什么英雄。"冯启钧来劲儿了，"说呀，这也有人证嘛。"

"你……你们到底又要什么鬼把戏？"金德荣说话了。

"金副官"，关光夫恶狠狠地盯住他，"这个地方你算什么货色，有你插嘴的份吗？你要是嘴痒，到马屁眼上擦擦去，别在这里放狗屁，知道不知道，嗯？"

"关……关大人，请大人不计小人过，我滚……我……我滚！"

"站住！"冰云水大声喝令，"金德荣，你是谁的副官，听谁的命令？"

"冰大人，你平时不是跟我说，谁的官大就听谁的吗，这关大人是兵部尚书荫昌大人的特使，见官大三级，这可是你讲的，我不听他的听谁的呢？"

"臭婊子！"冰云水狠狠一耳光扇在他脸上，"没见过你这样的奴才！滚，永远别来见我了！"

"大……大人，我……我也是为你……"

"金副官"，关光夫走过去，拍着他的肩头说，"从明天起，你到我这里来听差，过些日子武昌的革命党抓干净了，跟我到京城吃肉，看谁敢再欺负你！"

"谢大人洪恩！"金德荣急忙跪拜。

"滚！"冰云水决不答应，狠狠一脚踢在金德荣屁股上。

金德荣只好愤愤地向外走去。

"关大人，我就不客气了，革命党冯启钧交给我发落，有什么事明天找我去。"

"不行，这事得调查一下，万一真是有人作怪呢？"

"谁敢动我一根毫毛，我要他竖着进来，横着出去！"冯启钧抓出手枪，扭过头，"来人呀，把冰主管抓起来！"

"放肆!"关光夫大吼,"冰大人奉命捕捉革命党,这是朝廷的指令。来人啦,把冯大人的武器缴了!"

几个列兵与正目都冲过来,将冯启钧身上的武器给缴了。冯启钧如同斗败了的公鸡,垂头丧气,气得浑身发抖,正要又发作,关光夫向他使眼色要他冷静。

"冰大人,我在柜子里都听到了,你把冯大人整得够狠了,整得他七窍流血,八孔冒烟了。你就让一步吧,你们做官的在一个场子上唱戏,也不容易……"

"一个臭婊子跑到这里掺和什么?"冰云水挥拳就打。

四姑娘一偏头,这拳头正好砸在关光夫脸上,顿时肿了起来,关光夫一下跳将起来:"你他妈的吃了豹子胆……"

"快,失火啦,房子烧着啦……"外面有士兵大呼大叫。

众人的情绪一下子被外面冲起的浓烟与烈火吸引住了。关光夫一看楼下也烧起来了,营房也着了火,外面一片呼叫呐喊声,忙命令:"灭火,快灭火……"

冰云水没有听任何人的调遣,带着人一溜烟奔下楼,直朝外冲,浓烟呛得他不停地咳嗽。

关光夫冲向楼下……

冯启钧担心关光夫被火烧死,拉着他向一楼跑。金德荣不知出于什么原因,冲出烈火后直跟着冰云水的屁股追去。

"水……水……快灭火……快灭火……"关光夫命令。

没回家的主政官及士卒们都提着桶赶过来了,一下子监狱里大乱起来,双岗也变成了单岗……

艾玛从楼上冲下来,一股浓烈的煤油味扑鼻而来,紧接着电灯灭了,电话也停了。联想着冰云水展示的那封信,那一箱子书,冯启钧的表现,关光夫的焦急,冰云水的冷静,她似乎明白这场大火与谁有联系……

"长官,快到这边来,火势越来越大,快烧过来了!"一个正目赶过来,将艾玛朝犯人放风的地方推,"快走,弹药库烧着了,弹药库起火了……"

在兵营区那片低矮的平房上空,烈火映红了半边天,一股火头借助风势直扑弹药库,更可怕的是装油的小仓库都在这个不大,但有重兵把守的地方。艾玛注意到关光夫已经站在一片开阔地了,四周有几个卫兵护着他。冯启钧跑到监狱门口叫外面的市民帮忙灭火,但是没有人过来,只好抓住一个监狱主事官吼道:"快,把牢门锁好,其他人都来灭火!"

四面八方赶来的士卒开始冲进火海,但火势太大太猛,士卒们忙乎一阵后,只能望火兴叹……

艾玛觉得这场大火有点蹊跷,匆匆向关押刘静庵等革命党人的囚室走去,关光夫在火光的辉映下看到了她的举动,悄悄跟了上去。

小 引

　　历尽艰辛，巧妙设计谋杀进敌人监狱，敌人已经设下很多暗哨死死盯住革命党人。吴兆麟营救日知会总干事刘静庵的计划落空了，反而引来了大批敌人追兵。小小的敌人监狱中，尽管大批士卒去灭火了，但刁狡的特务关光夫紧紧地盯住关押革命党人的囚室，并派出多个特务与革命党人同住一室，防止劫狱。吴兆麟他们没有打探到这一信息，损失惨重。在敌人追击下，枪中仅有一发子弹。为了掩护战友撤退，他凭着胆气与智慧，握着只有一发子弹的枪走进拥有十几个敌人的哨楼，调虎离山，在与敌人扭打中他被敌人重重地猛击了一拳……

第十九章　劫狱战

"吴哥，前面的岗哨敌人抱着枪站在高处，我们一动就会被他们发现。"刘复基赶到囚禁革命党人的号子东头时，伏在吴兆麟跟前焦急地压低嗓门，"我用炸弹炸死他们，你们立即冲过去，打开门就跑！"

"不要慌"，吴兆麟说，"现在敌人正在灭火，时间是有的，不能惊动他们。"

"那怎么办，总不能在这里过年吧！"一个持刀的革命党人道。

"何联国，你急什么，炸弹一响把敌人引过来了，不但救不了总干事他们，我们也会被关进来！"另一个革命党人教训着对方。

吴兆麟示意他们说："各位隐蔽好，我过去看看！"说完，他向刘复基打了个手势，"跟上，把刀准备好！"

"是！"

"丁正平呢！"

"在南头！"

吴兆麟思虑片刻，顺着牢房的外墙根，向敌人岗楼右后方摸去。

今夜的行动除丁正平遇到了一点麻烦外，开局是相当顺利的。吴兆麟向刘复基发出信号不久，敌人营房五处大火烧起，霎时整个监狱上空映红了，敌人的主政官惊恐中命令士卒灭火，双岗一下子变成了单岗，有的地方连单岗也没有。然而囚禁革命党人的那栋房子的外面，敌人今天不知道为什么用木板搭了一个台子，上面有四个敌人一挺机枪把守着，居高临下地将这栋囚牢的正面之门监视住了。囚牢的后面与侧面是不可能走近的，那里是无窗无门的厚墙，且墙根两头及中间各有一个岗哨，这是提防革命党人挖洞逃走而设立的。现在监狱失火，三个岗哨都在东张西望，又不敢离开。大火越来越旺，似乎要烧灭这座监狱一般，监狱四周与内外人声鼎沸。

"喂，你们只留一个人看着点，其他人快去灭火！"一个洪亮的声音出自吴兆麟的口，"快，火马上要烧到弹药库了！"

"是！"岗楼上的哨兵回答。

"前面的注意啦，快去灭火，快去！"吴兆麟边跑边命令，"快，弹药库烧炸了可不得了。"

哨兵们向燃烧的地方狂奔。

吴兆麟左右扫了一眼正要向前走，那居高临下的哨楼上一个正目大声问："你……你们是干什么的？"

"宪兵队的"，吴兆麟说着朝上一挥手，刘复基"噔噔"地朝上爬。

"不准上来！"哨兵大叫。

"你叫什么，都走了，你一个人行吗？"刘复基故意边朝上爬边大骂，"他妈的，都走了，这上面一个人看得住嘛？"

"你是什么人？"哨兵用枪对着刘复基，"下去，我不认识你！"

"今天刚刚换防，谁认识谁呀"，刘复基用手拨开他的枪，"你是怎么啦，眼睛里没有珠子了？"说着朝自己的宪兵制服一指。

哨兵还想说什么，哨楼下有人互相打起来了，只见吴兆麟与一个日知会会员互相抓着衣服："扑火，快去扑火，你他妈的躲在这里算什么事……"

刘复基不敢多思，当他扫见这个哨兵正朝下看热闹时，闪电般举起手中的剑挥过去，削掉了他的头。

"快行动！"刘复基向哨楼下正扭成一团的吴兆麟喊，"快！"

吴兆麟与另一革命党人互相对笑一下，就直奔囚禁刘静庵他们的那栋楼摸去。

"吴哥，卧倒！"刘复基在后面压低嗓门说，"快！"

几道电筒光打过来了。

"哨楼上注意点！"随着电筒光照在刘复基脸上，这个声音也传上来了。

"没事，长官！"刘复基一边用手挡住刺眼的电筒光，一边应付巡逻走过来的人。

"怎么只有你一个人，肖谦他们呢？"敌人举着电筒照住刘复基问。

"长官，他们奉命灭火去了。"刘复基继续用手挡住电筒光，"刚刚走的。"

"他妈的，没有命令谁让他们去的？"对方骂开了，"这里关的都是革命党，他们要是趁火劫狱怎么办？"说着他又道，"大狗，上去站岗，哨楼上一个人不行！"

"长官，我……我的岗……"

"上去，你啰嗦什么！"

"是！"大狗朝上面扫了眼，"噔噔"地爬上楼梯。

刘复基在哨楼上都听到了，心情异常紧张：万一出了什么事怎么办？

吴兆麟就潜伏在路边的两棵树之间，两个革命党正低声说："吴哥，我们干掉他！"

吴兆麟朝他们扫了眼："备刀！"

拿电筒的敌人是一个排长，今天新进驻监狱的，对地形并不太熟悉。看到大火熊熊燃烧时，他担心革命党人劫狱，领着两个正目出来巡查。大狗上了哨楼后，他只带一个正目向前走去，嘴里骂骂咧咧："他妈的，这火来得太怪，偏偏老子接防就烧起来了。陈建设这个狗日的，走他妈的桃花运，总算走出了这个鬼狼窝。"骂着骂着他又回头，"欧超坤，你狗日的拿电筒到各个哨位去照一照，老子解个大手"，说着将电筒递到欧超坤手中，自己一边解裤子，一边说，"快点过来，不要像三天没吃饭似的，两腿拖不动。要是叫你上妓院，你狗日的杂种比什么都跑得快。"

"马长官"，这个叫欧超坤的士兵接过电筒，"双岗只留一人是你刚才的命令，现在……"

"只要有人就行，快去！"这马排长说着朝地下一蹲，"快去！"

吴兆麟将他们的对话听清楚了，这时他命令两个士兵摸到了马排长背后，一挥手，那日知会会员已经勒住了敌人的脖子，另一个死死地扭住他的胳膊，解了他身上的枪。

马排长："你……你……"他力大如牛，翻坐起来挥拳击倒了两个日知会会员。

"嘿！"吴兆麟对着他后脑一枪托砸下去，这家伙倒下了，另一被敌打倒的日知会会员翻起来对着他的脖子插进一刀。

"快，把拿电筒的抓住，不要杀他！"吴兆麟命令。

一路战将直奔拿电筒的敌人，这家伙一边走，一边朝四周扫电筒为自己壮胆。

刘复基处决了大狗赶上来了。

"吴哥，后面有人来了！"

吴兆麟一看刘复基有些惊慌的样子，问："哪里？"

"过来的有好几个。"

"啊"，吴兆麟说，"你快去把拿电筒的抓住，要活的，我在后面盯住这路阴阳人。"

"注意，不叫的狗子最狠毒！"刘复基又对另一日知会会员说，"快，你跟上吴哥。"

"刘哥，要特别小心。"

"明白！"刘复基说着转身消失在黑暗中。

风助火势越来越旺，几乎所有的人都集中去灭火了。冯启钧呼叫着，呐喊着指挥士卒朝火里泼水。

冰云水这会儿逃到监狱外面观战，脸上冷冷地笑着。

关光夫看到艾玛在这烈火与浓烟滚滚的时刻，没有投入到灭火的行列，而是向囚禁革命党人的那栋囚室走去，他多长了个心眼，命令几个随从与他一道尾随而去。但由于监狱内杂草丛生，一会儿艾玛的身影就被黑幕遮住了。他纳闷不解：这个女人到底干什么去了呢？

艾玛走到一个转弯处发现后面有尾巴，便来了个反侦察，她利用黑夜作掩护，闪进了一条干涸的小坑道隐蔽起来。不一会儿果然关光夫的身影出现了，只听走在他前面的一个列兵说："报告长官，失去目标。"

"你他妈怎么回事儿？"关光夫扇了那列兵一耳光，"走！"

关光夫直奔囚禁革命党人的那栋牢房。

吴兆麟已经注意到了这是关光夫一行：敌人怎么知道的，谁报告了敌人？他举着手枪跟上去了。

一场紧张而又激烈的短兵相接枪战马上就要打响了。

囚禁刘静庵他们的这栋房子的一楼中间是一条长通道，两边是用砖砂建筑的囚室，两道木质门将囚室封闭着，一个比拳头还小的洞眼可以朝里观望。

刘复基与十几个革命党人来到囚室走道外。走道里挂着几盏马灯，昏沉沉的灯光下，两个狱卒正在说着什么。刘复基从黑暗中注意到，那个拿电筒的敌人朝墙外不停地扫着电筒光，但并没有向前走，从后面站起来用不大，但很有力的语气道："欧超坤，你怎么没有去灭火？"

一听对方直呼其名，拿电筒的敌兵认为是熟人，转过电筒问："你是谁？"

"啊，什么时候发了，连我都不认识啦？"刘复基迎住电筒光走了过去。

欧超坤一看对方着宪兵服装，问："你是谁？"

"马排长的二哥你忘啦？"刘复基笑着用手挡住电筒光，"嘿，把眼睛照花了。"

"你……你……"

"你不认识我？"刘复基已经与他面对面了，不等欧超坤发愣的神经转过弯，闪电般一拳击在他头上，"不准吭声，否则打死你！"

"你……你……"

"革命党，你明白吗？"刘复基用枪顶着他的头，"快帮我打开囚牢的门，放了我们的人！"

"老爷，我只是……"

"快走，不听话我首先要你的命！"另一个日知会会员喝道。

欧超坤一看十几支枪口都对着他，两腿一软站不住了，两个日知会会员立马架住他："快，听指挥！"

在囚禁革命党人的那条两边是牢房的走道里，列兵李绍松与正目李季东正吸着烟，一看走道南头出现一道电筒光，李季东恨恨地咬牙道："又来巡查来了！"

"管他的，我们又没有走，怕他什么！"李绍松说。

"要是把姓马的收拾了就好"，李季东说，"他与上面的官人八方联络，吃、唱、嫖、赌的钱都是克扣我们的钱。"

"算了，求个平静"，李绍松说，"还是等有机会我们大发一场吧。"

"天上又不会掉馅饼，怎么发财？"李季东问。

"把马排长杀了，放走这些革命党，就是银子。"

"这主意好是好"，李季东沉默了片刻说，"这倒是个办法，问题是只杀马排长一个能行吗？"

"喂，二李"，一个大嗓门叫开了，"长官巡查来了。"

"啊，欧老兄"，李季东迎上去，"外面这么大火是怎么回事？"

"快灭了"，欧超坤按刘复基的要求回答，刘复基将电筒光照住李季东。

"眼睛照花了，照花了。"李季东用手挡住眼睛时，几个革命党人已冲上去了。

"不准动！"

"你……你们是……"

"革命党！"刘复基说，"把囚室门打开，快！"

"大……大人，里面有陪囚的，钥匙在他……他们身上。"李季东回答。

刘复基一听大吃一惊！这陪囚就是每一个被囚的人，都有一个狱卒与他同居一室，被囚的人手脚都上了铐子，这是防备万一有人劫狱时，即使是打死外面的狱卒，也很难劫走被囚者。这是关光夫今天安排的，出乎刘复基的预料，但是几个人紧急商量后，还是奔向刘静庵那间囚室……

吴兆麟一看刘复基他们已经潜进囚室走道，他看到关光夫领着人也朝那里走走停停，几个家伙东张西望。突然有人在背后大吼："谁？"

"砰砰"两声枪响击破黑夜的寂静。

"谁？"

"你又是谁？"

"我！"

关光夫扭头寻声一看："艾玛，你怎么在这里？"

"外面着火了，我担心号子里出问题，就赶来了，看到几个人躲躲闪闪的，不出声，我怀疑是革命党潜进来了，就开枪报警。"艾玛说着走过来，"没事吧？"

"没……没什么……"关光夫左右扫了一眼，"奇怪，为什么今天换防，就起了大火……"

"救……救命啊……"一个沙哑的声音传过来。

"快!"关光夫惊叫,"快,囚室,囚室……"

关光夫领着人赶到囚室的走道,看见欧超坤在地上挣扎。关光夫抓起他问了个仔细后,扭头盯住艾玛:"如果今天不是你打枪,惊跑了劫狱的革命党,我就要抓几个给你看看!"

艾玛问:"怎么办?"

"快,搜!"关光夫命令。

吴兆麟与刘复基打不开囚室的门,听到枪响奔出来时,一阵弹雨迎头射过来,一位革命党人不幸胸部中弹,吴兆麟背起他对刘复基说:"快撤!"

"吴哥",在吴兆麟背上的日知会会员有气无力地说,"放……放下我,你快……快走。"

"余兄",吴兆麟拉住他的胳膊,"你为革命流了血,我吴兆麟就是还有一口气,也不能把你放在虎口!"说着拔腿就跑。

"抓住他们,抓住他……"一个哨兵大叫起来。

"江……江焦英,不要开枪,我是欧超坤……"

那叫江焦英的士兵奔过来,一看他的同乡躺在地上,问道:"是不是革命党来了?"

"是来救他们的人,他没有打死我,你也不要为难他们。"

"你……你与他们……"

"江兄,到处都是革命党了,你今天伤了他们,明天也许就碰到他们枪口上了,人要以善为贵。"欧超坤说着两手支起身子,"哎,我的右腿被流弹击中了……"

"谁?谁在那儿?"一个恶狠狠的声音传过来。

"快,长官来了!"江焦英忙道,"千万别说出……"

"千万什么,嗯?"关光夫已几步跨过来了,"是你们放走了劫狱的革命党?"

"报告长官,是他引来的革命党!"李季东在一个黑角落里讨好地回答。

浑身是血的李季东倒在血泊中,他是在与刘复基他们对射中被击伤的。他将欧超坤领着刘复基他们闯进走道的情况报告后,关光夫毫不犹豫地问:"欧先生,你是日知会会员?"

欧超坤愣愣地迎住关光夫的目光:"我……我……"

"你肯定是支持革命党人!"关光夫说着,转动枪口,"我要你……"

"关大人",列兵李绍松闪出来用身子挡住枪口,"我们都在……"

"滚开!"关光夫一把推开李绍松,对着欧超坤"砰砰"两枪。

艾玛从背后冲过来，看到欧超坤的头上鲜血直冒，问关光夫："你……你凭什么打死他？"

"他是革命党，怎么，打死他你心疼？"关光夫冷冷一笑，"艾参谋，今天的事儿没完！"

"你乱杀无辜，动摇军心。"艾玛气愤地怒视着他，"关光夫，朝廷是要拿你问罪的！"

"艾参谋官，你开枪惊跑了革命党人，我怀疑你与他们同一个鼻孔出气，内外勾结！"关光夫将枪朝枪套里一插，"走，我们今天有一说的！"

"长官，革命党被堵在三号门口了！"一个士兵奔过来报告。

"走，谁抓住或打死了都有重奖！"关光夫命令。

吴兆麟他们赶到预定的撤退地点时，一挺德造机枪"嗒嗒"地射出一串串子弹，要想从这里冲过去看来是相当困难了。吴兆麟左右扫了一眼，将背上的烈士放下来，对丁正平说："你看着点，我与复基过去看看。"

"你留在这里，我去！"

"都什么时候了，还你呀我的？"吴兆麟擦了把脸上的血水，对彭、丁二位说，"无论今天我们谁活着，都要把弟兄们带出去！"

大家听着，伏在墙角落里心情很是沉重。

"快，包围过去，包围过去，革命党在这里，革命党在这里！"一个声音在呐喊。

吴兆麟听着扭头问刘复基："你还有几发子弹？"

"三发。"

"我还有一发。"丁正平说。

"我也只有一发了。"吴兆麟的心情比谁都着急，但表面竭力平静地说，"你们俩看我的，敌机枪一停，你们就冲出去！"

"吴哥"，刘复基说，"我去！"

"我的枪法比你的准！"吴兆麟说着，向敌人哨楼后面走去。

"跟上去！"丁正平对刘复基说，"弟兄们都交给我！"

刘复基沉思了一下，提着枪悄悄地跟了上去。

自从清政府知道武昌的部队中有了革命党人在活动后，部队除站岗的哨兵有两发子弹外，其余官兵别说子弹，连各类武器都锁进仓库，由军官统一保管，而且子弹与枪的保管地方与保管人都是分开的，官兵训练也是空枪，实弹射击时官兵发的子弹打完后弹壳也要交上去。若发现私藏子弹或武器，一律处死。吴兆麟他们今天的几支枪，一共不足十发子弹，还是用重金买来的。武器是革命党人目前最需要的物资。

　　吴兆麟的手枪中只有一发子弹，赶到敌机枪哨楼下时，一个士兵正在朝枪里面压子弹，另一个士兵不知道在干什么，蹲在地上两手忙乎着。通向哨楼的木梯子中间站着一个正东张西望的敌人。哨楼里好像有不少人，乱哄哄的。而他自己枪中只有一发子弹，要硬拼只是鸡蛋碰石头。这时火快熄灭了，不少官兵向这边跑过来，地面上也是乱哄哄的。吴兆麟眉头一皱，心一横，大声道："都下来，下来，快！"

　　哨楼上的敌人不知道出了什么事，不知如何是好，吴兆麟用不耐烦的语气说："马排长叫你们下来集中，快到一号门集中！"

　　一个敌人伸出脑袋："革命党在这里，不能让他们跑了！"

　　"他们早从二号门跑了，你把我们灭火回来的人当革命党了，瞎了你的狗眼！"吴兆麟大骂，"快滚下来，贻误战机者，杀！"

　　"停止射击，快下楼到一号门集中！"一个正目命令，"只留一个人在这里监视，快！"

　　敌人是刚刚从火场赶回来爬上哨楼的，这会儿个个被大火熏得头昏脑涨的，一听说下哨楼，有一种解脱的感觉。他们一下来就朝后面的一号门跑，隐藏在一角的吴兆麟一看敌人都跑了，哨楼上只有一个哨兵，便往梯子上爬。哨楼里的敌哨以为是自己人，在里面问："谁呀，你怎么不去？"

　　"我还得拿样东西"，吴兆麟说着已经爬上了梯子，出现在哨楼口了，"不准动，否则打死你！"

　　"你……你……"

　　"革命党！"吴兆麟用枪顶着他的胸口，左手抓起他手中的机枪，伸头向外看时，敌人"咚"地一拳击在他腮帮上，并大喊："来人啦！"

　　"来了！"

　　吴兆麟定睛一看，刘复基已经提枪出现在哨楼口，"再叫，打死你！"

　　"我……我……"

　　"嘿！"刘复基举起剑要捅敌人的胸口。

　　"慢！"吴兆麟一把抓住他的手腕。

　　"为什么不杀他？"刘复基不理解地问。

　　吴兆麟拨开刘复基手中的剑，对那浑身哆嗦的敌兵说："兄弟，我们都是革命党人，是杀朝廷腐败官吏的，今天不杀你。如果你在背后打我们的黑枪，你即使活得了初一，也活不过十五，明白吗？"

　　"我……我……我方汉桥不是没良心的，只要不杀我……"

　　"不杀你，记住，有难处时，我们会来搭救你的！"

　　"大哥，你尊姓大名？"敌兵跪地问。

"革命党!"

"啊,革命党?我……"

"我们走了,你要是说话不算数,明天就找你算账,你们当中有好多我们的弟兄!"吴兆麟说完,将他的武器收缴了。

刘复基从梯子上跳下来,被追过来的关光夫发现,一排子弹呼啸着扫过来。

小 引

夜，艾玛收到一封暗语信，这排熟悉的字告诉她：革命党要从敌人的隐蔽库中劫取急需的武器。

艾玛沉思着：这是真的还是假的呢？

革命党劫狱营救日知会总干事刘静庵等后不久，老谋深算的关光夫断定，这是一次革命党人有组织、内外勾结的劫狱行动，而其中的所谓"内"，很有可能就是旗人、皇室的叛徒艾玛。但是仅凭猜测弄不好会得罪艾玛，引起荫昌大人的恼怒，反而引火烧身。他通过与艾玛似真似假的舌战，企图从中得到什么。然而在艾玛的聪明才智面前他暗藏杀机的阴谋破产了。艾玛还没有喘过气来，张之洞主管谍报的督官冰云水连夜赶来，他与艾玛叫板的目的其实是地方派与京城派两地间谍争权夺利的斗争。艾玛巧妙地与他们周旋……

回忆着这一幕幕，现在面临着真假革命党出动的境地，艾玛困惑了……

第二十章　难辨真假的革命党

吃完晚饭回到长堤街 61 号，天已经不早了。艾玛走进门刚要脱下外衣，发现房门口的地上有个信封，她愣了一下，走过去拾起一看，上面写着"艾玛收"三个字。从字迹看她明白是谁写的，拆开信封，一排熟悉的字迹出现在她眼前：

我已经到达紫阳湖友家街 44 号，恐有闪失，十一点我弟万文斌前来请你出山……

艾玛读完纸条，心里明白这是什么意思。上次劫狱的事闹得武汉三镇极其紧张。关光夫不知道为什么天天来陪她，不是吃喝，就是神侃，而且坚决要求她搬进监狱住，声称长堤街太不安全了。艾玛笑笑说："关哥，监狱目标大，你看，这次革命党人首先是放火燃烧兵营，然后冲杀进来，万一我挨了子弹，你好受？"说完送了他一个秋波。

关光夫在她热烈的情海波浪中并没有被冲昏，他理了理有些乱的思绪，又一次地顺着思路问，"艾妹"，他语气拉得很长，极具想象空间，"我们心心相印，但你从来没有主动拉过我的手啊。"

"拉手又怎么样，不拉又怎么样？"艾玛一笑，说，"听说你在外面很花心，我把你的精力留着给别的女人嘛。我这也是为你满足心理需要作出的贡献。"说着走了过去，伸出手，"摸吧，这可是我自投罗网。"

关光夫突然冷冷一笑站起来，反背着手一转话锋问："我说艾妹，今天我们不交流感情，还是交流一下那天晚上监狱起火，革命党劫狱的事，好吗？"

艾玛收回手，捧着茶杯："又有什么新的创作？"

"什么创作不创作，我又不是写戏的。"关光夫踱了两步说，"你不认为那天冰云水从冯启钧家提出装有革命党人书报的箱子，是有人送进冯启钧家后，又给冰云水打了电话，这是有人陷害吗？"

艾玛说："是不是有什么猫腻很难讲，但从冯大人家提出箱子是事实。"

关光夫两眼如同两把毒剑盯住艾玛说："这是一次有计划的行动，策划者智商很高。"

"有这种可能吗，为什么我不明白？"

"革命党首先是制造我们京城来人与地方同行的矛盾，表面看也就是冰云水与冯启钧的矛盾；其次，有人悄悄地将革命党人的东西装进那个箱子里，再通告冰云水，这样将冰云水、冯启钧、我与你全部集中到了监狱，成了手中无兵的光杆司令，又利用监狱狱卒换防的时间行动。人家这是一个系统行动方案呢。"

"有这么复杂吗？"

"事实已经证明了，还有什么怀疑的？"

"你仅仅只是想象，没有人证、物证之前，我看你还是别想多了，把精力用在别的地方吧。"

"我有人证、物证嘛，那是分分秒秒可以拿出来的。"

"既然是这样，你我升官发财就用不着再费心机了。"

"是呀"，关光夫走前一步，将右手伸出来托住艾玛的下巴，阴阴地发出奸笑，"艾妹，是你要我把你……"

"你……你什么意思？"

"你与冰云水同流合污，陷害与我精诚团结、忠于朝廷的冯启钧。你与冰云水是否私通革命党，请你早作打算为好。否则，冰大人走在前面对你更不利。"

"我有这么大的罪，你还不早把我绑起来！"

"我喜欢你，我不忍心这样做！"关光夫从嗓子眼里挤出每个字，"艾玛，你为什么总是拒绝我？"他上下紧紧地抱住艾玛，"你是属于我的，我的！"

艾玛这回没有挣扎，没有推开他，任凭他搂着，吻着之时。她突然伸出双手托住关光夫火辣辣的脸，目光盯住他："光夫哥，你真的爱我？"

"爱，而且很爱，如果有半点假，我出门遭天雷劈死！"关光夫迎住她的目光发誓。

"这么说，正因为爱，你才没有把我私通革命党的事揭发出来？"

"可以这么讲。"

"我可以正式告诉你：一，我没有私通革命党；二，我断定冯启钧有私通革命党的可能；三，四姑娘怕我与你相好了，你甩掉她，她失去了靠山，就编织谎言欺骗你。如果你自己把握不了自己，胸无大志，受一个娼妓的调遣，一个在皇室与督军府中有相当地位的女子，能相中这么一个男人吗？"艾玛说着轻轻推开他，"光夫哥，什么事都有个度，我嫁男人也是讲这个的。你为什么追我、求我，仅仅是我漂亮、有文化吗？不是，是因为荫昌大人是我的干爹，找到我就找到了靠山，就找到了升官发财的天梯。别说你巴结我，就是张大人与他左右的人谁不在讨好我，你当我不知道？"

"你……你跟宪兵队的一个姓刘的相好是事实，这可不是四姑娘作怪吧？"

关光夫说。

"对，他是日知会会员，被炮兵标统赶出来了。据查，像他这样参加日知会的在新军中有三五千人，上到队官、参谋，下到列兵，势力很大。张之洞反复讲了从宽不追究，你为什么老盯着他呢?"

"你……你与他……"

"我跟他怎么的?"艾玛说，"我打心眼里想着他，但他不动手，不动心，总是说他把我当他的亲妹妹看待，没有非分之想。他越这样，我越爱他。哪像你，一边说爱我，一边让四姑娘那个娼妇当着我的面坐在你大腿上调情，你……你这样刺激我干什么，你……"

"艾妹，我……我……"

"别说多了废话，你压根就不相信我，二百支手枪、几颗炸药今天藏这里，明天藏那里，好像我就是革命党，就是要偷这些武器去组织队伍。你……你什么时候把我当成你的爱人了?"

"艾妹，我错了!"关光夫再一次扑上去抱住艾玛，"这次将枪转移到友家街44号冯启钧的九姨太家里，是冯启钧出的点子，他说他九姨太陈晓红灵气好，保准是个好看守，又不引人注意。冯启钧派了五六个便衣在四周护着九姨太，也护着这批武器。"

艾玛麻木地任凭关光夫吻着时，觉得裤带有些松动，一把抓住他的手："关哥，什么事都得有个分寸吧?"

"艾妹，这……这也是水到渠……"

"别做梦当皇帝，尽想好事。"艾玛推开他，揪住他的耳朵，故意作出一个使关光夫神魂荡漾的浪笑。不管关光夫如何跪地求情，艾玛都没有同意，抓住他推出门外，"咚"地关上门。

关光夫走后，艾玛没有立即睡下，皎洁的月夜是那样充满神秘，她双手托着腮，站在窗台前凝视着繁星闪烁的天际，突然一股热血在浑身骚动起来，她似乎有些不能自控了，正要拉开门，听到有人走路的脚步声，关光夫还没走?她想着有些心烦，只好又拨亮灯芯草，淡黄色的火苗在闪晃着……

"咚，咚咚!"这种停一声接着连敲两下的声音，艾玛一听就明白是谁来了，心情激动地道："怎么现在来了呢?"说着拉开门，定睛一看，大吃一惊，"你……你找我?"

"艾参谋官"，来人似笑非笑，"没有想到吧?"

"冰……冰大人有什么事吗?"艾玛堵在门口，没有让他进来，"请明天到督军府说吧，今天太晚了。"

"艾参谋官，我冰云水在这武昌城大小还算个人物，深夜造访必有因果嘛。"

冰云水的语气中充满火药味儿。

艾玛上下打量了一下他后，还是不要他进来："说，有什么事？"

"听传你说我在冯启钧家里搜出一箱子革命党人的书与报纸，是我在陷害冯大人？"冰云水翻着白眼，"如果兵部尚书荫昌大人听信了，给张之洞大人带个话，我的头不搬家才怪呢！你操纵着我们这些大要饭的生死大权，怎么能信口开河呢？"

艾玛并不吃惊，既不肯定，也不否定地"咯咯"一笑："冰大人就为这件事找来的？"

"对你来说有兵部尚书这棵树把腰撑着，不算什么，但对我们来说是生死攸关。我现在不来，明天早上也许嘴就不会说话了呢！"

"这是谁对你讲的？"

"这些天外面都这么传。"

"没有证人，凭什么……"

"我就是证人！"一个声音打断艾玛的话，紧接着从冰云水背后闪出一颗又尖又小的猴头，"认识我吗，艾参谋官？"

艾玛迎住他的目光感到奇怪：这是谁呢，好眼熟……

"请这位自报家门，本人好像在哪儿见过，但记不起来尊姓大名。"艾玛说。

"日知会，你知道吗？"猴头说着做了个鬼脸，"刘哥你不认识？"

艾玛明白了。

"海道武，我们怎么在这儿相会了呢？"艾玛用目光逼住他，"听说你解甲归田了，这次回来是升官呢，还是领一份厚奖？"

"我海道武的升迁，还不是艾参谋官一句话"，海道武也开始牛起来了，"想当初你与刘哥相好，女扮男装参加我们日知会开会，也跟我们一块儿痛哭流涕。今天我总算明白艾参谋官胆识过人，真所谓女中豪杰也。"

"海先生……"

"我听冯大人的副官王家时说，你认为这次是冰大人设的圈套，先请人将革命党人的宣传品悄悄运进冯大人家的箱子中装起来，然后亲自带人去搜出来，达到陷害冯大人的目的，将他置于死地，打入大牢。这样冰大人头上就轻松了，湖北谍报大权就是冰大人一张嘴了，将来关光夫大人与艾参谋官一走，冰大人又是一手遮天，况且又有张之洞大人撑腰，谁也奈何不了他。"

"好一个英雄汉子！"艾玛上前拍着海道武又尖又瘦的头，"别看你长得像猴，灵气比猴还猴呢。"说着她转过脸，"冰主督官，从现在起，海老弟就是我的副官，明天我向京城发报，必获准正！"

受宠若惊的海道武没有料到突然出现这么好的事儿，艾玛现在这么一任命，他一下子就成了清王朝在湖北的特派员，是个见官高三等的美差，这帽子是他望尘莫及的，怎么一下子落到了他头上呢？嘿，这人什么时候走运，什么时候倒霉，只有天知道，要你发，洪水都挡不住……

"冰主督官没有什么意见吧？"艾玛一脸笑意，"关光夫也许将调高丽任职，湖北由我负责。我单枪匹马总得有个帮手，到时候我向兵部提出建议，冰大人才智过人，只要张之洞大人首肯，冰大人在兵部的发展不可限量也！"

冰云水一听心中大喜，刚才那种阴阳怪气的神态烟消云散了，一时也不知道怎么样回答为好。海道武在这巨大的诱惑下有些沉不住气了，对冰云水说："大人，我先走一步，为你也探探路嘛。"

"那倒也是"，冰云水说，脸上一下子笑开了花，"我说艾参谋官，你是皇府来的大人物，刚才我冰某有些失礼，请大人不计小人过。"

"上下牙打架的事，谁还把它当回事，今后多合作，没有我们办不了的事。"艾玛说着向后一退，"请进来吧。"

"今晚就不打搅了"，冰云水说，"不过艾参谋官，这冯启钧仗着关光夫大人这块牌子，把我们压得抬不起头，他的事如果关大人睁只眼，闭只眼的话，由我们出面摆平怎么样？"

"关大人也好，冯大人也罢，你、我也好，都是为朝廷，拿朝廷俸禄，本应为朝廷尽职。我们之间的矛盾还是以和为贵，以善为贵，不必伤了和气。"艾玛十二万分平静地说着。

"好，有些事就拜托艾参谋官了！"冰云水抱拳下单腿跪拜。

"快起来，别这么客气。"艾玛扶起他，"天不早了，各位还是早点回去休息。"

"是！"冰云水因想着巴结上了艾玛，不日将进皇朝主事，心情格外激动。

"请海兄留一下"，艾玛见他们起身告辞，笑着对冰云水又说，"我与这位海兄有事相商。"

"好好好"，冰云水求之不得，扭头对海道武说，"从现在起，你就是兵部尚书大人派往湖北督军府特派员的听差了，大小事儿侍候好艾参谋官，明白吗？"

"明白，请冰大人先回，本人刚刚上任，有事儿与艾参谋研究。"海道武刚才那种对冰云水讨好的神气烟消云散，神情异常激昂地扫视众人，好似他能主宰各位的命运一般。

"有些事儿悠着点，别忘了你他妈是我一手拉扯上来的，这个机会也是我给的。"冰云水贴着他耳门教训着说。

"请冰大人放心，我就是坐了皇位，您也比我高三分！"海道武说着扫了一眼左右，"我先摸摸这小娘儿们的底。"

"对，这才是正事儿。"冰云水一乐，又扯起嗓门对艾玛说，"我都跟海老弟交代了，听艾高参调遣，若有不忠的事我来收拾他。"

"对!"海道武应和。

艾玛笑了笑。

海道武等冰云水他们一走，就急不可待地扭头望着艾玛讨好地只是笑。艾玛虽不是情场老手，但明白一个男人面对一个漂亮女人的心绪，便小声说："海兄，请里面坐吧。"

海道武一跨进房，艾玛劈头就问："道武兄，你知道我为什么决定让你跟着我当差吗?"

海道武听着丈二和尚摸不着头脑了，两眼直直地盯住艾玛大气不敢出。

"你明知道我是从皇城来的，胆敢在我面前作伪证，我看中你的胆大、腰粗!"艾玛说着眼珠转了转又道，"明天，我奖你两根金条。"

"艾高参"，海道武一下子矮了三截，"你的眼力我佩服，佩服得五体投地。确实，我是作了伪证。"

艾玛仍然笑着："你喜欢北京城吗?"

"喜欢，非常喜欢。对北京城已向往许久。"

"在皇城做官处处都要紧口慎言，你可知道?"

"对对对，请艾高参放心，见什么人说什么话，我海道武很会来事儿。冰大人让我说假话，作伪证陷害你。作为下属，他叫我怎么做，我就怎么做，绝对忠于主子。理所当然，跟了艾高参我也会百分之二百忠于您。"

艾玛听着海道武的见风使舵，心里想笑，但没有在脸上表露出来："海兄，在京城当差处于皇城脚下，发大财的不多，真正讲实惠是在各省、县，山高皇帝远，一个知县的财物银两，不比京城的某一个大臣少。"

"这我听说过，要发财当知县，想耀祖在皇城当条狗。"海道武说着一笑，"真的，我们这里都这么说。"

"其实，我也很烦"，艾玛一脸伤感，两手不停地揉眼睛，"给……给我毛巾……"

"是是是!"海道武乐滋滋扭身去拿毛巾。

艾玛用眼角斜扫着他的身影。

"来，我……我帮你擦。"海道武拿着毛巾讨好着艾玛。

艾玛伸手抓住他伸过来的毛巾，一本正经地问："海兄，听说你在乡下有个老婆?"

"有是有，但一年见不了几次面"，海道武回答说，"再说这段婚姻是父母之命，媒妁之言，相互之间没什么感情。"

"听说你与四姑娘还有些交情?"

"啊,你是指洪昌旅馆的那个扬州妓女?"

"嘿,何必把话说得这么难听呢?"艾玛忙说,"人家也是被生活所迫嘛。"

"艾高参",海道武拉长语气,"这你就不知道了,这个女人识权认钱,其他的在她眼里全是狗屁。"

"啊,这话怎么讲?"

"她明知道冯启钧与冰云水水火不相容,仍然与他们俩相好,这不是识权吗?"海道武说着摇了摇头,"像我,三天两头去,只要朝她两大腿之间塞把钱,她马上笑逐颜开,把你搂在怀里想怎么折腾都行,这不是认钱?"

"这也难怪,男人求生存难,女人更难!"艾玛说着话锋一转,"听说她与日知会的人有些交往?"

"日知会总干事刘静庵刚被捕时,冯、冰二位大人都希望她提供更多革命党人线索,没想到张之洞大人不让再抓了,她才收手。"

"听说她现在与冯启钧关系密切,对冰云水只是表面应付,你知道这是为什么吗?"

"我知道一些",海道武说,"冰大人跟她在床上云雨一番后,说出他私自订购了二十挺捷克式手提轻机枪藏在三姨太向桂芸家的后院地洞中,没过五天这些枪就被盗了。冰大人不敢声张,又拿不出证据是她漏的嘴,再说她又有关光夫作后台,冰大人是哑巴吃黄连不敢动她。别看她只是个妓女,她能把督军府上下官员都搞定了。这个女人用好了的话,就不得了啦。"

艾玛听着沉默了一会儿问:"冰大人手中有的是队伍,他藏枪做什么?"

"听他三姨太向桂芸讲,这是冰大人为自己留的后路。"

"什么后路?"

"听说张之洞大人福体欠安,现在是一代皇帝一朝臣,万一张之洞仙逝,冰大人就会被他的政敌赶下台,到时候他日月无辉,只好回老家湖南常德组织队伍,占一方地盘为王了。就是混进革命党中,有这些武器也可以弄个营长什么的当当,这年头手无寸铁是混不出人样儿的。"

"啊,是这样。"艾玛说,"你若不投靠我,将来冰大人失意了,你走哪条路?"

"跟冯大人混饭吃!"

"冯启钧,他收你吗?"

"肯定会收!"

"你拿什么让冯大人相信你?"

"当然有硬功夫呀",海道武一脸狡黠,"他冯大人要是背叛我,我说一句

话，他的头掉了还不知道是怎么掉的呢？"

"你有这么大的本事？"艾玛将右手搭在他肩头，顿时海道武浑身酥酥的，两腿发软。

"艾……艾……"

"怎么，你不相信我？"艾玛收回手叠叉在胸前，笑盈盈地问。

"艾……艾……"海道武性欲冲动得不能自持了，一下子扑到艾玛怀中，抱住艾玛不停地发出哀鸣。

艾玛并没有立即推开他，反而双手托住他因激动而涨红的脸，两眼直直地盯住他说："你跟冯启钧真的很铁？"

"对，我骗你，我妈都是你生的！"

"说正经事呢，别把你妈也搭上了。"艾玛仍然微笑着说，"你是怎么样把姓冯的绑上你的战马的？"

"四姑娘把冰大人的那二十挺机枪的事漏给我，我告诉了冯大人，冯大人弄了冰大人的三姨太，又悄悄偷走了那二十挺机枪。"

"我的天呀"，艾玛的手从他脸上滑开，"四姑娘为什么向你……"

"钱，还不是为了钱？她张了张口就捞了一笔！"

"为了钱她这些事也敢讲？"

"人为财死，鸟为食亡嘛。"海道武说。

"我的妈呀，你们做了这么大的一笔交易，怪不得你要投靠我离开武昌呢，万一漏半点风，冰云水拿你的头只是眨下眼皮的事。"艾玛说，"你知道冯启钧把枪藏在了哪里？"

"不知道。不过四姑娘好像又要做一大笔买卖，是不是她知道，又要我卖给革命党人，听说革命党人到处花大价钱买武器。"海道武说，"这个发财的机会是不能错过的。"

"你是说四姑娘想通过你，把冯大人偷去的二十挺机枪卖掉？"

"对，她收通风报信费，这叫借船过河。"

"她不是很有钱吗？"

"她那姿色慢慢不吃香了，她要再不找发财的门路，过几年人老珠黄，财路就断了……"

"我问你"，艾玛打断他的话，"四姑娘真的知道机枪存放的地方？"

"我听说那些枪与关大人私存的武器藏在一块儿"，海道武说，"四姑娘说关光夫的心很野，他想通过冯大人组织一支他亲自指挥的暗杀队，不但暗杀革命党人，而且还要处死胆敢与他作对的人。"

"海老兄，人们常说祸从口出，这话你可千万……"

"除了你，我谁都不会讲的！"海道武忙说。

"这就对了"，艾玛轻轻地推开他，"今后我俩多多通气，这做官与做买卖一样，只要大家一条心就会一路顺风！"

"对"，海道武说，"你看我什么时候能跟着你到京城当差呢？"

"什么时候收拾完了武昌的革命党，就是你到京城当差之时。你不要急，心急吃不了热汤圆。"

"不是急不急的问题"，海道武说，"我脚踏两只船，两边讨好，有点闪失，得罪一方，他们是杀人不眨眼的。"

"这你就不必担心了，凡是在我手下当差的谁敢动半根毫毛？我是干什么的谁能不知道，又有谁敢得罪我？动我，就是动荫昌大人，连张之洞见了我都礼让三分，你又不是不知道。"

"知道归知道，他们不敢对你怎么的，但会对我们采取暗杀。"海道武叹口气，"当初荫昌大人的特使林颜春死在两个妓女怀里，就是冰大人与冯大人合伙干的！"

艾玛知道，1894年孙中山在美国檀香山组织兴中会，其宗旨是推翻清政府，建立民主共和国，并派一位叫赵明爽的革命党人来武昌宣传。朝廷侦知后立派林颜春来湖北新军中摸底，这一摸没有找到革命党人，反而摸出冰、冯两人联手向革命党人盗卖汉阳兵工厂的武器之事，并立报张之洞。张之洞一看自己手下人干了这种事，只在嘴上批评了一下，继续让他们任原职。林颜春不服气向荫昌报告，张之洞命令冰、冯先下手为强，联手处决了林颜春。虽然荫昌大人有所察觉，但奈何不了张之洞在湖北的实力，这件事儿也就暂放一边，没想到这海道武知道其中原由，这倒出乎艾玛的预料。她默默地思虑一会儿后，问："如果我们搞到了这二十挺机枪，你有办法卖个好价钱，又能不让别人知道是我们卖的吗？"

"能！"

"怎么办呢？"

"通过四姑娘搞到藏枪的地方，盗到枪后杀死四姑娘封口！"

"这倒是个办法，但太残忍了点。"

"无毒不丈夫嘛！"

"我说道武兄"，艾玛给他上起了课，"这人嘛，生活方式不一样，有的想做官，有的想发财，有的想做学问，有的嘛，我也说不清楚。但有一点可以认定，四姑娘是为了发财。只要她与你协调成功，多给点钱不就得了，何必要别人一条命呢？"

"我说艾高参"，海道武开始较劲了，"善良的人不能做官，不能做商人。我与四姑娘之间就是买卖关系，其他事你就放心，我会圆着点干，保你不会有什

么事。"

"我只告诉你，不是与我为敌者，不得开杀戒！"艾玛说着朝床上一坐。

海道武一看，一脸酸笑地朝她面前一跪："艾高参，看在我吐真言的分上，给我一次……"

"道武兄"，艾玛上前双手扶住他，"今天我身子不舒服，再说来日方长，快起来，我们认真研究一下那批武器的事。将来大功告成，说不定你还成了大人物，我想巴结还巴结不上呢。"

海道武拉着艾玛的手愣愣地望着她，一时不知道说什么好……

小 引

　　随着斗争的深入，革命党急需一批武器。关光夫通过各方途径调查后，认定艾玛私通革命党。吴兆麟侦知关光夫与冯启钧的阴谋后，连夜制定战略战术，并分头行动，革命党人的生死胜败也处于刀尖上……

　　在妓院，这个复杂而又臭气熏天的信息中心，四姑娘在地方派、京城派之间左右周旋。麻脸狼在四姑娘身上倾注银子，海道武巴结这个女人寻找信息传递给艾玛，关光夫虽然与新来的九姑娘形影不离，但他想到冰云水与四姑娘在床上无话不谈……

　　一幕幕的戏都由吴兆麟导演，一个个的镜头中出现刘复基的身影。明争与暗斗，女人与男人，交织出一曲混合之音，揭示着首义之前的政治、军事斗争的残酷性……

第二十一章　复杂的"信息中心"

　　正当艾玛困惑不知如何是好时，一阵轻快的脚步声传进她耳门，她本能地后退一步，紧接着有人轻轻地连击三下门停了下来，又接着连敲三下。按照约定好的暗语，她知道谁来了，顿时脸上浮出往日的微笑，跨前几步赶到门口拉开门："刘哥！"她惊喜地叫着，一下子扑上去，紧紧地搂着他。

　　刘复基没有过于激动，他朝后望了望，闪进屋反手将门关上，背靠着门双手扶起她问："艾妹，你收到过一封信吗？"

　　"你写的，我收到了！"艾玛将头埋在他胸前说，"关光夫的枪在友家巷44号……"

　　"那封信是关光夫指挥人模仿我的字迹写的，你上当了！"刘复基双手托住她的脸蛋，"艾妹，关光夫他……他对你……"

　　原来，自从革命党劫狱营救刘静庵等失败后，关光夫从种种疑点中断定艾玛与革命党有私通，并暗助革命党，那天晚上便有意放出风说武器藏在友家巷44号，看看艾玛会不会向革命党通风报信，但多少天过去了并没有发现革命党人去劫枪。为了引蛇出洞，他今天与冯启钧共同密谋，模仿刘复基的字迹写了那封信，看看艾、刘之间是不是勾结起来劫取武器，若是抓住了把柄再通报荫昌大人，她艾玛不死也会被囚禁，最少也是调离武昌，到那时他关光夫一手遮天，将来张之洞仙逝，说不定这湖北总督的位置就是他关某的了。他已经听说了张之洞由于病情加剧，时日不多了。

　　关光夫的计划出笼后，从各部队抽调心腹组织敢死队，在督军府卫队中选了一个与冯启钧割头换脑袋的排长赵曾采，外号麻脸狼。卫队长陆河中是日知会会员，与吴兆麟是一条战线的，一看麻脸狼擦枪磨刀，不等问明情况，麻脸狼板着脸对陆河中说："队官，快给我配子弹五十发！"

　　由于有冯启钧这个拜把大哥作后盾，又三天两头地朝关光夫处跑，麻脸狼早就不把队官陆河中看在眼里了。根据军中的规定，队官是掌握武器的，麻脸狼一下子要五十发子弹，众官兵中是没有先例的。陆河中没有马上拒绝他，而是放出一个侦探的气球道："一排长，你上有关大人撑腰，下有冯大人扶腿，我一个小小队官不在你眼里。但本人是朝廷命官，拿了朝廷的银子必须向朝廷负责，你今

天晚上要这么多子弹，有什么用处？不讲清楚我不好交差呀。"

"陆哥"，麻脸狼一脸得意，"我升官发财就看今天了，到时候我真发了，再来拉你一把，保准你比现在这个破队官神气。"

"是吗，你今天到底要干什么？"陆河中问。

"伪装成革命党抢武器，把隐蔽在督军府中的革命党引出来，这叫引蛇出洞。关大人亲自定的大计！"

"啊，我是督军府的卫队官，怎么没有听到一点音？"

"捉间谍都是悄悄地杀，怎么会大张旗鼓呢？凭你这颗笨头，就升不了标统！"麻脸狼说着刁狡地一笑，"快配我五十发子弹，我成功之时，也是你升官之日。"

"你到底……"

"不瞒你了，关大人怀疑艾玛跟日知会成员刘复基私通，今夜要分红黑。"

"不对呀，艾玛是荫昌大臣派来的，与关光夫背负同样的使命，她怎么会反朝廷呢？"

"她在外国喝多了洋水，讲的话都很新，关光夫说她在海外参加过孙大炮（指孙中山）的兴中会，就是因为这个荫昌大人才把她从海外弄回来的。现在她同情、支持革命党搞什么立宪，建立共和，又与革命党是干柴遇到烈火，一接上就燃，是个危险分子！"

"好吧，既然是这样，我给你配五十发子弹好了。"陆河中说着进内室去拿子弹。

拿到五十发子弹的麻脸狼转身走了。陆河中也不敢慢半步，飞快地赶到吴兆麟处，找到吴兆麟，将情况如实地作了汇报。

吴兆麟面对突如其来的变故，将刘复基等十几个革命党人找到一块儿。大家交流了情况后，他一字一顿地道："弟兄们"，他说着环扫众人的脸色，注意到有人手里抓着枪，"谷牛五，请你站起来。"

炮兵标统的排长谷牛五急忙从人群中站了起来："队官，你下命令，我杀进敌人营地，连督军一并杀了！"

"有谁愿跟着谷排长上的，请站起来！"吴兆麟问众人。

"我！"

"我！"

"我也去！"

……

七八个人立马站起来，目光非常坚定。吴兆麟看着这些充满斗志的同胞，又问："还有没有？"

下面没有人回答。

"刘复基,你为什么不跟着去?"

刘复基默默地用目光与众人交流。

"他怕死!"一个正目愤愤地道,"人总是要死的,不如干点惊天动地的事再死!"

"复基兄,把心里话讲出来!"吴兆麟说。

"还是请兆麟兄讲一些道理为好。"刘复基说,"彭楚藩、杨洪胜、丁正平三位兄弟,请说话嘛。"

"我看还是请队官兆麟兄先讲讲,是杀进督军府好,还是另外有什么高见?"

"对,我赞成。"杨洪胜说。

"我同意,这么大的事还是智攻为主。"丁正平说。

"你……你们都给我滚,怕死鬼滚出去!"谷牛五一手握枪,一手抓住一把长剑,冲到刘复基跟前,"你是不是活得有些不耐烦啦?"

"什么意思?"彭楚藩、杨洪胜与丁正平呼地围过来,"有话好好说,自己的同志还动什么刀枪呢?"

"你!"谷牛五用枪顶住彭楚藩的胸口,"怕死还当什么革命党?"

"你开枪,开枪,我怕死就不来当革命党了!"彭楚藩坦然地面对枪口,"谷排长,我知道你做的朝廷的官,干的革命党人的事,我彭某人佩服你的胆气!"

谷牛五被说得心里像抹了二两猪油般舒服。是的,从乡下种地到新军中握枪,凭着力大无比与有正义感,被晋升到排长,与刘复基他们结下了生死兄弟之谊。今天,面对关光夫他们密谋屠杀隐蔽在新军中的革命党人,他恨不得冲进督军府杀死仇人。

"弟兄们",吴兆麟做了个请各位安静的手势,"我想将情况简单地与众位通通气。"

大家马上安静下来,一双双瞪大的眼睛盯住队官吴兆麟。

"清政府的谍报官艾玛,救过刘复基的命,在我们劫狱的那天晚上,若没有她的暗中相助,可能我们的头早就搬家了!"

人们静静地倾听这位有文化的队官讲的每一个字。

"现在,关光夫用计谋企图谋杀艾玛,我们要巧妙地利用这一阴谋,让敌人互相残杀!"吴兆麟扯高嗓门,"我们已经侦察到,冰云水这个家伙私藏了二十挺机枪,被冯启钧盗走了,我们应该利用这一矛盾。"

"要是我们能把他们那二十挺机枪搞到手多好!"谷牛五一拍桌子,激动地站起来,"吴哥,这二十挺机枪在什么地方?我们应快想办法乘机搞到手!"

"我已经制定了一个既能干掉关光夫组织的假革命党敢死队,又能摸清武器

存放点的虚实，同时又可利用冰云水的人消灭关光夫的假革命党的计划，请各位听刘复基报告一下作战部署。"

人们一下都围过来了。刘复基将吴兆麟制定的战略战术简捷地向各位报告后，对丁正平说："正平兄，你指挥弟兄们隐蔽在紫阳湖的破庙里，没有兆麟兄的命令，不得有响动。我与洪胜兄等潜伏在友家巷44号冯启钧的姨太太后面的院子外，既能接应你们，又能让冯启钧守枪的人出来支援破庙跟前的血战，这样我们可以乘虚而入，杀进冯启钧姨太太家，有武器，我们扛起就走，没有武器也能摸摸敌人的底细。"

"好！"众人异口同声。

"各位"，吴兆麟环扫了众人一眼，"一，我们不能有伤亡，若有首先扛起伤员撤出来，不能落在敌人手里；二，我们集中力量打击伪装革命党的家伙，绝对不能伤害了艾玛参谋；三，我们是利用冰云水的人消灭关光夫的人，具体方案，复基兄会告诉你们的。我再说一次，谁违反作战命令，纪律处分！"

"服从吴哥命令！"众人单腿跪地，一手支在地上，一手握拳高高举起回答，情绪激昂。

"听吴哥指挥，大吉大利！"有人兴奋地道。

众人各自准备，吴兆麟将刘复基叫到跟前："你马上去艾玛那里，争取能让海道武听我们指挥……"

刘复基听着点点头，一拍大腿："好，让麻脸狼与海道武在紫阳湖一比高低。这一计妙，妙极了！"

"复基"，吴兆麟拍着他的后背，"胆大心细，遇事不慌，以智取胜，乃大将军也！"

"兆麟哥，我听你的！"刘复基忙道。

现在，刘复基按照吴兆麟的战略战术，将具体实施方案告诉艾玛后，艾玛没有立即行动，她将脸紧紧地贴在刘复基的胸口，两手搂着他粗壮结实的脖子，无限深情地道："刘哥，推翻帝制，建立共和，中国应该学习西方的先进科学，知识强国，这也是我出洋留学、寻求报国的目的。现在与你们革命党人认识，与我在日本认识的革命党人是一样的。如果你认为我与你们一样，你也介绍我加入文学社吧……"

"艾妹，现在时间很紧，你马上去找海道武吧，不然今天夜里的计划要落空了。"刘复基打断她的话，"我们已经摸清楚了，海道武正在四姑娘那里。"

艾玛点点头，刘复基两眼凝视着她……

四姑娘与海道武如胶般地黏在一块儿激情风浪，电闪雷鸣。突然海道武从她身上翻起坐在她两条大腿上，似笑非笑地说："今夜你就再作一回奉献了。"

四姑娘一听，满身火苗窜动，一跃翻坐起来，双手拢了拢有些蓬乱的头发，一把将海道武推倒在床上，愤愤地道："姓海的，你已经是第几次白吃了，没有银子白白地让你要？今天，我不能放过你了！"

"四姑娘"，海道武没有被激怒，两眼充满倦意地迎住她喷火般的目光，"你今天巴结冰云水，明天巴结冯启钧，关光夫来了你又忙乎着巴结皇城要员，为什么就不识货，拍拍马上就要成为军务大臣荫昌的副官的海道武呢？"

"撒泡尿照照，你有那个福分？"四姑娘一把揪住他耳朵，"别他妈又上到皇帝，下到张之洞你都认识，神吹骗我了。银子，拿银子来，不然我叫人传冯启钧的人过来，剥你的皮，把你那根露在外面的小和尚割了！"

"什么？"海道武一把抓住她的手腕，狠狠地一拧，"你他妈的就认识一个冯启钧，他算什么王八蛋？"

"你别忘了，他背后是关光夫，关光夫后面是皇上。你惹不起，也躲不起！"四姑娘母狼般咆哮，"今天你不给银子，老娘非让冯启钧的人收拾你！"

"你说，你想怎么收拾？"

"打断你的腿，割了你的那玩意儿，叫你做不成男人。"

"还有呢？"

"把你背上捆块石头沉进江底！"

"一个臭婊子，竟敢如此狂言，无非是有关光夫为你撑腰。"海道武将满腹的气愤从牙缝中挤出来，"告诉你，关光夫算什么货色，老子的靠山是艾玛，艾玛的干爹是荫昌大臣，听明白没有？"

"艾玛要你？"四姑娘也从牙缝中挤出几个字，"什么货？"

"本老爷现在就在艾玛手下当差，不信，我有一天非收拾冯启钧，打狗给主人看看。他关光夫又怎么样，海道武是艾高参的当差！"

"哟，这回你又跟错人啦！"四姑娘一拍他的屁股，"关光夫正在找艾玛通革命党的证据，有了把柄，告到荫昌那里，她就会成阶下囚。这年头有天大的本事，跟错了人也照样完蛋。"

海道武一听吃惊地愣了一下："艾高参私通革命党？"

"你真不知道？"

"头一次听说"，四姑娘搂着海道武，"听你妈的话，今后飞黄腾达是有机会的。"四姑娘平时总跟海道武说她是他小妈。

海道武两手抚摸着她的前胸后背："宝贝，这话当真？"

"关光夫说，被炮兵标统赶出来后，又进了宪兵营的日知会会员刘复基，一

直与艾玛有些交往。艾玛吃了这个男人的迷魂药，十有八九跟他搅和在一块儿了。"四姑娘一板一眼地说。

"把姓刘的抓起来，不就得了？"海道武一挥胳膊，"说得简单，日知会会员在武昌新军中有几千人，你能抓吗？这叫法不治众。再说张之洞大人不准许追究他们，连日知会总干事刘静庵都不杀，还有什么可说的呢？"四姑娘用手指点着他的鼻子，"你呀，我看你有这颗笨得比猪都不如的头，就只能当个跑腿的。"

"把姓刘的暗杀了，艾玛通向革命党的线不就断了？"海道武继续说，"这关大人太善良了，善人不能做官，要做官必有几点：一是心狠，二是手毒，三是贪财贪色，四是……"

"别他妈的神侃"，四姑娘一边穿衣服，一边下床，"关大人心计特多，这姓刘的不能杀，也不能抓！"

"为什么？"海道武不解地问，也开始穿衣服，"不杀革命党，杀你呀？妙，妙了，这官场没事干斗得更厉害。"

"留着他，可以摸清革命党的底细，到时候一网打尽，这叫放长线钓大鱼，明白吗？"四姑娘白了他一眼，"你呀，在官场玩，还要学着点。这年头，在官场不胜不败者数张之洞。对上，有利的忙应和着；对下，能压的就压，压不住就软。你看人家关光夫，对上很会讨好，对下，能压就压，压不住就收买。"

"这你就错了"，海道武一拍她的屁股，"除了皇上，荫昌是军政中的最大老板，而艾玛是他的干女儿，贴上她准没错！跟最大的老板搓反绳，是没有好下场的。我劝你跟着我跑，不要当婊子了，这行头太没脸面了。"

"怎么没脸面？再大的官都低着头在老娘屁股上舔。你们这些王八蛋，当然关光夫也不例外，哪个不是这种德性？连皇帝都拜倒在李师师脚下了嘛！"四姑娘表白完妓女的地位后，突然问，"你跟艾玛上过床吗？"

"这事儿你就别管了，人家比你……"

"咚咚咚"，外面有人敲门，"四姑娘，外面有人找海先生。"

"谁呀？"海道武忙问，"男的，女的？"

"是一个宪兵，说艾高参叫你马上去。"

"别去！"四姑娘搂住海道武的脖子，"这小娘儿们深更半夜找男人，怎么不找那姓刘的……"

"这就是本老爷的本事"，海道武一字一顿，"你他妈还要银子，人家比你靓一百倍的都求我来了。"

"看把你美的"，四姑娘在他脸上狠狠吻了一下，"你跟这个女人交往要多留个心眼儿，问问她跟日知会有什么交往。你真要把日知会这条线拉起来了，在关光夫这边也立功，将来两头受益，银子就堆满屋啦！"

"你……你要我……"

"快去，把革命党的底细摸一摸没错，关大人也好，艾高参也好，都是讨好荫昌大臣嘛。"四姑娘说着一推他，"去吧，什么事都悠着点，保重身体，做这种事接着上不休息，最坏身子骨。"

"别他妈尽想那些事！"

"怎么的，她这么晚叫人来找你，不就是想快活快活？"

"我跟她从来没乐过，今夜找我肯定是有大事。"海道武说着拉开门，"我走了。"

"滚吧，多长个心眼儿。"四姑娘叮嘱着，右手拿起茶杯，探头朝外叫，"小花，刚才找海先生的那宪兵长什么样儿？"

"大个儿，说完就走了，没看清。"

"冯大人，冯启钧还在八姑娘那儿混吗？"

"今晚没来。"小花回答。

"有人找我，就说我不舒服睡了，今晚我不接客。"四姑娘说着将门关上，但马上又开门探出头，"小花，要是关大人来了，就请他进来，这死东西一天都离不开我。"

"好咧"，小花应和着，站在走道的灯光下，继续给各个房间接客的妓女通风报信。

四姑娘一屁股沉在木质椅子上，寻思着关光夫交给她打探革命党的信息的途径之时，小花又报信了："四姑娘，昨天来过的那个外号叫麻脸狼的求见你。"

"他……他又来干什么，跟他说我不舒服。"

"他是还昨天欠你的银子来的。"

一听说是送银子来了，四姑娘的屁股上如同安了弹簧般跳了起来："叫他把东西放在你手里。"

"他说要亲手交给你。"

"四姑娘，我是守信的！"门外麻脸狼的声音传进来了。

原来昨天晚上，麻脸狼找四姑娘，事完后拍了拍屁股想走，四姑娘拉住他的衣领："银子，银子呢？"

麻脸狼一把推开她，冷冷一笑道："我说四姑娘，你在武昌城里是香十里的金银花，关大人、冯大人、冰大人等名流都与你有一手。本人今天来要你，就是要告诉我所有的朋友，关大人有什么了不得的，他玩弄过的女人我照样压在她上面。这钱嘛，明天我保准送来，决不食言。"说完拉开门走了。

麻脸狼真的不食言把银子送来了。四姑娘一把拉开门让他进来，他头正好撞在四姑娘丰满而又有弹性的胸部，他也趁机捏了她一把。不等四姑娘反应过来，

他就咧开嘴露出满口黄牙，满脸堆笑道："怎么样，我麻脸狼讲信誉吧，说什么时候送来就什么时候送来。"说着将一包银子"啪"地甩在桌子上，"点点看少没少。"

见钱眼开的四姑娘扭动着水蛇般的腰，伸手打开红布一看，脸上马上像春天，充满阳光和热情："哟，我的麻脸哥，昨天还是穷光蛋，今天怎么一下就发啦？"

"这算什么"，麻脸狼一步跨过去，双手托住她的脸，"这只是小小的定金，事成之后我拿到全部金条，就带着你远走高飞，免得你像一匹马一样，今天这个骑，明天那个骑，将来就是我包骑了。"

"麻哥"，四姑娘两手搭在他肩头，"你告诉我，这钱是不是抢来的？现在武昌城闹腾得凶，你今天抢了别人的，总有一天有人会打你的黑枪，那时小命都难保。"

"小娘子"，麻脸狼亲了她一口，"关大人、冯大人给了我一笔大买卖，事成之后荣华富贵享不尽，我他妈就不用再担惊受怕过日子了。"

"是什么事，你快点讲嘛。"

"我今夜带一帮弟兄，冒充革命党去抢枪，骗骗艾玛，看看她有什么反应，只要引蛇出洞，抓到一批真正的革命党我就发了！"

"啊，这要怎么做呢？"

"关大人与冯大人设计阴谋，模仿刘复基的笔迹给艾玛写了封信"，麻脸狼一字一顿，"说友家巷44号有武器。我伪装成革命党，请她一同去干。只要她一去，就证明她是革命党，我在途中把她捆到荫昌大臣处，立有这么大的功不做官发财才怪！什么生意也没有这种生意来钱快！"

"这么大的事我怎么没听关大人与冯大人说起呢？"四姑娘反问麻脸狼，"他们一般在床上跟我做那种事，都会漏嘴的。"

"我说四姑娘，哪个男人不喜欢年轻貌美的女人，我听说新来的九姑娘菜花，成天被关大人与冯大人轮番搂着，你不觉得这些天你有些清闲？"

"我闲什么，老娘都应付不过来呢！"四姑娘开始叫板了，"九姑娘菜花是比我小几岁，那有什么？这年头光是年轻又有什么用？还要有功夫。功夫，你懂不懂？"

"得了得了，我不跟你较劲"，麻脸狼从怀里摸出怀表看了看，"离行动时间还早，我俩……"说着他伸手拉四姑娘。

四姑娘一把推开他，问："你认识海道武吗？"

"认识，他过去是冰云水手下当差的，现在跟艾高参当差"，麻脸狼说，"你俩有交往我知道，干你们这一行不就是认钱嘛？"

"他跟你有交往吗?"

"他仗着艾高参向关大人叫板,这小子傲气着呢,听说还跟艾高参上床,功夫很好,深得艾高参信任。他投对了主子,升官发财,还有美女相陪,他妈的,样样好事他都占绝了!他要是会把握艾高参,说不定就是荫昌大臣的副官,那个时候人家飞黄腾达了,你再去巴结就来不及了。"

"你仗着关大人也行嘛。"

"差点,这年头美女好办事。"说着搂着四姑娘倒在床上……

小 引

　　吴兆麟经过紧急策划，将计就计，赶到紫阳湖破庙四周潜伏，等待刘复基发出攻击命令。在友家巷44号狼窝中，关光夫与冯启钧都在用女人调剂生活中的空虚。但关光夫并非一味玩弄女人，他利用与冯启钧的五姨太同床共枕的机会，探明了这个女人周旋在政要之中，了解到很多他无法侦知的情报，同时他也从她口里知道，冯启钧并非一心一意投靠他，仅仅只是利用他。由于艾玛的政坛潜力很大，一个劲巴结、讨好艾玛，叛变关光夫的计划正在紧锣密鼓中进行。

　　玩政治与玩金钱有共性也有异性。关光夫性欲与情报双丰收后，门被人一脚踹开了……

第二十二章　谍　战

夜，伸手不见五指。吴兆麟率领一路战将潜伏在紫阳湖东门左侧的破庙里，丁正平一见吴兆麟不停地擦额头上的汗，小声问："吴哥，复基是不是出了什么事？"

"他只要按照我制定的战术行动，应该说不会有事的。"吴兆麟说，"走，跟着我到独木桥那边看看。"

"注意跟上，动作要轻！"丁正平对十几个汉子说。

众人在黑暗中点头。

吴兆麟两手握着枪从破庙后门走出来，队伍跟着他直奔北门的独木桥前的那片树林。

"慢！"吴兆麟刚刚走出百十公尺，低声命令队伍，"卧倒！"

队伍"唰"地卧倒在草丛中，吴兆麟对左侧的丁正平说："你看，几只鸟从西往东飞，说明西边有人在活动，惊飞了这些鸟！"

"怎么办？"丁正平问。

"埋伏在破庙四周，不能走远了！"吴兆麟说，"我相信刘复基是会按制定的战略战术执行的。"

"吴哥，万一艾玛不听刘复基的，怎么办？"

"正平兄，今夜我心中只有责任、压力、信心。如果一个人连自己都信不过，还有什么可说的呢？"吴兆麟说完沉默了片刻后，压低嗓门，"传我的命令，埋伏在破庙四周，我的枪不响绝对不能动火！"

队伍轻而快地转回来，分头潜伏在破庙四周。大家按照吴兆麟的部署，每人持短枪一支，大刀一把，腰中还有短剑备用。

此刻，友家巷 44 号二楼一间用布遮得严严实实的房间内，关光夫与冯启钧正在两个女人的陪同下打着牌。被关光夫带出来的九姑娘菜花突然站起来，指着关光夫很不耐烦地问："关大人，听说你今天上午又进了四姑娘的房门？"

关光夫白了她一眼，没有回答她的话，而是问冯启钧："麻脸狼他们会不会有什么大问题？"

"刚刚送信来的人说，艾玛跟着他们出来了嘛"，冯启钧说，"关大人，你这一计毒啊!"

"他就是毒",菜花接住话咆哮般,"已经几天了,把老娘折腾得头昏眼花,脚酸手软的,分文不付,说什么四姑娘管着他的银子!你什么男人嘛,连几个银子都管不了,还京城的皇亲国戚呢。骗人,骗子!"

"菜花",关光夫站了起来,"你是大树上吊个袋子——装疯呢,还是他妈的……"

"你……你……"

"我怎么的?"关光夫走上前一把揪住她的衣领,"有本事在新军中抓几个革命党来,我重奖你,让你发大洋财!"

"我不听,我不听,你要真对我有心,把你桌下那袋银子给我。你想白玩做不到。我们是凭青春吃饭……"

"你!"关光夫一刀削掉了菜花的头!

菜花的头正好滚到了冯启钧脚跟,他发现菜花头上的嘴还在扇动,两眼圆睁瞪得可怕,飞起一脚将人头踢到了门口。

"快,拖出去!"关光夫命令门外的卫兵,"谁反对我,跟菜花一样处死!我关某在官场玩的,什么事儿绝不手软!"

"息怒,请关大人息怒",冯启钧劝了关光夫几句后,又道,"叫桂玲过来陪陪关大人。"

桂玲姓宋,是冯启钧的五姨太,今年二十岁,杭州人。冯启钧花大价钱从扬州妓院买回来已经有一年了,由于冯启钧的姨太太多,力不从心。宋桂玲有时欲火中烧,又不敢在外面找男人,只好对他发虚火。今天要她陪关光夫也算是两边讨好了。

关光夫对宋桂玲有着良好印象,上次打牌他俩的脚在桌子下面有过动作,后来关光夫与菜花相识,就把她忘了。今天牌桌房里相逢,关光夫心里刚才的虚火烟消云散。

"关大人,是什么风把你给吹来啦?"宋桂玲一进门,就发出一串银铃般的声音。

"快陪关大人。"搂着九姨太的冯启钧说。

宋桂玲不知是出于什么心态,白了冯启钧一眼后,一屁股坐在关光夫大腿上,双手钩住他脖子淫荡地道:"想死我了,这些日子冯大人总是说让我陪陪你,就是找不到你。"

关光夫一只手在她大腿上抚摸着,问冯启钧:"麻脸狼干事可靠吗?"

"这小子只认银子,有了银子什么事都敢干。"冯启钧说着,拉起九姨太,"我去休息一会儿。"说着起身走了。

"我也去。"宋桂玲搂住关光夫的脖子，"走嘛，你的房就在这楼的中间。"

关光夫轻轻地推开她，不冷不热地问："你是冯大人的姨太太，胆敢当着他的面投进我怀里，你不怕他把你朝死里打？"

"关大人"，宋桂玲向右偏着头望着他，"听冯大人说，这些年他在湖北没有混出个人样儿来，一不是他没有本事，二不是他不会来事儿，只是朝中没有一棵大树。"

"这么说我成了他的靠山？"

"他说认识你是个缘分、福分。再说投靠了你，就是投进了朝廷，将来无论是张之洞，还是冰云水都不敢对他另眼相看了。他还说，我们这些姨太太中，你只要相中了谁，谁都要好好侍候你，只要你满意怎么的都行，就图你一乐！"

"万一将来我要把你带走呢？"关光夫笑着问。

"进京城有什么不好，我就等着这一天呢。"

"好"，关光夫吻了吻她，又问，"冯启钧真的对我这么好？"

宋桂玲长长地叹口气，说："什么好不好的，这年头能利用的关系尽量利用，这是他常对我讲的。"

"他对冰云水呢？"

"过去好得割头换脑袋，自从投了你关大人，他当然是认识新朋友，甩掉老相识呗。"

"他跟张之洞大人的关系呢？"

"离得远了点，想沾上去，就是沾不住，中间不是还隔了个冰云水吗？"

"听说冯启钧也在讨好艾玛？"

"他说艾玛高参是荫昌的干女儿，比你有前途。他说这跟人也得跟准，弄不好投错了，有可能一辈子就这么搭上去了。"

"那也是"，关光夫迎合着又问，"他怎么投艾玛呢？"

"他说这要等你印证艾玛是不是私通革命党，如果不是，他马上就向艾玛告发你所讲的关于她的坏话。"宋桂玲说到这里停一会儿问，"关大人，你真相信我？"

"这还有假？"

"你对我的一生怎么安排？"

"带回京城做我的四姨太。"

"真的？"

"当然是真的。"

"如果你发誓是这样，我还有大事相告。"

"什么事？"

"有关你与冯大人的大事！"

"你说，我还能怕他什么？"

"拿大碗来！"

"要大碗干什么？"

"现在没有酒，我要你以我的尿代酒，喝了它，对天发誓，我就将关系到你生死的事告诉你。"宋桂玲说。

关光夫断定其中必有大事，毫不犹豫抓起一个大土碗朝地下一放："来，出酒吧。"

宋桂玲拉开裤子，当着关光夫的面真的很响地尿了半碗尿。端着这碗淡黄色的尿液，关光夫看了看宋桂玲，说："要怎么发誓？"

"单腿跪在我面前，双手举碗，对天发誓，你要娶我为四姨太，住进京城，永不言悔！"

关光夫默默地瞪起双眼，果然照办了。当他的"悔"字刚一落音，把小半碗尿一饮而尽时，宋桂玲激动得双腿跪下，抱住他泪流满面地说："光夫，你是我的终生依靠！"

关光夫抱着她轻轻地拍着她的后背："桂玲，只要我有一口气，就不能委屈你，等把湖北的革命党人抓干净了，我带你回京城好好过日子。"

"嗯"，宋桂玲点点头，沉默了一会儿后才说，"冯启钧很毒，你万万不可相信他的话！"

"啊，他跟我相处得还可以呀！"

"他说你与艾玛在湖北，两虎相斗，必有一伤，看来你是斗不过艾玛的。如果艾玛不像你说的私通革命党，他就准备利用一个机会把你暗宰了，一心一意跟着艾玛干，保准前途无量。"

"他……他什么时候讲的？"

"上个月他在床上亲口对我讲的。"宋桂玲说到这里，倒吸了一口冷气，"这些事你可千万别漏了嘴，要是被他知道，弄不好把我先收拾了。"

"明白了……"

"关大人，关大人，外面枪声大作。"一个侍卫叫着。

"快通知冯大人去看着点！"关光夫说着站起来，一手搂着宋桂玲，一手握着枪，"你要说半句假话，我就用枪给你头上开个小窗子透透气！"说着用枪点了点她的脑门。

"关大人，我是把这百十来斤交给你了，才把真言透出来的。若有半点欺骗你，任凭你怎么的！"宋桂玲说着停了一下又道，"今夜他准备了一个叫麻脸狼的黑杀手，具体情况我不太清楚。"

"我明白了!"关光夫咬着牙,"你说冰云水怎么的?"

宋桂玲将头埋在他怀里,沉默了一下,抬起头:"关大人,你真的爱我,要带我走?"

"真的,男子汉一言顶千斤。"关光夫说,"你说说是怎么回事。别说话总留半截呀。"

"我跟冰云水悄悄在相好,是四姑娘牵的线。冰云水有天喝多了骑在我身上说,总有一天他要像骑在我身上一样,骑在你身上!"宋桂玲说,"到底是怎么个骑法,我就不知道了。四姑娘与他交往比较深,她心里是向着冰大人的。她说,你说走就走了,是巡山虎;冰云水是武昌城里一霸,是坐山虎。她投靠坐山虎,但又不得罪巡山虎。"

"啊,是这样",关光夫自言自语,但马上抬头问,"你跟革命党谁睡过觉?"

"没有,冯启钧叫我去勾引,一个都勾引不上来。"宋桂玲说,"这年头革命党一个比一个正经,督军政府的官吏一个比一个邪乎……"

"好啦,好啦",关光夫不满地打断她的话,"听说工程八营中有革命党在活动,你知道吗?"

"张之洞大人不许查,我听冯启钧说,张之洞大人不准许再追查什么日知会了。张大人病重日子不多了,他不想在他手里死太多人。再说,新军是他创建的,真要将新军几千日知会会员杀了,这新军不就成了日知会军?人家也决不会几千人等着你抓去杀呀,到时候必定军中大乱……"

"这些都是谁说的?"

"冯启钧对我讲的。"

"桂玲",关光关说,"最近几天你能不能找冰云水?"

"能,请你让四姑娘安排。"

"怎么安排?"

"一般都是四姑娘拉着冯启钧玩时,把他缠住,再安排我与冰大人在另一间房,每次都做得天衣无缝。"宋桂玲说。

"我说桂玲呀",关光夫搂着她,吻着她的脸,"你是真的爱我,想今后有一个稳定的日子,就按我说的好好干。比如说冰云水那几十挺机枪,我早知道是冰云水在高兴的时候说出来的,又是你把这事儿灌进冯启钧耳朵里,最后是我组织人偷到了。冰云水暗藏武器被盗又不敢声张,是哑巴吃黄连,有苦说不出。从今以后,冯启钧的事,成也是你,败也是你了。"

"关大人,今后不是冯启钧的成败,而是关大人的成败,我在背地使劲儿。我没别的本事,就凭这张脸,这般功夫,左右冯、冰二位还是不在话下的。"

"好!"关光夫又问,"今夜的事你全部清楚?"

"听冯启钧说，让麻脸狼冒充革命党，邀请艾玛这个小臭婊子来友家巷44号，协同刘复基盗取枪支……"

"对对对"，关光夫一边笑着点头，一边暗暗骂冯启钧：这个狗娘养的，他把什么事都跟一个嘴不严的女人讲了，万一……

"关大人，关大人"，门外有急促的叫声，"咚咚"的敲门声也随即传来，"快，快起来呀！"

"你是谁？"宋桂玲大声问后，又压低嗓门对关光夫说，"是冯启钧，是冯启钧找你来了。"

关光夫故作镇静地反问："谁呀，没见我正忙乎！"

"关大人，我……我是冯启钧。"

"你来干什么，这事不是你成全的吗？"

"不……不是，我……我……"

"你什么？"

"刘……刘复基领着人赶来了！"

"好，快绑起来送京城兵部候审！"

"不……不是……"冯启钧说不下去了，外面"抓住"的吼声传进来，紧接着有人"噔"一脚踢开了他的房门。

关光夫一边抓起衣服把赤裸裸的身子盖住，一边将枕头下面的枪抓在手里："谁……谁……"

"关大人"，一个沙哑的声音传进来，"外面出了这么大的事，你还在这里泡女人。"

"你……你是谁？"

"关……关大人……"

关光夫穿着衣服注意到，两个人已经将冯启钧扭跪在房门口。

"谁有这么大的狗胆！"关光夫穿好裤子站起来，"是谁？"

"关大人，本人海道武，艾高参的听差，奉命请你下楼去！"

"啊，是道武呀"，关光夫恐惧的心理总算稍稍轻松了点，"你们在外面等着，我马上出来！"说着跨前一步关上门，扭头对怕得浑身颤抖的宋桂玲说，"快穿衣服，这种事在众目睽睽之下总有些他妈的不对劲儿。"

"海……海道武我认识，在妓院时他与四姑娘相好，后来也上过我的床，这人贪财、贪色、贪权。"

"他是冰云水的人，投了艾玛，胆大腰粗了，出口就是我他妈是皇城命官，见官高三分，狂得很！"关光夫不服气，"艾玛利用他想占有她，又想利用她进京做官的心态，把他要得溜溜转！"

　　"会耍人也是本事"，宋桂玲已经穿好衣服，"艾玛无事不登三宝殿，怎么办，冯启钧已被他整住了，你得多个心眼儿才能出门呀。"

　　关光夫一听立即抱住她："桂玲，你可真是个好帮手。你说，我该怎么办？"

　　"这得问你自己，有什么把柄被别人抓住了，不然艾玛是不会带着人冲进来的。"宋桂玲提醒他。

　　关光夫的心在悄悄滴血……

小 引

　　关光夫精心挑选的一批屠杀过革命党人的凶手，他们本着自己对朝廷有功的心态，集结于武昌城找到关光夫，寻求升官发财的美梦。关光夫毒谋突生，将他们召集在一块儿进行简短训练，声称要他们为朝廷再立大劝，定被晋升知县一级以上。于是在冯启钧的具体操纵下，让他们伪装成革命党人，试探艾玛是否真的私通革命党，企图利用这一机会将革命党领导人一网打尽。

　　吴兆麟侦知这一情报，立即与艾玛联络，制定一套战略战术。黑夜中一场没有枪声，没有呐喊声，只有刀削人头的战斗在武昌紫阳湖的独木桥与破庙中展开了……

第二十三章　紫阳湖内的围歼战

友家巷44号冯启钧姨太太家的楼下客厅里，艾玛正坐在客厅的中间。刘复基与十几个革命党人将客厅里外把持着，十几颗血淋淋的人头就摆在院子外面的地上，散发出一股股血腥味。

吴兆麟这刻神经不敢有半点松懈，他将一群经过血战后的弟兄安排在可进可退的道路上，只要看到火光一闪，他就掩护刘复基他们撤出来。若听到枪声，他就率领弟兄们杀进去！

今天这场血战从独木桥到破庙，每一步棋都是按照吴兆麟的部署，由刘复基与艾玛同步实施的。

艾玛接受了吴兆麟的战略战术，赶回来洗了一把脸，海道武就赶到了。艾玛告诉他，有革命党人组成的夜袭队十几人，准备偷袭友家巷44号，那里藏有关光夫的二百支德造手枪与一批制造炸弹的炸药，冰云水被盗走的二十挺机枪有可能也在那里。海道武一听大吃一惊："你怎么知道的？"

"我是干什么的，你还不知道？"艾玛一拍他的后背，"我的情报网伸到了各个方面，谁想与我作对，我要他吃不完兜着走，竖着进来，横着出去！"

"那是，那是"，海道武应和着，"不知道艾高参有何指教？听差海道武赴汤蹈火在所不辞！"

"你马上组织一支队伍，在紫阳湖独木桥边潜伏下来！"

"艾高参"，海道武为难地说，"我……黑灯瞎火的怎么能找到队伍呢？"

"拿我的手令去通知督府卫队官陆河中，请他出兵三十人！"

"是，我马上去！"海道武领命离去。

其实陆河中接到吴兆麟的命令，已经组织了一批精干的革命党人，一律蒙面，在刘复基和自己的带领下正在待命。当海道武神气地拿着艾玛的手令赶到陆河中处时，经过紧急集合好的队伍立即出发赶到了独木桥处潜伏。由于海道武并不认识刘复基，大家又都是蒙面行动，海道武有一种统帅的心态，他将刘复基与陆河中叫到左右说："看我的！"

"海兄，我这里有一封艾高参给你的信。"刘复基说着摸出一纸递到他手中，拧亮用布蒙着的德造手电筒，"请你读一读。"

海道武愣了一下，接过来瞪眼阅读：

道武老弟，今夜行动事关身家性命，成败决定你今后的升迁，故今夜行动你必须听从给你信的人指挥，你就叫他大个子，别的不用问了，详情明天我会告诉你。

艾玛，即日夜

读完，海道武两眼望着刘复基："大个子，你能行？"

"他行，是艾高参选中的指挥官。"陆河中说。

"陆哥"，海道武与陆河中是老相识，"你认识这位大哥？"

"不认识，但艾高参也给我写了信。我们只认信，不认人。"

海道武贴近陆河中说："万一有什么闪失呢？"

"不会"，陆河中说，"艾高参处事很稳，今夜干好了，我们都是为你架梯子，到时候海兄发了，别忘了……"

"为……为什么不要我指挥呢？"

"你这个笨蛋"，陆河中揪了把他的耳朵，"枪子不长眼睛，艾高参这是爱护你！"

"嗯，好像是这么个理。"海道武自言自语地说。

"有人！"一个士兵低声报告，"你们看！"

海道武胆寒，刚闪到一棵树后，五条黑影就过来了，只听到其中一个毫无戒备地问："各位，就在这地方怎么样？"

"行！"几个人异口同声回答，紧接着一阵忙乎声。

"你……你们到底要本知县怎么办？"一个低沉但充满恐惧的声音传过来，由于相距极近，对方喘气的声音都能听到。

"唐知县"，另一男声说，"你才做了几年知县，买了那么多地，娶了好几房姨太太，七大姑八大姨也跟着你发了。你说，你贪了老百姓多少钱财？"

"我……我说"，唐知县惊恐地道，"我想找个庙，向东跪着磕头，对天发誓才能说。"

"好好好"，一个浑厚的声音说，"前面有一个庙。"

"黑灯瞎火的，你哪儿看到庙呢？别扯淡了！"一个尖细的声音说。

"前面，只有几十步！"浑厚的声音又说。

是的，从独木桥到破庙不过百十来步。

"走，成全他！"尖细声音又道。

几条黑影向破庙移动。

"好像是杀贪官的!"刘复基对陆河中说。

"现在贪官太多了",陆河中说,"我们县的知县崔炳春,原来是个教书的,他表叔在督军府任职,上下一走动,花了两千块钱就做上了知县,现在发了大财。县府的什么官儿都换成他崔家的人,只要沾了点边的亲戚都有份,真他妈鸡犬升天啦。怎么样,对此你是羡慕,还是妒忌?"

"我要是做了比知县更大的官,非把这些贪官杀绝不可!"刘复基说着摸了摸枪管,"我就有这个胆气!"

"我听说过!"陆河中说,"全国的知县都是督署卖的……"

"来了,来了",海道武从树后闪出来,"革命党来了!"

众人顺着匆匆的脚步声望去,只见通往独木桥的小径上出现一路人影。海道武心中大喜:"快,准备冲!"

"道武兄",刘复基一把按住他,"别急,我去接上火儿!"

"你?"

"对,我与你俩去,别急,看我的手势行事!"

"万一他们先开枪怎么办?"海道武怕死,不敢向前。

"请海兄留在这里,万一我有不测,请你一定要保证艾高参的安全,全歼这批革命党!"刘复基说着扫了眼陆河中,"大哥,我走了!"

再说艾玛领着麻脸狼一行走到独木桥跟前,她大声地咳嗽了一声,扭过头对麻脸狼说:"总管,在这里等一会儿。"

"等谁?"

"枪,你们革命党人不是要枪吗?"艾玛低声说,"友家巷的兵力部署有变化,我已经提前派人去打探了。"

"艾高参,你真行啊。"麻脸狼因有关光夫与冯启钧作后盾,只等艾玛进网后他就收网,心中无比的快意。按照关光夫与冯启钧对他的承诺,只要能将革命党引出一批,证明艾玛与他们私通,他便可以跟着关光夫进皇城当差。皇城一官员怎么说也比在陆河中手下当差要神气十倍。到时候若来湖北,皇帝左右的差官张之洞都要笑迎作陪,人生一世也就图这个威风!

"总管",这是艾玛临时给他加的衔,"我不行,也能里外玩得转,老实告诉你,上有荫昌大臣担保,下我与革命党拉着,谁胜谁败,我都是胜者。将来武昌城成了革命党的天下,我怎么样也力荐你弄个标统什么的当当,总比在陆河中手下当差要体面得多!"

"不为这个,我干嘛跟着你玩命?"麻脸狼一乐,伸手过来摸艾玛的脸,"艾高参,你可真是武昌城的第一美人儿!"

艾玛伸手抓住他的手腕："怎么，你想我？"

"你这样的美人谁见了都想。"麻脸狼说着身体向她靠过来。

"别着急"，艾玛笑着说，"现在不是时候。"

"对对对"，麻脸狼也觉得心急吃不了热豆腐，"等大功告成，本人一定陪高参……"

"啪啪"两声击掌声打断麻脸狼的话。

"谁呀？"麻脸狼不耐烦地问。

艾玛左右扫了一眼说："我的朋友来了！"

"快叫他过来呀！"

"急什么，这么大的事不多加商量，弄不好头掉了，光一条身子有什么用？"艾玛用手指点了一下他的太阳穴，"你这里长着这颗头有什么用？什么事都不想，一辈子只能当个听差，没出息的东西！"

麻脸狼给艾玛骂愣了，眨巴着双眼正在想鬼点子之时，艾玛一下上去挽住他握枪的胳膊，扭头对众人道："各位原地休息一会儿，我与总管马上就来！"

"你们上哪儿？"一个鸭公嗓子从队伍中传出来。

"简传斌，你他妈多什么嘴，快坐下待命！"麻脸狼对那人吼着，"没有我的命令，谁也别动！"

"都什么时候了，你还想玩女人？"还是鸭公嗓子在说。

麻脸狼被艾玛挽住胳膊后浑身痒酥酥的，经过鸭公嗓子这么一骂，气不打一处出地走过去，一把揪住他的衣领："你他妈的跟老子叫板？"骂着挥手"啪"地一耳光扇过去，"你坏了老子的好事，也是断你升官发财的路！"

"麻哥"，鸭公嗓子摸着被打得火辣辣的脸，"我是怕你中了美人计，这小娘儿们不是乡妹子，她是……"

"总管，快过来"，艾玛见他俩在耳语，走过来拉住麻脸狼的右手，"快！"

麻脸狼扭头一看艾玛左后站着一身材高大的汉子，忙问道："他是谁？"

"我的朋友，心向着我们的，你就叫他大个子，他是来叫我们到破庙议事。"

鸭公嗓子双手握枪抓刀，目送着三人向前面不远的破庙匆匆走去，很快他们的身影便隐进灌木丛中……

"弟兄们"，鸭公嗓子对众人道，"我们都是各地统兵屠杀过革命党的官人，今天化装成革命党再杀革命党，让这个贪色、贪财的麻脸狼指挥我们，我真担心他出卖了我们。"

"商哥"，一个黑粗黑粗的家伙走过来，"我伍大中跟着你商绪集从广州赶到湖北，没有混出个人样儿来，当初在广州缉拿革命党人，我是立有头功的，谁知我这功是帮我的头儿升官架了天梯。今天我们化装成革命党，再为朝廷出力，也是为麻脸狼升官开路，如果麻脸狼到时不给好处，斩他全家！"

"对，我赞成！"众人异口同声。

商绪集听着沉思片刻问："大中兄"，他扫了一眼众人，"依我的眼力，麻脸狼不是讲义气的货色，要真的想发起来，最好是直接与关光夫挂上钩，中间隔道墙是很难办成事的。"

"嘿"，伍大中一拍大腿，"艾高参是兵部尚书荫昌的干女儿，靠上她，把麻脸狼甩了，不就大功告成一半啦？"

"有道理"，商绪集说，"问题是关、艾现在互相不信任，争权夺利，都在讨好荫昌，谁胜谁负，鬼才知道！"

"跟着我走，不会投错主子的"，伍大中说，"跟着艾高参绝对能出人头地！"

"你凭什么把话讲得这么满？"商绪集问。

"干爹不听干女儿的，听谁的？况且艾玛又长得倾国倾城的美，谁知道干爹干女儿是什么事儿？"伍大中越说越邪乎，"不相信的话，谁跟着关光夫，将来肯定会后悔，反正我投艾高参！"

"大中兄"，商绪集提醒着他，"艾高参四周不缺俊男，且又……"

"你别他妈的朝裤裆里想"，伍大中拍了下他的后背，"我深信她恨革命党，我又是杀过多年革命党的清王朝功臣，又喝过几年墨水，可以说是文武双全，想跟我好的女人排队可排到南洋，还轮不到她。"

"大中兄、绪集兄"，一个提着枪的大个子奔过来，"艾高参请你们二位跟着我去，其余弟兄继续待命，不得离开此地！"

"大个子"，伍大中有些云里雾里的感觉，"怎么只要我俩去？"

"我只是传令兵士，只知道传递官人的命令，其他的一概不知！"大个子回答。

"商兄，怎么办？"伍大中问。

"你不是要靠上艾高参嘛？机会来了！"商绪集说，"走吧，过了这个村，就没有这个店了！"

伍大中听对方这么一说，也下了决心："走就走，生死、贫富就在今夜决定！"

伍大中与商绪集一前一后跟着大个子向破庙走去。

破庙里，两盏油灯摇晃着昏沉沉的光点。海道武与陆河中将队伍安排在破庙里外后，海道武哈哈一笑扭头对陆河中说："陆队官，今天的差事好不好？"

"跟着海兄当差还有错的？"陆河中迎合着他，"这次打下来，你升了大官，只怕我俩难得见面喽。"

"啊，你也这样看？"海道武笑着，异常得意地点燃烟。

"陆队官真是会讲话，弄得我心里痒痒的。"海道武正说着，外面一串脚步声传进来，他忙问："谁来了？"

"艾高参来了！"一个正目报告，其实他也是日知会成员、革命党人。

一听说艾高参到了，海道武如同迎接皇上般，将烟甩到地上一脚踏灭，扭头道："陆队官，快快快，艾……"

"道武。"艾玛已经迈步跨进了破庙的门。

"艾高参，我海道武失迎，失迎。"

"我给你介绍一下"，艾玛见他这副摇头摆尾的样子真是好笑，朝身后一指对他说，"他就是革命党人的今夜总指挥！"

"请问尊姓大名？"海道武一看对方气度不凡，忙问。

"我们大人姓彭，你就称我彭二吧。"麻脸狼脸上毫无表情地道，"我们革命党今夜起事，还盼诸位多多指教。"

"那是，没有我的指教，你们想成气候是不可能的。"海道武接住话，"请问你们彭大人是谁？"

"今夜总指挥为彭大人，是日知会总干事刘静庵的副手，想认识他不难……"

"来人啦！"海道武一挥手。

"你要干什么？"麻脸狼大吃一惊，欲伸手拔枪，四五个粗壮的汉子扑上来，分头扭住了他的胳膊，抱住了他的腰、脖子、头与两条腿，他忙道，"艾高参……"

"快把革命党人收拾了！"艾高参下达命令。

"本人海道武，是艾高参的当差，今奉命协同陆队官缉拿革命党人！"

"我……我……"麻脸狼一看形势不对，瞪大双眼，"艾……艾高参，请你……"

"把革命党人的嘴堵住！"艾玛命令。

"叫你嚎！"海道武一看艾玛眼色，冲上去挥起胳膊，对着麻脸狼狠狠地扇去，"啪啪"左右各一记耳光，"要你当革命党！"

麻脸狼显然是还要说什么，一块臭得不可闻的布，已经塞进他嘴里，他脸涨得通红，两脚跺地"咚咚"直响，四条大汉将他压在地上，一根粗绳子由两正目在他身上缠起，麻脸狼嗓子里发出猪死前的"咕咕"声。

"去，提革命党来！"艾玛命令海道武。

海道武接到命令，匆匆地赶到独木桥跟前，伍大中一个箭步冲上来："海兄，你怎么在这里？"

"我怎么又不能在这里呢？"海道武似笑非笑地说，"怎么搞的，你也当上了革命党?"

伍大中说:"这里有好些弟兄你都认识的。"他说着朝后叫,"商绪集快过来,海道武大当差到!"

商绪集走过来与海道武称兄道弟一番后,海道武说:"商哥,你留在这里看着队伍,艾高参请伍大哥带三个兄弟到破庙去一下。"

"有什么事吗?"

"我是当差的,什么事我知道了,不就让你当我的大当差吗?"海道武说着扭过头,"伍哥,快带三个弟兄跟着我走!"

伍大中开始在队伍中点名:"吴海明、李金才、尤长春跟着我走!"

三个黑影从地上站了起来,站在伍大中面前,其中一个道:"伍哥,会不会有什么事?"

"有事又怎么的?你手中的枪、刀是干什么用的?"吴海明接住话,"我说李金才,你胆子怎么越来越小了?"

"不是……我是说……"

"走,别他妈的前怕狼后怕虎",伍大中打断他们的话,"大男人是干大事的,怕死当初杀义和团,杀革命党怎么手脚都特灵便呢?快跟我走,这次我把各位朝银号里引,朝官位上拉!"

众人不再吭声,心情迥异地向破庙靠近。

破庙里,艾玛与刘复基紧急研究后,刘复基隐进破庙外面的黑林中,向吴兆麟报告情况。吴兆麟忙率弟兄们直奔独木桥。

陆河中命令十几个革命党潜伏在破庙里外,只要艾玛发出信号,他就命令人一齐冲上来绑了伍大中他们这批残杀过革命党的首恶分子!

麻脸狼这时被捆在一个角落里动弹不得,两眼被一块黑布蒙住,两耳也被陆河中用东西塞住,在看不见,听不到的情况下,他拼命地挣扎着,被两个正目狠狠地扇了几耳光更是内耳充气,"嗡嗡"直响,外界的一切声音被这层"气"给挡在耳外了。

伍大中与其三个党徒走进破庙里,伍大中立刻被油灯下的艾玛的两道目光逼住,不等他开口,艾玛便大声道:"伍大中,你放下武器!"

"为……为什么?"

"放下武器!"海道武接着冲上去用枪顶住他胸口,"服从命令!"

"我……我……"

"绑起来!"海道武命令的同时,八条汉子扑上去,将伍大中他们一行四人的武器缴了,胳膊也被反扭住。

"你们革命党人谋反,还有谁?"艾玛问。

"艾……艾高参，我们的事麻脸狼没跟你说？"

"说什么？"艾高参问，"你们革命党是我大清王朝的敌人，杀！"

"杀！"海道武手中的刀一挥，伍大中的头"咚"地掉在了地上。

其余三个家伙与伍大中一样，去了他们该去的地方。

"艾高参"，海道武杀了伍大中及其同伙后说，"他们都是杀了不少革命党的，怎么现在又当上了革命党呢？"

"这革命党人在武昌城有多少？谁也说不准，你问我这个问题，我去问谁？"艾玛说着，外面一阵脚步声传来，她忙问，"外面是谁？"

"报告艾高参，以商绪集为首的一批革命党，除商绪集外，大部被我们杀掉了，只有几个家伙逃走。"蒙面的刘复基说。

"商绪集呢？"艾高参问。

"带来了。"

"押进来！"

两个蒙面正目将商绪集推进破庙，地下的血水顿时使他目瞪口呆了。

"商兄，你明白吗？"海道武问。

商绪集似明白非明白地问："你……你们……"

"艾高参对革命党恨之入骨，今天杀之！"海道武说。

"我……我得向……向麻脸狼……"

"嘿！"海道武手起，商绪集头落。

"拖出去！"有人大叫。

"把这些革命党人的头提上，去见关大人！"艾玛命令。

两个正目将麻脸狼嘴里的破布拉出来了，他的嘴可能是有些麻木了，半天合不上，只是张着喘气。

"只捆手，把脚上的绳子松了！"海道武命令。

"艾……艾高参，我……"麻脸狼要朝下说什么。

"现在不是你说话的时候，到了地方我会请你讲的！"艾玛说着又对海道武命令，"走，去见关大人！"

小 引

　　尽管独木桥、破庙血战取得了辉煌战绩，吴兆麟也不敢有半点轻敌。他明白自己的对手是个老谋深算的家伙，虽然艾玛没有直言宣告她加入革命党，但其言行足以说明她是革命党忠实的盟友。他向刘复基、丁正平、陆河中等面授战术，让刘复基充任前线总指挥，让艾玛来收拾关光夫。艾玛根据战术深入狼穴，没有搜查到手枪与机枪，顿时明白这又是关光夫虚晃一枪，她决心教训这个清王朝的忠实走狗。当麻脸狼出现在关光夫面前，揭露他将屠杀过革命党人的凶手组织起来，冒充革命党人之时，关光夫突然从袖口拔出暗藏的手枪击毙了麻脸狼封口，这样他准备在没有罪证的情况下反击艾玛。以郑志义为首的冒充革命党人的党徒，在独木桥血战中漏网逃出来，被吴兆麟生俘九人。吴兆麟为了使艾玛在这场斗争中更具对关光夫的打击力度，命令丁正平将这九个凶手送到关光夫处，并事先派人向艾玛报信。

　　关光夫一看郑志义等九人突然出现，顿时大惊失色：万一艾玛将他们押进京城，由荫昌大人亲自审问这些冒充革命党的家伙，这不是将他推入死牢吗？

第二十四章　借刀锄奸

自以为聪明的人，往往是用自己的"智慧"将自己推入死神的怀抱。关光夫今天的所谓战略战术，被吴兆麟全方位地识破后，吴兆麟与丁正平、刘复基、陆河中等紧急研究，一个制定得极其周全的将计就计的战术，由艾玛在前台施行，终于杀进了关光夫与冯启钧的堡垒里面。这是关光夫与冯启钧万万没有料到的。但是既然艾玛已经进了这个门，关光夫决定让她死在这间房子里，再制造一个被革命党谋杀的现场，由张之洞作证，他的这个政敌就永远地消失了⋯⋯

关光夫双手握着枪出现在楼梯口，他的目光与艾玛扫来的目光在空中相遇的刹那间，指头正要扣动扳机，冯启钧从背后猛地扑上来，抓住他手中的两支枪："关大人，使不得，使不得呀！"

"唰"地，四五个正目从楼下拥上来，一个个枪口对着关光夫，扑上来的几个正目从背后抱住了关光夫。

"本人是朝廷钦差大臣，谁敢动我一根毫毛！"关光夫咆哮着，"滚开，都滚开！"

海道武在刘复基的指挥下分开众人走到关光夫面前，揪住他的衣领："你想开枪，打死荫昌大人的女儿？"

"你⋯⋯你⋯⋯"关光夫两眼盯住海道武，"你想干什么？"

"艾高参的大当差海道武，你不认识？"海道武凭借着艾玛撑腰，语气充满杀机。

"你想干什么？"关光夫圆瞪着双眼恶狠狠地说，"滚，这儿没你什么事！"

"这儿正是我的事！"海道武一挺胸，从他腰里拔下短剑，"一个朝廷的钦差大臣，成天泡在女人堆里，听信妖言"，他说着朝冯启钧扫了眼，"真没出息！"

关光夫被一个小小的海道武惩治得目瞪口呆。

"海大当差"，冯启钧急忙上前，"你才得势几天，就这样⋯⋯"

"怎么，你不服气，想跟我较劲？"海道武转头迎住他，"我们在外面杀革命党，你们在这里干什么？"

"我⋯⋯我跟你没完！"冯启钧上前揪住海道武，"过去你仗着冰大人与我作对，现在又到处给艾高参⋯⋯"

"放开他"，关光夫对冯启钧吼，扭头迎住艾玛的目光，"艾高参，今天是怎么回事，杀这么多人是谁干的?"说着走下梯子。

冯启钧忙跟着他走下来，面对艾玛点头哈腰："艾高参，今天的事……"

"暂时没你的事。"艾玛打断冯启钧的话。

冯启钧既要讨好艾玛，又要不得罪关光夫，只好两面赔笑，心想等事态过后再策划相处的方法。

"我关光夫一心忠于朝廷，搜查革命党在新军中的动向，请问艾高参，我有什么错? 你带这么多人来讨伐我什么罪? 当着各位的面请把话说清楚!"

"关大人，你是不是把事情做绝了?"艾玛毫不示弱，针锋相对，"现在要说清楚的是你!"

"我有什么?"关光夫双手叠交在胸前，"你是不是做了与你的职务不相符的事?"

"今夜外面革命党造反了，你为什么不派人捕杀，反而在这里鬼混?"艾玛说着逼住对方，"我俩同时受命到武昌缉拿新军中的革命党，现在革命党把我押到这里，幸亏陆河中队官、海道武他们杀死了这批革命党，不然我就被他们生俘了。"

"艾玛，你说的事，我怎么听不懂呢?"关光夫扭头扫了一眼冯启钧，"艾高参说的你明白吗?"

"不……不太明白。"冯启钧应和着说。

"冯大人，现在你可以装着不知道，到时候可千万别后悔啊!"艾玛冷冷一笑，"一个大男人，心口不一，说出去多没面子。"

"艾高参，我……我……"

"关光夫"，艾玛根本就不听冯启钧陈述什么，面转向关光夫，"我杀革命党错在什么地方? 这回听明白了吧?"

"杀革命党?"关光夫大吃一惊，"在哪儿?"

"你看"，艾玛朝一颗颗的人头一指，"这都是的!"

"我的天，你怎么杀了这么多，真都是革命党?"

"还能有错"，艾玛向门外的人挥了挥手，"押进来!"

四个正目扭住一肥头大耳的人进来了。

"啊，麻脸狼?"关光夫一眼认出来，心中惊叫，表面却装着极其冷静地问艾玛："他是革命党?"

"对，他是革命党的头领，被我派到队官陆河中那里的人抓住的!"艾玛说着顿了一下又问，"关大人不认识他?"

关光夫朝背后的冯启钧狠狠地瞪了一眼，好像在骂：狗东西，你怎么搞的!

"啊，这不是督军府卫队的排长赵曾采吗？"冯启钧接住话，"你……你这是怎么的？"

"关大人，前天夜里你亲自向我敬过酒，现在不认识了？真是贵人多忘事。"麻脸狼苦笑着道。

原来这次由冯启钧挑选领头的赵曾采被认定后，关光夫专门设宴招待过麻脸狼，关光夫举杯祝他一路顺风，马到成功之时，麻脸狼一下跪在关光夫面前，双手举杯："关、冯二位大人这样看重我赵某，能为朝廷效忠，为二位大人尽忠，本人死而无怨！"

而今天关光夫在他处难之时装着不认识他，可想肯定是见死不救了。麻脸狼认定他俩要将他作替罪羊，也只好用翻脸对翻脸了！

"既然关大人、冯大人都不认识我赵曾采"，麻脸狼马上背叛了主子，"今天我在众人面前，让各位认识一下关大人、冯大人。"

"赵曾采"，艾玛上前一步，"当着大家的面，把话讲清楚，不准捉弄关大人、冯大人。"

"艾高参，你这是说真话，还是说假话？"麻脸狼问。

"想死，你就欺骗我；想活，就要活出个男子汉大丈夫的样子来。"艾玛一字一顿，目光在关光夫与麻脸狼之间扫来扫去，"怎么样，赵排长不想开口？"

"艾高参，队伍中都传着你一股子江湖气，我问你一句，我讲了真话能保住我的性命吗？"

"这就不好讲"，艾玛说，"我是京城兵部派来的钦差，都有人在背地里打我的黑枪。不过我觉得，一个人正直，死了也会活在人们心中；一个人总是要阴谋打别人的黑枪，捅暗刀，活着跟死了没有两样。"

"嗯！"麻脸狼挣扎着跪在关光夫面前，"关大人，现在只有你网开一面，才能救我。"

"啊，我怎么救你？"

"我不是革命党，是大人指令我率领一帮杀过革命党的人，伪装成革命党……"

"麻脸狼"，关光夫一把揪住他的衣领，"你为了活命，血口喷人，你……你……"

"关大人，让赵排长把话讲完。"艾玛上前拉开关光夫的手，"什么事都是能讲清楚的。"

"他无中生有，尽讲假话，上欺骗皇上，下哄着你我，这……这不是明摆着的骗子？"关光夫说。

"不，我不是欺骗，关大人让我们伪装成革命党……"

"砰砰！"关光夫从袖口中闪电般拔出一支隐蔽的德造手枪，对着麻脸狼的

头开了两枪。

麻脸狼的头盖骨被掀开了，血水与脑浆涌了出来，在场的人被此景惊呆了。

"放下武器！"蒙面的刘复基不等关光夫收回手枪，冲上去死死地抱住关光夫握枪的胳膊，朝下一按，关光夫手中的枪口对着地下"砰"地又击发一弹。陆河中闪电般一脚踢飞了那支德造小手枪。

"扭住他！"艾玛命令。

四个正目扑上去死死扭住了关光夫的两只胳膊。

"放开，快放开关大人！"艾玛大声命令。

一个正目对着艾玛说："艾高参，他打死人，打死人了！"

"关大人是朝廷钦差大臣，你们胆敢扭住他，快放开！"

正目们只好照办，室内出现了短时间的寂静。

已经退到门口的刘复基向海道武做了个手势，海道武会意地上前："关大人，为了艾高参的安全，我作为她的大差人，我要搜你的身！"

"为什么？"关光夫迎住海道武的目光，"你想干什么？"

"为这个！"海道武开始搜关光夫的身。

关光夫有些恼怒，但在十几个黑洞洞的枪口下，他只好强忍着脑门蹿动的火苗，举起双手让海道武上下搜查。

陆河中这会儿进来，一见艾玛的眼色，明白是与刘复基的安排完全一致，忙对关光夫说："关大人，本人是督军府的卫队队官，对你与艾高参的安全负责，请马上离开这里！"

"不，我有话对艾玛讲！"关光夫说着朝楼上一指，"请吧！"他做了个上楼的手势。

陆河中是日知会骨干成员、革命党，且关光夫一伙尚未怀疑他是革命党，有他在场关光夫反而觉得安全些。他在上楼时低声对紧跟在后的陆河中说："今天怎么回事？你得多长个心眼，外面怎么都是蒙面的？"

"艾高参命令我们蒙面的。"

"为什么？"

"担心我们被革命党认出来。"

"革命党不是被抓住都杀了吗？"

"跑了一些革命党。"

"啊，都跑到了什么地方？"

"不知道，在独木桥那儿被我的队伍围杀时，他们漏网了一些。"陆河中说，"关大人，麻脸狼怎么那么讲话，是什么意思？"

"你还不知道，他是你队中的排长，平时不说假话心里就难受，这种人不打死，乱说起鬼话来谁都收拾不了！"

门外的竹林里，吴兆麟正焦急地等待刘复基的信息，这时，丁正平匆匆地赶过来，贴着他耳朵说："吴哥，刚才有九条黑影潜进了你后面那间草棚！"说着他一指。

"都是什么人，你清楚吗？"

"我在外面偷听到是从独木桥我们的网中漏掉的，其中有一个叫野牛的好像是领头的。"

"野牛，那不是我们工程八营的排长郑志义？他外号也是叫野牛。"吴兆麟说着顿了下又问，"你见到没有，长得什么样儿？"

"没看，只听到他们在草棚里对话。"

"有武器吗？"吴兆麟沉思片刻问，"都是些什么武器？"

"有，好像全是步枪。"

"你先把野牛捕住，就用……"吴兆麟开始部署战术。

丁正平一拍大腿："好！"

野牛从独木桥处带八个家伙逃出来后，潜伏在紫阳湖中一栋倒了大半边的破房子里面抱头沉思。一个叫张绪振的河北人走到他跟前："郑哥，除了我们，还有谁生还？"

"估计麻脸狼不会死。"野牛老谋深算地道。

"啊，你为什么这么想呢？……"

"其一，他是头儿，艾玛会把他送到京城表功"，野牛说，"其二，有关、冯二位大人在背后撑着他，决不会把今天这个骗局撕破。所以我断定他没死。"

"我们怎么办？"八个人异口同声地问他。

野牛站起来说："估计围杀我们的人是有备而来，而这种有备，又证明我们中谁出卖了我们。只有马上去找关大人，才会有条生路，不然艾玛把我们当真革命党抓住就杀，我们九条枪顶个屁用？"

"郑哥，谁在外面叫你？"张绪振惊异地道。

野牛示意大家安静。

"郑哥，郑哥"，一个压低嗓门的声音，"里面有人吗？"

"是叫你嘛"，张绪振说，"答不答应？"

野牛蹲在地上身子贴住一堵断墙："你去应应，探探虚实！"

"要得"，操着浓厚四川口音的张绪振说了声，野猫般潜到另一堵土墙下，也压低声音反问，"谁在叫？"

"你是谁？"丁正平一听有人应，兴奋地道。

"我们是从独木桥血战中跑出来的！"

丁正平一听大喜："我是关大人派来找你们的，你知道郑志义跑到什么地方去了？"

"你是谁嘛？"张绪振追着问。

"我是关大人的当差，赵曾采排长到了关大人那里，是他们叫我们几个分头在紫阳湖找你们的！"

"这个麻脸狼，把我们害苦了，他跑到关大人那里吃香喝辣的，不管老子们死活……"

"兄弟不能这样讲，是麻哥叫我们出来找你们的，知道你们逃出来了！"丁正平说，"快走，紫阳湖今夜好多革命党，万一遇到他们，死路一条啊！"

九个家伙一听，恐惧地互相望着，大气不敢出。

"快出来找关大人去，这里太危险了，快跟我走！"丁正平说，"你们不走，我就走了！"

"慢"，野牛听出音了，忙从里面走出来，"请问尊姓大名？"

"关大人的当差余良树！"丁正平瞎编了个名字，"你郑志义兄，我俩虽未见面，但早闻你的大名了！"

"啊，你怎么知道的？"

"捉拿革命党刘静庵时，你跑在最前头，关大人奖过你十块大洋嘛。"丁正平说。

"对对对！"郑志义痛快地出来了。

黑暗中郑志义不停地大骂麻脸狼不仁不义，关光夫没有做好安排，他一出来见到丁正平，丁正平忙大声问："郑哥，就你一人？"

"还有八个弟兄。"

"快出来走，关大人就等你们生还的弟兄呢。"

郑志义毫不怀疑地一把抱住丁正平就哭："兄弟，我们的人死得好惨啦……"

"别说了，快叫弟兄们走，关大人正等着诸位呢！"丁正平担心其中有人发现什么，催促着说。

"我们都是捉拿、屠杀过革命党的，现在又让我们化装成革命党，我们遭到朝廷官员围杀，这是什么道理？我们要找麻脸狼、关大人、冯大人问清楚，不然，我们跟他们拼了！"张绪振咆哮着。

"各位息怒"，丁正平说，"见了关大人，请郑兄代表各位陈述，万万不可动怒，关大人这会儿也在气头上，弄不好偷鸡不成……"

"怕什么，老子当初抓革命党人时，子弹下雨般我都不怕！"郑志义截住丁正平的话，"这些兄弟都是杀过革命党的，不是没见过血！"

"郑兄，你怎么黑白不分呢？小不忍则乱大谋！"丁正平一拍他的后背："关大人、冯大人在朝廷都是有头有脸的人物，别说今天这场误会，就是再大的事到他们手里也调平了。他们要真不关心你们，干嘛派我们这些弟兄深夜找你们？"

"对，死了的是命短，活着的是命大。走，见关大人去！"张绪振接住话，"郑兄，快消消气，平静才能把话讲清楚。"

一阵骚动后，众阿猫阿狗跟着丁正平直奔关光夫处。

关光夫正担心在独木桥血战中到底跑出来一些什么人，有人跑进来报告："关大人，郑志义与八个弟兄求见！"

关光夫恨不得他们都死绝死干净，免得艾玛手中有活口。刚刚处死个麻脸狼，现在又来了八九个见证人。这……这不是将他朝死坑里推么？特别是郑志义，还受到过他关光夫的亲自接见，同桌共饮过烈酒，盟过誓，怎么别人死了，他还活着？

今夜出大鬼了！

"不管什么人，把武器缴了，再请进来！"艾玛见关光夫额头上冷汗直冒，内心一阵兴奋，忙道。

"已经把他们的枪下了。"一个正目道。

艾玛明白，刘复基在外面把关，今天的事不会有问题。

关光夫有些耐不住了，对艾玛说："我……我他妈的真不知道今天夜里的事儿。"

"知道也好，不知道也罢，现在讲都没有什么意思"，艾玛说，"但是你要明白，什么事儿都要悠着点。"

关光夫低着头，内心烦透了。

"你别心烦"，艾玛看透了他的心思，"今天你先失策了，后面听我的保准安然无事。"

"怎么听？"关光夫迎住艾玛的目光问。

"关大人"，一个哭样的声音传进关光夫的耳门，他扭过头，郑志义又道，"总算找到你了！"

关光夫朝郑志义望着不吭声。

"怎么，关大人不认识我郑志义了？你敬我一杯酒，我可是跪地连喝三杯，你就没有印象？"

"你这个革命党，我算瞎了眼认错人了！"关光夫咬着牙恶狠狠地盯住他，"来人啦，把革命党杀了！"

"慢！"艾玛一挥手，面对郑志义，"有话慢慢讲，别急！"

"关大人"，郑志义一拍胸野性大发，"是你让我们这些弟兄化装成革命党，

说是去抓革命党，但你又派人中途捕杀我们，你到底是卖的什么毒药？"

"关大人，你不能把我们朝死里打，我们都是为朝廷立有大功的弟兄！"张绪振率众人冲进来道。

"冯大人，你是最清楚的，怎么不讲话呀？"郑志义又盯住冯启钧，"你跟我们训话时怎么讲的，现在怎么不讲了？"

冯启钧两腿发软，已经站不住了，由两个正目架着。

关光夫嘴唇在颤抖，就是说不出话来。

陆河中奉命率人将这九个暴徒围住，个个手中的枪已经推弹上膛。

"关光夫"，艾玛走到他跟前，"这些人是由我押进京城请荫昌大人审判呢，还是由你处理？"

"艾……艾玛"，关光夫的精神彻底地崩溃了，"有些事我会与你商量，我……我上了别人的当！"

"上了谁的当，受了谁的骗我不知道"，艾玛说，"但有一条我告诉你，你演这种戏好像还得练一练。"

"我……我求你封了他们的嘴！"关光夫说。

"你不是说你不知道吗？"艾玛问。

"艾高参，放关大人一马吧，今天这件事真的对不起你！"冯启钧在背后求情说。

"由我定，郑志义一行明日押进京城"，艾玛说，"由你定，现在也还不晚。"

"我定"，关光夫接住话，"请给我一支枪。"

"冯启钧"，艾玛说，"你表弟周武友不是率了十个心腹藏在暗楼上吗？"

是的，冯启钧的贴身保镖周武友是他二姨太周桂桂的二弟。刚才陆河中的队伍包围房子时，已经将他们的武器收缴了，让他们继续藏在暗楼上。关光夫一听，连这支小小的队伍艾玛他们都清楚了，心底佩服艾玛的决策。

"武友老弟，出来！"冯启钧扯起嗓门喊。

周武友脸色苍白地出来了，他身后是十个哭丧着脸的随从。冯启钧上前对周武友说："把郑志义他们九个人的头砍下来！"

"为……为什么？"

"他们是革命党！"

"啊，郑志义不是……不是前天还与我喝过酒……"

"少废话，快提刀去收拾了！"

周武友转身从三楼暗藏的武器库中拖出一捆锋利的大刀片，分给众随从，并命令："上，各提一人头！"

郑志义与张绪振一看自己与众兄弟被持刀人围住，知道命要终结了。郑志义

上前一步大声道："关光夫，你太没有良心了，我们九个弟兄中，有杀死反清的自立军首领唐才常的功臣钱力钧，有捕杀革命党史坚如的张太佐，有联络八国联军杀死反对清王朝的官人苏式盟的徐枫资，有协助日本人杀死反朝廷的义和团的洪曾合，有在香港杀死革命党人杨衢云的孙节行。这些兄弟都是我奉你的命令联络来，伪装成革命党……"

"啊！"周武友举刀削去，郑志义的头顿时落地，众党徒"咚"地跪地求生。

"杀！"关光夫命令。

十把大刀向这些屠杀过革命党的家伙头上劈去……

小 引

　　张之洞死后，清王朝派旗人瑞澄与铁忠督鄂，由于革命党在新军中的活动颇为频繁，瑞澄与汉人陈得龙合谋改变张之洞对革命党不加深究的政策，决心抓住就杀！湖北新军中形势异样紧张之时，武昌城里的皇亲派与湖北地方派军政斗争十分复杂。在敌人争权夺利的斗争中，吴兆麟决心利用这个对革命党有利的因素，扩大革命队伍，争取早日起义。但武器奇缺，不过有了钱就能买到武器。这时有情报称，张之洞的情报主政官冰云水为了投靠皇亲国戚，决心不惜重金买官。为了搞到冰云水的这笔钱，乘他与妓女四姑娘正在床上"厮杀"之时，刘复基赶到四姑娘房间，不料铁忠率卫队来找四姑娘寻欢……

第二十五章　四姑娘房间——没有硝烟的战场

1909年10月4日，两湖总督张之洞以73岁高龄谢世，清王朝命旗人瑞澂督鄂。瑞澂是清王朝人人皆知不学无术的皇亲国戚中的一员玩官。到任后又重用鲁莽如屠夫的旗人铁忠为军事参议（相当于现在军中的参谋长），两个旗人狼狈为奸，骄横无比。将阴险毒辣的陈得龙推上巡防统领的宝座。一时间湖北武昌城各派政治力量纵横，敌人明枪暗箭争权夺势的斗争对革命党非常有利。于是革命党决定准备起事，积极筹集资金为买武器之用。

这天晚上，吴兆麟化装成商人住进洪昌旅馆二楼6号房间时，丁正平与陆河中刚刚进来，刘复基就推门而入，脸上挂着笑意："各位，冰云水真的来了，进了四姑娘的房间。"

"陈得龙呢？"吴兆麟问。

"在11号房没有出来，肯定是和川妹子野花滚在了一起。"刘复基回答。

"好，马上准备行动"，吴兆麟说着从腰里拔出手枪，环扫众人后道，"争取不费一枪一弹！"

众人点头，各自拔出武器，蒙面！

10日晚上，吴兆麟将刘复基找到自己的房间，劈头就说："兄弟，枪的事有没有音信？"

"关光夫死活不说出枪的去向，还有那二十挺机枪的事更是缄口不提，艾玛说无计可施了。"

吴兆麟一听心中泛起一股巨大的浪涛。上次收拾了一批伪装成革命党的恶徒之后，关光夫从明斗走向暗斗与艾玛叫板。张之洞一死，瑞澂与铁忠两个旗人治鄂，冰云水的后台倒了。由于荫昌的关系，艾玛成了瑞澂家的座上客。关光夫不再是朝廷派来的钦差了，他被铁忠任命为陈得龙的谍报官。冰云水被派往陆军二十一协统黎元洪部当情报官，黎元洪与第八镇统制张彪有什么动向，立即向铁忠报告。这样，政治、军事斗争非常清楚地出现在关注政治斗争的人物面前。关光夫接近上层的机会少了，这对艾玛及革命党人非常有利。

"复基老弟"，吴兆麟一字一顿地说，"瑞澂与铁忠两个大草包，启用阴险毒

辣的陈得龙做了巡防统领，现在瑞澄放出话来，铁忠将要接替张彪第八镇统制之职；陈得龙将接替黎元洪二十一协统领统制之职。弄得张彪与黎元洪对瑞澄恨之入骨。在京城派与地方派的斗争中，如果我们利用矛盾，加快发展战线，武器是头等大事。第一要搞到关光夫的那些手枪与二十挺机枪，第二要设法搞到钱购买一批武器，你看有什么好办法没有？"

刘复基一听沉思起来，光凭两只手起事是不行的，武器是革命党最缺少的，有钱就能买到，问题是没有钱！

"据可靠情报"，吴兆麟说，"地方派的冰云水被关光夫排挤到张彪、黎元洪一边，冯启钧在利用关光夫的京城派关系打击冰云水。冰云水已经准备了三份银票，每份银票的数额都不小，是贿赂陈得龙、铁忠、瑞澄买官的。"

所谓银票，相当于现在的银行存单。那时的钱携带起来极不方便，一般都是拿银票交易。"找冰云水，把这三份银票要过来！"刘复基说。

"冰云水枪不离身，左右总有卫兵"，吴兆麟说，"下手的机会怎么样把握呢？"

"他最喜欢四姑娘，问问这个妓女，冰云水一般什么时候来找她？"刘复基说，"我带几个钱去塞给她，四姑娘只认钱！"

"好！"吴兆麟说："你马上行动！我让丁正平协助你！"

"好"，刘复基又问，"陆河中的情况有变化吗？"

"没有，起事之前，他将按计划打死旗人主政官，夺取督军府中存放的武器！"吴兆麟说，"他办事你放心，错不了。"

经过刘复基的一系列活动，钱发挥作用了，四姑娘告知，冰云水将于16日晚上来与她共度良宵，共同研究由她出面将银票交给铁忠、瑞澄、陈得龙三个人用于买官。只要打败对手冯启钧，只要陈得龙升为第二十一协统制官，赶走了黎元洪，他冰云水给陈得龙当个副手也行。

此刻，冰云水坐在四姑娘又肥又白的大腿上，10月武昌的天气不冷不热，正是他们滚拥在一起升温不燥的时候。

"水哥"，四姑娘一边用右手揉着冰云水的下腹部，一边娇滴滴地道，"这回升了官，别把小妹忘了啊！"

冰云水在色水中醉得昏沉沉的，他最喜欢四姑娘这一手功夫，半睁着眼睛仰卧在她怀里，突然坐了起来，很不协调地问："你都跟他们讲好了吗？"

"真扫兴"，四姑娘心烦地用指头点了下他的额头，"都什么时候，说这些干嘛？"

"四妹"，冰云水问，"你这些日子都跟他们挂上钩啦？"

"陈得龙昨夜来了"，四姑娘故作心烦的样子，"这狗东西不知道吃了什么补肝补肾强筋壮骨大补气血的仙药，把你小妈整得死去活来。哎，还不是为了你？"

"四妹受罪了"，冰云水忙抢着吻了又吻她，"你都怎么跟他讲的啊？"

"我说了，他陈得龙就是再有本事，也得有个好帮手，我说你是最好的人选，称你是我的远房表哥……"

"他怎么表态的？"

"急什么"，四姑娘故意做了个卖关子的神态，将大腿架在冰云水小腹部上压着，才又开口，"他说瑞澄、铁忠都要安插他们的亲信给他当助手，如果冰云水想演这个角色，这年头哪儿不洒油，哪儿的轮子就生锈。"

"我银票都带来了！"冰云水说着伸手拉过衣服，从口袋里掏出来，"你看！"

四姑娘数着银票，突然脸色沉下来："我牵线就这样白牵的？"

"先打发他们，帽子到了头上，我怎么会忘了你呢？"冰云水说着脸上浮起了奸笑。

四姑娘将三张银票死死地抓在手里，两眼半睁着朝床下一看，抓起衣服就穿。

"你……你怎么啦？"冰云水正在欲火中烧，忙拉住她，"今天我付你双倍的银子，你快……快点……"

"冰大人"，四姑娘一边扣衣服，一边道，"你知道，我虽沦为薄命妓女，但手眼通天这你也知道，瑞澄一到武昌就躺在小妹的腹下叫快活，铁忠在外面等到第二天早上才得到小妹一笑，你想要小妹，可以！但我要你今天被革职，就不会等到明天，要你明天上午升官，就不会等到中午。我就有这个本事。别说武昌城，就是北京、上海、南京，哪位达官贵人不晓得武昌有个四姑娘？今天你要找小妹消火不花银子，没门！"

冰云水一听脑门上的火苗蹿动，愤怒地从床上一跃翻起："你……你不能这样翻脸不认人吧？"

"我只认钱！干这一行的还认什么人？"四姑娘一把抓起衣服甩到他身上，"穿好，讲好了价钱脱衣服还不简单？"

"呼啦啦"，冰云水将衣服穿在了身上，当他刚刚扣好衣服正要说什么时，房门"咚咚"地敲响了，他愣了一下，向四姑娘递了个眼色，四姑娘老练地问："谁呀？"

"四妹，是我。"门外一个声音传进来。

四姑娘愣了下扭头盯住冰云水低声问："怎么办？陈得龙来了。"

"正好"，冰云水朝床下一指，"我在下面偷听你与他讲我的事。"

"好吧"，四姑娘忙对着门口提高嗓门，"陈大人，你来得正好，我正想着你呢。"

陈得龙在门外说:"你睡了,有客人吗?"

"没有,我起来了,起来了。"四姑娘朝床上一坐故意弄得床"呀呀"直响。同时又将外衣扣子故意一颗不扣,好像是真的为迎接他而刚刚起来的。

门开了,陈得龙一进来就抱住了四姑娘,四姑娘逢场作戏,搂着面对他的脸左右看了看说:"陈哥,这小婆娘好大的骚劲啊,半天时间把你整得脸上瘦尖尖了呢。"

陈得龙"嘿嘿"一笑:"川妹子野花功夫不比你差呢!"

"人家野花的床上功夫差的话,你会舍得出大价钱?"

"也对,我就是来问你的。冰云水肯出什么价钱嘛?"陈得龙问,"现在想通过我巴结瑞澄、铁忠的人,出的价钱都不小,你跟冰云水讲,这个数。"他伸了下手指,"少一分一毫我都不会干。冯启钧托关光夫找我买官,出的钱简直是天价啊!"

"我明白,但你千万别帮他的忙,天大的价格也不干,等冰大人的帽子戴上了再说。"四姑娘点点头对他说,"床上躺一会儿吧?"

"不了,我太累了,浑身筋骨要炸开了一样难受呢。"

"陈大人",四姑娘一边帮他捶背,一边说,"你跟我在一起,我总怕你累了,我在上,你在下。到了别的女人怀里,她就不管你的死活,只管她快活。你呀,要想多活几年,别找野花这样的骚货……"

"你别说了",陈得龙说,"你去告诉冰云水,就说瑞澄、铁忠那里由我去谈,问题不会大,对我他可要手松一些。现在上下由我打点,没有银子是不行的。"说着他眼睛瞟见箱子上的一副眼镜,拿起来看了看问,"你刚才接过客?"

"你知道,铁忠天天离不开我。"四姑娘说,"他中午来陪我睡了一会儿走的。说是晚上瑞澄来,还不知道他来不来呢。"

一听说瑞澄要来,陈得龙忙道:"你快收拾一下,万一我与瑞澄大人在此相遇总有些不好,我先告辞了。"

"陈大人慢走!"四姑娘两手扶着门框,目送陈得龙,"明天晚上我陪你。"

"好好好,明天见!"陈得龙说着,又溜进了野花房间。

"出来,快出来呀!"四姑娘关好门朝床下叫道。

冰云水爬出来了。

"都听到了吧?是什么你都清楚了吧?你还认为是我从中用锈刀子杀你。"四姑娘说着用右手托住冰云水的下巴,"怎么样,银子到,官帽子就到手了!"

"咚咚咚"又一阵急促的敲门声。

"谁呀?"四姑娘忙问,"我睡了,有客人请明天来。"

"四姑娘,有急事相告,快点!"是六姨妈在叫。

妓院称姨妈的，一般也就是"鸡"头儿。四姑娘朝冰云水说："你坐着，我开门。"

冰云水正在回味着陈得龙刚才讲的话，没把精力集中到现实来，心中在折腾：老子的几个钱，只怕要被这顶帽子搞干了……

门再次开了。一个身着黑服，头戴黑帽，面蒙黑布的大汉只露着两只眼睛出现在门口，不等发愣的四姑娘悟过来，这人用枪逼住正在椅子上发呆的冰云水，一字一顿地问："冰大人，革命党向你借钱买枪，将来好作杀那些贪官污吏之用！"

"你……你什么人？"冰云水顿时惊恐万状。

"怎么，你耳朵不管用了，刚才我讲了，打个屁的时间都没有你就忘啦？"

"我……我……"

"你什么？"来人用枪管轻轻敲了一下他的头顶，"怎么样，是差人到家里去拿呢，还是开银票给我？"

冰云水浑身的二百零六块骨头几乎都软了，一下子沉在椅子里四肢抬不起来。

"告诉你姓冰的，过去你靠着张之洞大人谋生计，左右与革命党过不去。现在张大人升了天，你想巴结旗人瑞澄是行不通的，中间隔了个陈得龙，就像隔了一道高山，你翻不过去的。只有老老实实听革命党的，挖个坑把清王朝埋了，你才有出头之日。"蒙面人说着又一次言归正传，"有没有钱？"

"这……这位大人"，冰云水只好以退为进，"我身上哪有你要的那么多钱呢？"

"没有不要紧"，蒙面人说，"你先在这里委屈到明天上午银庄开业时，打电话叫家里人送银票来。"

一听说要将他押在这里，冰云水浑身的血几乎要凝固了，忙欠了欠身子说："我打电话要家里送……"

"别像打发要饭的那样打发我！老实告诉你，今晚只有两条路：要命，送银子来，舍不得银子，今晚就放你的血！"

四姑娘一看这刀枪，心里更是恐惧。只好贴着冰云水的耳门低声道："冰哥，这三张银票交给革命党吧，生命是没有返程票可买的。"

冰云水白了她一眼，就向枕头下悄悄地伸手。他随身佩戴的手枪一进门他就从腰里拔出来压在枕头底下了。这会儿他只要抓住了枪，就有反抗的本钱了。

"冰大人，使不得！"四姑娘明白了他的动机，忙一把抓住他的手，"打起来必有伤亡！"

"啊，你想拼个鱼死网破？"蒙面人一把掀开枕头，一支日造手枪出现在眼

前，"告诉你，冰云水，革命党已经是里三层外三层把你包围起来了，就是你打死了我，你也多活不过我咳一声的时间！"

"你……你到底要多少银子？"冰云水问。

"韩信用兵，多多益善！"

"多多益善，多多益善。"冰云水忙接住话，"我现在真的是没有……"

"四姑娘，冯大人已经在外室，不知道是不是找你来了！"外面六姨妈又道，"有几十个正目大人在清场子。"

冯启钧来了，而且带来了几十个士兵在妓院作警卫。不用说，今晚不是瑞澄逛窑子呢，就是铁忠来寻欢作乐。蒙面人大吃一惊，冰云水如同有了救星一般突然在椅子上移了移身子。

"冰大人，放明白一点，六姨妈跟我是通的"，蒙面人说，"老实告诉你，快滚到床下面去！"

在手枪的威逼下，冰云水只好服从地爬到床下，蒙面人侧卧在床下枪口直抵住他脑门。

"大人，四姑娘今天身子不舒服，不接客！"姨妈在外面大声道，同时也是告诉里面的人。

"快告诉四姑娘，铁忠大人马上就到！"一个正目喊道。

"不行啊，铁大人"，姨妈大声道，"四姑娘一月一次的身子不舒服，赶上今天提前了……"

"咚咚！"两下重重的敲门声，"开门，我们大人来了。"

"请告诉大人，我肚子痛，哎哟，我的妈呀，你不欢迎……"四姑娘说着叫出声来，"哎哟……"

"啪！"门被人一脚踹开了。铁忠似笑非笑地站在门口，"四姑娘，我中午……"

"大人，是下午来的"，她说着将手伸进下腹一抓，挤出血来拿指头给他看，"今天……今天……我失陪了。"

铁忠走了进来，狠狠地反手将门关上，五六个正目分开在门外站着警卫。主子嫖娼也不能没有保护呀！

"听说冰云水来过？"铁忠问。

"是……是来了，刚……刚才见我这样就走了。"

床下，冰云水想冲出来。但那硬邦邦的枪口直抵得他下巴生疼生疼。

"我听说他花大钱找陈得龙买官，是你在牵线？"

"大人，是有这件事，但还没有成交。"

"他们准备什么时候成交呢？"

"陈大人要的价太高，冰大人一时手头有些紧，我一手托两家，从中没有得到两位大人半点好处。"

"你告诉冰云水，官是我卖的，陈得龙也只是我的一个大跑腿，他冰云水想发财升官，就直接找我，我手里有的是官帽子。谁的银子多，我就卖给谁。"

"那陈大人怎么说是他说了算，说是你听他的呢？"

"放他祖宗的屁！老子听他的？不是我从中穿针引线，他攀得上瑞澄大人？"铁忠说着搂住四姑娘，面对面地又道，"记住，这湖北除了瑞澄大人，就是我了。要升官，送银子来，没有银子别进来！就像你，我什么时候白耍你了？"

"大人，我……我是……"

"四妹"，铁忠打断了她的话问，"你跟关光夫好不好？"

"大人，我除了跟你是有缘相好的外，其他的谈不上好不好，只是我的身子与钱的交易。关大人也来找过我，他跟大人你一样，不见我心里怪痒痒的。"说着故意作了个情深意切的眼神。

铁忠亲了她一口说："听冯大人说关光夫买了二百支德造手枪，想送到京城讨好巴结……"

"在床上完事后，没话说，找屁放时他好像透露过有枪的音。"

"冰云水的机枪被盗，听说也是他搞的？"

"好像有这么回事，我听他讲过。"

"关光夫还谈过什么？"

"他说他想娶我作妾。"

"他妈的，他把你要走了，我们还玩什么？"铁忠一脸色笑，"你这个骚货，男人见了你腿都软了"，说完，又吻了她一口，"好吧，我到野花那里去过夜。"

"不……不行，陈得龙在跟她相好。"

"他下午又来了？"铁忠问，"仙桃呢，她今夜有客人吗？"

"大人，我带你去把仙桃的客人赶了，让大人好好开开心。"

"那好！"

"冰大人买官的事，我叫他直接与大人联络。好吗？"

"对，把陈得龙甩了，这个婊子养的还想从中杀几个银子走，雁过拔毛，叫他办不到！"铁忠气急败坏地朝外走。

前面，冰云水心想：今天只要活过来了就不怕，因为铁忠是巴不得有人向他买官！

"冰云水，你不把买官的钱拿出来，死路一条！"蒙面人在床下逼住他，"连铁忠都知道你要花大钱买官，你还在骗老子两手空空，只要你对革命党两手空空，我就要把你身上的血放干！"

"大人"，冰云水哭样地道，"我真的是……"

"咚！"门开了，四姑娘进来又打断了冰云水的话，"出来，你们出来吧，千万别动刀动枪啊！"

"说，你是想死，还是想……"

"大人，使不得，使不得呀。"四姑娘一把拉住蒙面人，双脚往下一跪，"大人，冰大人受朝廷小人整治，正是落魄之时，官运、财运两不顺，请大人开开恩吧，将来有了钱一定送给大人。"

"我就不相信他没有钱，刚才铁忠还说他拿大钱买官嘛！"蒙面人说，"那好吧，我成全他！"说着枪口瞄准冰云水的头。

"大人，千万不要！"四姑娘死死地抱住蒙面人那握枪的手，"你要打，就先打死我吧，冰大人真的跟关光夫不一样。"

"四姑娘，你就把银票交给他们吧！"冰云水一看四姑娘如此忠于他，终于舍财保命了。四姑娘泪如雨下，"大人，将来你怎么办？将来……将来做不上大官，你……你的日子……"

"四妹，我算认识你了！"冰云水拉住四姑娘低头就拜，"你……你是我的好妹妹……"

"冰哥，只要你心中有妹妹就好！妹命苦啊……"

"快，交出来吧。"冰云水催着，"他们走了，我兄妹好好地说说话，没得事！"

四姑娘心中一喜，忙从床柜缝里掏出了三张银票交给蒙面人："大爷，三张银票不少了，请放冰大人一条生路！"

蒙面人一看三张银票数字都很大，拿在手里说："二位不能走了，等我们明天取了银子再离开！"

小 引

　　革命党急需的是武器。吴兆麟巧设计谋请刘复基操纵艾玛之时，关光夫中计，准备拿出武器组织一支暗杀队谋杀革命党，以讨好瑞澄、铁忠。而艾玛的听差与瑞澄的卫队正目丁三又合谋，决定打死关光夫，抢到这批武器，卖给革命党发一笔军火财后解甲归田。于是海道武与丁三深夜赶往艾玛处找关光夫打听武器的存放处。

　　关光夫一心想做第二十一协统领制，取代黎元洪，但瑞澄与铁忠内定取代黎元洪的是陈得龙。关光夫命令冯启钧到妓院处死陈得龙。

　　在争权夺利的政治斗争中，革命党制造矛盾后又利用矛盾与敌人周旋之时，艾玛房间突然三声枪响打破了黑夜的寂静……

第二十六章　午夜枪声

就在刘复基他们从四姑娘手中接过银票的时候，艾玛从瑞澄家走了出来。她扫了一眼黑沉沉的天，月亮与星星都不见了，不远处有很多士兵在闲转。10月的夜风吹得她有点凉，她拉了拉衣服就招手要了辆人力车，直奔长堤街61号住地。

"出来了，跟上。"在一处暗角落里，关光夫正盯着艾玛，见冯启钧两眼直直地盯住一个路过的女人走路扭动的腰肢，忙上前掐了一下他的后背，阴阳怪气地道："眼睛长直了治不好的！"

"关大人"，冯启钧眨了眨眼睛，"干脆，一不做，二不休，用这个开她的膛！"说着拍了下腰上的刀。

"别说一个艾玛，就是二百个艾玛，我要她今天死，也不会等到明天早上！"关光夫说，"问题是她不能死！"

"她搞得你不得安宁，再说你又得不到她，留着干什么？"冯启钧呲着牙，"你怕，我动手！"

"冯老弟，没有她，你巡警道的帽子早掉了！"

"我的帽子？"

"对，陈得龙想把你的帽子搞掉，戴在他内弟巫三明的头上。我叫艾玛在铁忠面前扇了他两扇子阴风，这小子的美梦就吹了！"关光夫说。

"这么说，有时候她还对我们有用？"

"就是，朋友不怕多嘛！"关光夫说，"我今天有件大事托了她，想讨个信我才睡得安呢？"

"什么事？"

"听说铁忠与陈得龙合谋，要我那二百支手枪，不然，他们就处我私藏武器罪！"

"好多人都有火器，朝廷没有定这种罪的法，你怕什么？"

"法也是人定的，这年头谁的权大，谁就是法"，关光夫说，"陈得龙就是怕我挤了他的位置，才处处为难我，我落得这个田地与他有很大关系呢。"

"把他宰了，怎么样？"冯启钧建议，"他今天夜里在洪昌旅馆11号房。"

"啊，你怎么知道？"

"一个叫野花的川妹子，人长得标致，又会传情，迷死人了。我昨天去她那里，叫她陪了老子一夜，今天上午头重脚轻起不了床"，冯启钧流着口水哈哈一笑，"听野花讲，今夜是陈得龙包她一夜。"

"干掉！"关光夫一咬牙。

"好，我马上就去。"

"慢！"关光夫又道，"万一被人抓到了呢？"

"把洪昌旅馆的总电闸一断，黑灯瞎火的鬼知道！"冯启钧说，"管电的是我一个没出五房的弟弟，干完了让他回湖南长沙，鬼都找不到他！"

"不要找帮手，这件事不能让第三个人知道了。"关光夫说。

"好！决不会坏关大人的事！"冯启钧说完扭过头，"我走了！马上就除了你的心病！"

关光夫目送冯启钧走后也悄悄跳上一辆人力车："长堤街61号，快！"

艾玛从瑞澄家出来刚回到家，荫昌给她写来一封信还揣在口袋里没看，关光夫就喘着粗气闯进来了。

"艾玛，我是来讨音信的！"关光夫一进屋，一屁股坐在椅子上，"今天麻烦你了！"

"有关枪的事没事了"，艾玛说，"瑞澄大人建议，你把枪拿出来成立一个暗杀队，由你领头专杀革命党！"

"好，是个好建议，还是大人高明，高明！"关光夫忙说，"铁忠大人的意见呢？"

"这年头谁的官大，谁就是对的，更何况铁忠总是以瑞澄大人的意见为意见，从来没有自己的主见呢！"

"对对对，要想跟大人跟得好，决不能有自己的见解，这是在朝中做官的……"

"我说关光夫"，艾玛打断他的话，"暗杀队的人选你想怎么样安排？"

"让冯启钧在各部队中挑选。"

"瑞澄大人不是这个意思。"

"大人要从京城挑选人来？"

"瑞澄与铁忠两位大人送人来，你只管领头好了。"

"我……我总要几个熟悉的叫用呀！"

"冯启钧行不行？"

"行是行，就是头脑太简单了点。"

"你看，这个人怎么样？"艾玛说着从口袋里摸出一张纸递到他手中，"瑞澄大人写给你的。"

原来昨天晚上，刘复基深夜造访艾玛，艾玛不知道是出于什么原因突然抓住刘复基的手说："刘哥，你有文化，又教过书，在军中做个正目太委屈你了，瑞澄大人要我帮他推荐个对湖北比较熟悉，又有文化的人给他做随行参谋，我向他推荐了你。"

"谢谢你的好心"，刘复基两眼深情地望着她，"艾妹，你知道，我在乡下有妻子和一个女儿呢！"

艾玛垂下眼皮，两手捏着刘复基的右手，过了好大一会儿才说："其实这也没有什么，皇帝有三宫六院七十二妃，为什么平民百姓不能有一个相好的呢？"说着，她扑进刘复基怀里："刘哥，你为什么总是拒绝我，我……我真的是爱你的。"

刘复基按照吴兆麟事先决策好的方式，继续说："朝廷把我当成革命党收拾，你是清楚的。"说着用右手托住她的腮帮子："说不定什么时候他们会杀了我的。"

"刘哥，我是支持革命党的，这你是最清楚的。"

"我们都很感谢你！"刘复基握住她的手，"你拥护革命党，又在背地里支持我们，今天有一事相求。"

"求我？"艾玛伸出右手向自己指了指，"我能办到什么？"

"枪，搞到武器！"

"我……我没有那么大的本事。"

"如果你按我们的计划行事，关光夫手中的枪会自动送给我们。"

"啊，他会有这么好？"

"你一方面放风说，铁忠大人要他交出枪，否则拿他私藏武器问罪，使他惊恐不安。其二，要说服瑞澄大人成立暗杀队，也就是情报队，装备就是关光夫那一批手枪，让瑞澄大人让你当总指挥，关光夫当你的副手。这样，他不就乖乖地交出枪，又到不了瑞澄他们手里？将来起事时，我们杀死仇恨革命党的人，武器不就成了我们的了？"

"刘哥，好主意，好主意！"艾玛高兴得跳了起来，"你真聪明，真的太聪明了！"

刘复基乐呵呵地一笑："我们革命党中聪明的人很多很多。艾妹，等这批枪搞到手了……"

"你放心，我明天就去找瑞澄大人！"

艾玛说到就做到。瑞澄特喜欢她。今天晚饭吃完后，艾玛将关光夫私藏二百支手枪与二十挺机枪的事全部向瑞澄讲了，再将刘复基的计划向瑞澄重复了一次。瑞澄心想，有一支暗杀队对付革命党很好，于是，他基本上是按刘复基对艾玛的交代实施的。

现在，关光夫看到瑞澄给他的信中有一段是：

……暗杀队成员必是忠于我朝廷，艾玛总统领，关光夫协助艾玛……

读到这么一句，关光夫脊背上冒出冷汗，这不是要我白白地将枪交出来，由艾玛来监督我了吗？

"明天你准备一下，找个地方训练队伍。"艾玛说。

关光夫抬眼望着她，沉默了一会儿后说："你现在是暗杀队的总督？"

"瑞澄大人的安排"，艾玛说，"我已有些合适的人员了。"

"我担心有革命党混进来了"，关光夫注视着艾玛的神情变化，"弄得不好暗杀队成了暗杀我朝廷命官的凶手，你我都不好向瑞澄大人交代呢。"

"我相信自己的眼力"，艾玛说，"明天我派人与你一同去取枪。"

"只怕是明天我还忙不过来。"

"关光夫，我告诉你，不要舍不得拿出来。现在武昌城里以张彪、黎元洪为首的地方派在到处扩大实力，万一这些枪落在他们手里，瑞澄大人是饶不了你的！"

"听说铁忠大人要取代张彪？陈得龙取代黎元洪任第二十一协统领制？"关光夫问。

"谁主政，我们都是为朝廷做事，你操这些心干什么呢？把自己的事做好就行。"艾玛说着理了理头发，"明天去取枪！"她担心他夜里把枪转移了，声称被盗，"今晚我要知道枪在什么地方！"

关光夫哑了！

"关大人，不能说出来！"门外一个急促的声音，"千万不能讲！"

艾玛一听是海道武的声音，心朝上一提，断定其中必有人透了风，忙拉开门大声逼住海道武，"你是我的听差，胆敢深夜偷听我的活动？"

海道武手中没有武器，但腰上好像鼓鼓的，站在门口两眼瞪得如同牛蛋蛋。

关光夫一看一贯顺从艾玛的海道武凶相毕露，显然这是艾玛触犯了他的根本利益，忙用不变应万变的笑脸道："道武老弟，有什么事好好说，你怎么用这种态度对待艾高参呢？"

"关大人，你被人家卖了，还帮人家数钱！"海道武道。

"道武，把话说清楚，不要这样激动嘛。"关光夫又道。

艾玛今天临出门时，瑞澄交代她说："枪到手后，找个岔子把关光夫处决了，不然他会联络地方派的张彪、黎元洪、冰云水，坏我们的大事。"

"知道了。"艾玛点着头回答。

"还有，你身边那个当差海道武……"

"他过去是冰云水的人，我只不过是利用他一下。"

"他好像知道你的事较多，最好灭了口。"

"我明白！"艾玛说。

"千万别让他与关光夫搅和在一块儿，尽早下手。就这两天吧！"

艾玛叹了口气："冯启钧怎么办？"

"这个人听说谁的实力大，就跟谁干。再说把狗都打死了，没有看门的也不行，先留着看看吧，首先是把枪搞到手。"

"好，我听大人的！"

……

谁知艾玛与瑞澄这一对话，被海道武内弟的一个酒肉朋友、瑞澄的卫队员丁三听到了，他跑出来直奔海道武家，开口要三千元卖这个情报。海道武推开妓女怒视着丁三说："你的口开得是不是大了点？"

"道武兄"，丁三板起脸，"我是冒死出来报信的，我与你一不亲，二不友的，凭什么跑出来向你报信，不就是为了卖个好价钱吗？"

海道武只好将钱交到他手中，丁三一五一十地将他听到的艾玛与瑞澄的对话讲出来。海道武听着听着浑身冷汗直冒，两眼发昏般望着对方问："丁三，你可千万别为了几个钱来骗我，坏了我的前程啊！"

"我用头担保，我讲了半点假话你把我的头砍下来！"

"依你的高见，我该怎么办？"海道武问。

"快找关光夫摸到枪藏在什么地方，然后杀了他，把枪卖给革命党，发一笔财快走人。海大哥这样上下巴结人，八面讨好不就是为了升官吗？升官的目的还是为了个'钱'字。这一下二百支枪能发大财，还在这里成天装笑脸讨好别人干什么？"

"有道理，走，找关光夫去。他成天想艾玛的心事，围着她的屁股转，现在十有八九在艾玛那里。"海道武凶狠地说。

丁三一把拉住他："海兄，事成以后……"

"有你的，不会忘了你的！"海道武忙道，"你走，跟老子一起干，搞死关光夫，顺便把艾玛玩一夜，清晨再把她捅死！"

"好，你是个好高参！"丁三拍着海道武的头笑了，"走，找关光夫发财去！"

海道武赶来了，他偷听到艾玛与关光夫的对话，明白这是艾玛使出的策略稳住关光夫，毫不费神地拿到武器。这不是断了自己的财路吗？

"关大人，她在骗你，骗你！"海道武一手揪住艾玛的衣服，一边奸笑道，"你骗迷了关大人，是骗不过我的，你与瑞澄这只老狼在门口讲的我都知道了！"

"我说海道武"，艾玛一掌打掉他揪她的手，"这武昌还是大清王朝的天，你听清楚了吗？"

"关大人，他们是想把你的枪骗出来，再杀了你！"海道武扭头对关光夫说，"打死她，我们快走！"

"艾玛，你真这样狠毒？"关光夫摸出枪顶住艾玛，"你是把枪拿去贡献给朝廷呢，还是卖给革命党发点小财？"

"唰"地，海道武两条胳膊一甩，两支短枪两手各握一支，分别指着艾玛与关光夫，"都给老爷听着，不实话实说，老爷今天就要你们流干血！"

"咚！"门被人一脚踹开了。三人扭头一看，几个蒙面大汉出现在门口，几支黑洞洞的枪口也在对准着室内的人。

"放下武器！"一个蒙面大汉命令海道武，"快，不然首先打死你！"

海道武如同一个泄了气的皮球，顿时软了，将手枪甩在了艾玛房内的桌子上："各位好汉，有话好说，有话好说。"

"带进来！"还是高个子蒙面汉在发布命令。

两个蒙面汉将丁三推进来了。

关光夫与艾玛都大吃一惊：丁三？

"是我瞎编了个故事骗海道武，企图借海道武之手捞一笔钱解甲归田……"丁三说着跪在地上，自己扇自己的耳光，"我……我他妈的不是东西！"

"快，把这个女人绑了！"大个子蒙面汉还在用湖南腔命令。

刚才押丁三进房的两蒙面汉分两侧将艾玛架住，连拖带推地将她拉出门来。高个子蒙面汉在外走廊里拉开面罩："艾妹！"

艾玛惊魂中定睛一看："刘哥，你……"

"我说一口湖南话音，你听不出来吧？"刘复基说着忙走近她，"有人跑进洪昌旅馆，杀了一个川妓野花与嫖客，我们发现凶手朝这个方向跑，就悄悄地跟了上来，在你楼下被凶手发现，让他给潜逃了，结果碰到丁三，他招供关光夫在上面，海道武要杀你们，把枪搞到卖给革命党……"

"啊，我明白了！"艾玛说道。

"砰，砰，砰！"三声枪响。

刘复基惊异地又拉上蒙面布冲进去时，他发现关光夫伏在地上，丁三、海道武也倒在地上……

原来，海道武知道今天已经撞下死罪，他突然拔出隐藏在腰里的又一支仅有三发子弹的枪，首先打死丁三，再击关光夫。刁狡的关光夫一看态势，"唰"地

237

倒地装死，海道武开枪自杀了……

"你们快走！"艾玛趁关光夫还没悟过来忙说，"快！"她推了把刘复基，"关大人，关光夫，你不能死，不能死！"艾玛抱住关光夫。

关光夫一看蒙面人都一下子跑得无影无踪了，呆呆地望着艾玛，大气不敢出。

"发生了什么事？"门外的人冲进来了。

"冯老弟"，关光夫从艾玛怀里挣扎着坐了起来，"出……出大事啦！"

"凶手都跑了，跑了？"冯启钧焦急地说，"怎么回事？"

原来，冯启钧并没有跑远，而是隐藏在 61 号对面的一个垃圾坑里，亲眼看到一群蒙面人押着一个正目上了楼。当他听到枪响，又见蒙面人都冲下来向四散逃走时，他赶上来了。

"海道武开的枪"，关光夫说，"蒙面人都跑了。"

艾玛心里是有数的，她看到大批宪兵听到枪声赶来时，忙对关光夫说，"走，跟我走！"

"上哪儿？"

"找铁忠去！"

"不……不行，有些事……"

"关光夫"，艾玛拉住他的手，"像海道武这样想抢武器卖给革命党发财的人大有人在，你马上跟我走，把武器送到有人保护的地方！"

"不怕，那二百支枪与搞到的冰云水的机枪全部藏在我的办公室后面暗楼上面。"冯启钧嘴快，一下子道明白了。

关光夫生气地瞪了他一眼，只好对艾玛说："怎么办？"

"命令陆河中带人去把东西抬到瑞澄大人处。"艾玛说，"要快，革命党只怕已经盯住了！"

关光夫点头之时，宪兵们在楼下乱哄哄地直朝楼上跑……

小 引

　　张之洞走后的第二年（1910 年）5 月，革命党都在积极筹款买军火，同时也在千方百计地从清政府军库中搞到武器。武昌城里寻求武器的革命党，始终盯住关光夫手中的二百支手枪与二十挺机枪。这是一批进口货，若搞到手，革命党就有了精悍的武装。关光夫在政治上失意之后，朝廷钦差的大帽子也没有了，但他深知武器与权力的关系，于是将武器隐蔽起来，自己也潜伏着静观政治动态，寻找机会向朝廷递送情报，总想置艾玛于死地！关大夫的算盘应该说是打得很精明的。他一生有三件事最重要，一是官，二是钱，三是女人。他把武器藏好后又悄悄地将冯启钧正闲着的十姨太何琳哄骗去同居。他对何琳的承诺是：事成，这些武器是做官的本钱。不成，这些武器可以卖个好价钱。颇有心计的何琳经过观察，认定关光夫很难出人头地，而冯启钧正在向旗人示好，有望能东山再起，于是她乘关光夫不备潜出来向冯启钧报告了关光夫的潜伏地……

第二十七章 色 戒

1910 年 5 月，湖北革命党人有些人一时间持悲观、观望、动摇的态度。吴兆麟看在眼里，急在心里，他决心尽快搞到武器，并讲究斗争的方式，让革命党人拥有自己的武装！

19 日晚上，吴兆麟走进千家巷 15 号少妇徐菊花开的茶馆时，丁正平、陆河中、刘复基已经早到了，正在二楼一间不到十平方米的房间饮茶议事。见吴兆麟进来，刘复基忙对他说："吴哥，那个关光夫又出现了！"

"啊，是好事嘛。他在何方？"

"艾玛说陈得龙正在组织兵力侦察他！"

"我们要赶在陈得龙前头抓到他，搞到他手里的武器！"吴兆麟说着皱了皱眉头又道，"艾玛知道他隐藏在什么地方吗？"

"她正在找人打探，今夜马上就有着落的！"

"太好了！"吴兆麟激动起来，"四姑娘被陈得龙弄到长堤街 104 号包起来了，搞得铁忠天昏地暗地到处找。干脆托人向铁忠报信，让铁忠收拾陈得龙……"

"这一计行，我马上派人给铁忠送信！"刘复基说着，摸出笔就写，一边说，"只要他们互相杀起来了，转移了精力，我们的事就好办多了！"

"弟兄们"，吴兆麟一坐下来就直扑主题，"今年 2 月 2 日，四川革命党秦炳、程德藩、佘英率众起事失利；27 日，我革命同志熊成基在安庆被处死；2 月，我革命同志倪映典在广州领导新军起事失败；4 月，汪精卫、黄树中、喻培伦等革命同志被捕。这些失败，归根到底都是没有精良武器装备革命队伍所造成的。搞到枪，是我们革命党人的头等大事！"

"吴哥，听说刘思复等一批革命党，在香港成立了暗杀团，专门处死清王朝官员和仇恨革命党人的皇亲国戚！"

"有这种事，我听说了"，吴兆麟说，"根本的问题是武装同志，组织好队伍。我看光凭暗杀，革命很难成功。"

大家听着没有吭声。

"关光夫潜逃后，冯启钧就来投靠了艾玛。听说关光夫把他从苏州拉来的十姨太何琳也带着跑了。"吴兆麟说，"陈得龙也在找关光夫，他想那二百支手枪，二十挺机枪，跟我们想到一块儿了。"

"吴哥"，刘复基又风风火火地闯进来了，"艾玛托人转告，关光夫与何琳隐蔽在楚雄东街 28 号，枪也埋在他们家的地下。现在马上要去，不然又搞走了。"

"走！"吴兆麟有些激动，"各位边走边议事，时间不多了！"

原来，自从关光夫失意逃走后，他认为一旦时机成熟，手中有二百支手枪、二十挺机枪，拉起队伍投靠谁，都可以捞个一官半职，吃喝就有着落了。于是他花小钱在楚雄东街 28 号买了一栋半旧砖瓦房，将枪支抬进屋里埋好后，又将何琳悄悄拉到这里，静观时局变化。他深信只要陈得龙失意，他东山再起的时日马上就会出现。但他万万没有料到，何琳怀念与冯启钧的床笫之欢，不时地避开关光夫与他的耳目出来与冯启钧相会。

冯启钧并非等闲之辈，他明白找到了关光夫，等着他的有两点：报告了铁忠，由于有功也许能升官；而陈得龙也许会百般阻拦，弄不好陈得龙派一杀手朝他开一枪，官升不成反而丢了性命。所以他迟迟不向瑞澄和铁忠报告。若把关光夫杀了，取出枪来托人卖给革命党，这是一笔可观的大买卖，发一笔枪财再去买官，暗中逼走陈得龙也许是一条最有出息的路。思来想去，他请何琳千万稳住关光夫。等他找好买主，弄个好价钱再处死关光夫，发财之日就到了。然而，冯启钧也明白向革命党卖武器，朝廷知道了是人头落地的罪行。于是乎他又生一计靠拢艾玛，请艾玛在瑞澄与铁忠之间周旋。

夜，已经很深了，楚雄东街仅有的十二栋房子，被一片大树掩盖住了。这时，关光夫如同喝了酒般抱着冯启钧的十姨太何琳，他听到有人敲门，但是四肢无力，眼睛怎么也睁不开。何琳也是这种症状，但好像比他要好一点，不时地可以睁开眼睛。

"陈大人，只有把门一脚踹开了！"门外，冯启钧对陈得龙说，"肯定人在里房没有走。"

陈得龙白了他一眼说："你太太跟别的男人睡，你头上的绿帽子快压断脖子了。连太太都管不住的男人还有本事掌大印吗？"

"大人，我……我也是……"

"少废话，快站开，看到自己太太睡野男人，心里还好受吗？"说着推开冯启钧，"我来踹开门！"

"不"，冯启钧牛劲上来了，"我倒要看看这对狗男狗女是怎么样黑心……"

"咚！"一个正目狠狠地一脚，将门踹开了。

"开灯，快开灯！"陈得龙闪开大声命令。

"唰"地一下，冯启钧手中的日造电筒亮了，一道白光照在床上，由于是不

冷不热的天气，一男一女赤条条地拥抱在一块儿，在电筒光的刺激下，两头猪般的躯体扭动了一下，仍继续抱在一块儿。

"混蛋，把衣服穿起来，穿起来！"两个正目走上去，用枪托顶住男女的屁股，"快穿上！"

但两人只是扭动了一下，继续拥抱在一块儿不松手。陈得龙走上前左右看了看，感到有些奇怪，命令两正目："给他们穿衣服。"

正目们执行命令之时，一盏油灯点亮了，不知是折腾后的原因，还是门窗大开通了空气，何琳首先眨了眨眼望着冯启钧，大惊失色般两手一合对着冯启钧："你……你……"

"别害怕"，冯启钧走上前双手扶住她，"怎么回事？你们怎么睡得这样死？"

"我……我知道有人进来，就是没有力气动，眼睛睁不开。"何琳背靠着床架，有气无力地说。

一名大概懂点医术的正目挤过来了，他将关光夫的头抱住，用拇指在人中等部位穴上按了一会儿，关光夫睁开了眼睛，望着冯启钧就站在床前，他一下子失色地挣扎着说："冯兄，对不起你，对……对不起你……"

"关光夫，你把枪交出来！"一个恶狠狠的声音传出来。

关光夫定睛一看是陈得龙，明白今天的事整大了。他们都是为枪支来的，看来要躲过今天是有困难的。但又想，他们怎么知道我在这里呢？

"快交枪，交枪明白吗？"冯启钧也催促道。

"关大人，快把枪交了图个吉利吧。冯大人不计小人过，会成全我们的！"何琳也说。

关光夫吃力地站了起来，一个正目上前搀扶住他。他左右扫了一眼陈得龙与冯启钧说："在后房间的衣柜下面，移开柜子，掀开石板就是洞口。"

"快，跟我来！"冯启钧在陈得龙面前竭力讨好，风风火火地赶到后房。

几只电筒将后房照亮着，四个正目抬开柜子，果然出现一块青石板。

"掀开，把石板掀开！"冯启钧命令，并抬头望着站在身后的陈得龙，"这些枪要向瑞澄大人与铁忠大人报告吗？"

"这么大的事当然要报告。你功不可没啊！"陈得龙干脆把话讲透了。

冯启钧苦苦一笑，一个快步上前帮助正目移开青石板，一个黑洞口出现了。

"电筒，把电筒拿进来！"陈得龙命令。

两只电筒递过来了，陈得龙与冯启钧各持一只。冯启钧照着地洞说："大人，你看，东西都在里面呢！"

陈得龙用电筒朝下看时，两眼看见一个个的木箱子上还印着洋文，顿时兴奋地问："没开过箱？"

"没有，从香港运来就是这种箱子装着的。"冯启钧说着又向两个正目道，"下去，用绳子捆起吊上来！"两个正目站在洞口不知道怎么样下去之时，又一个正目拿来了绳子，冯启钧对拿绳子的高个子道："你下去，下去搞快一点，天都快亮了！"

高个子只好"咚"地从上面跳下去，双脚稳稳地站在了箱子上。当他下到洞边的石头上站住，两手用劲搬箱子时，箱子轻松地被他举起来，他忙放下大声对上面问："大人，箱子里有东西吗？"

"有，是装的枪、炸药、子弹什么的。"冯启钧忙回答道。

"是枪？"大个子重复了一句，忙掀开盖子，抬头对上面道，"冯大人，箱子是空的。"

冯启钧一听大吃一惊："你再看看？"

"大人，你看！"高个子将箱子翻了个底朝天。

洞上面的人"啊呀"一声。

冯启钧顿时脸铁青："快看底下的那个箱子！"

高个子正目将上面那个木箱举到头顶甩到洞上来，又接着搬脚下的箱子时，他感到很轻，冯启钧在上面迫不及待地问："重不重？"

"不重，箱子是空的！"正目在洞中回答。

洞上的人一下子都愣住了。

"走，找关光夫算账去！"有人在大声吼。

"冯大人，这是怎么回事呀？"陈得龙冷冷地盯住冯启钧，"说呀，你刚才不是……"

"大人"，冯启钧一下子浑身发抖，"关光夫骗我们，他是不要命呢，还是想别的什么，让我来审他！"

"去吧！"

"我能不能对他动刑？"

"只要他开口，想怎么样搞都行！"

"好，我冯启钧要他关某重新认识我！"

关光夫已经知道洞里面的枪不翼而飞了，大惊失色地一屁股沉在地上，昔日京官大人的风采烟消云散了。他两眼凝视着走进来的冯启钧："不会，不会的呀，这……这……"

"关光夫，你他妈的如此有心眼？"冯启钧恶狠狠地道，"你耍了老子的姨太太，又要我的命？"

"冯……冯兄……"

"大人，我亲眼看到他搬进去的，我还帮过他的忙。"何琳走过来说，"不是骗你的。"

"东西没有了是事实嘛。"一个正目道。

陈得龙也走过来了，瞪着一双眼就是不吭声。

"得龙兄"，关光夫跪在地上，"啊，陈大人，这……这是怎么回事？你……你们……"

"什么你们他们的"，冯启钧截住关光夫的话，"枪，枪在什么地方？"

"我……我真的是放在这里面的！"关光夫眼泪朝肚子里流，"你们一定怀疑我……"

"你一定要交出来！"冯启钧吼叫道。

陈得龙仍然不发一言，两眼继续盯住关光夫。

门外，一个黑影已经避开步哨，正悄悄地接近这栋树木掩盖的房子。不知道是为什么，他将手中的枪朝口袋里一装，又摸出三把飞镖。这三把飞镖是用毒水浸泡过的，只要刺进肉内，毒素很快就会渗进血液中，人就浑身发软，呼吸困难，心跳加快，立即就会只有出气没进气。这种毒素是从山上的一种叫黑狗草的植物中提炼的，中了毒没有解药。

"胖哥，停一下，停一下！"一个矮个子追上来。

"什么事？"胖哥站住扭头问。

"大人讲了，只要陈得龙中了镖，再给你加一百块大洋！"矮子说。

"干这种事生死难测，先把这一百块交给我吧。"胖子说着一挥手，"他官做大了，口气硬了，财多了，想到杀人开心"，他说着提高嗓音，"他就不知道我失手后的下场？"

"我在背后掩护你，你怕什么"，矮个子说，"这些有权人是只动口，不动手的，这才叫有真本事！"

叫胖哥的男人叹口长气说："急什么，杀了陈得龙，他冰大人做了大官，没有人再跟他争位置了，他吃肉，总会留口汤我们喝吧？"

"亮，有亮！"矮子说着分开草丛，"你快上！"

胖哥爬一般接近房子，一楼房间的灯光从窗子里射出来，他忙贴着眼睛从缝中朝里看，兴奋地拉住矮子说："富寿，你快看，陈得龙、冯启钧都在审问关光夫呢！"

"干了就跑，鬼知道！"矮子说，"出手！"

胖子脸上的肌肉抽动了两下，低声道："你快看看，是只执行收拾陈得龙的命令呢，还是连冯启钧一同送回家？"

矮子手里抓着手枪，将胸贴住墙，眯着眼睛朝窗子里看之时，胖子突然飞起一拳打在矮子后脑上，矮子不声不响地两腿一软坐在了地上。胖子上前揪住他的前衣领质问:"你是不是在背后准备收拾我的?实说留你一命,说谎现在就要你死!"

矮子昏过去了,一头扎在地上。

胖子从背后抽出大刀片,对着他的头一刀削去,然后一溜小跑离开了。

外面的这场小插曲上演时,没有观众,只有两个较劲的冰云水的死党在互相残杀。

"冯大人、陈大人",关光夫只求一生了,"有些事我想找瑞澄大人、铁忠大人,这……"

"怎么,你连陈大人都信不过?"冯启钧讨好地朝陈得龙扫了一眼才说,"你要是忠心朝廷,钦差大臣的衣服不会给你脱下来!"

"我……我是……"

"你是革命党,革命党!"冯启钧骂完回过头对陈得龙说,"不能放过他!"

"带走!"陈得龙命令,"连何琳一块儿带走!"

"陈大人",一个正目慌慌张张地赶过来,"外面窗下杀人了,杀人了!"说着提起一颗人头,血淋淋的极为恐惧。

陈得龙一看这颗人头,鼻子与眼睛之间有颗淡黄色痣,他忙接过人头,抓住辫子提在手里看了又看后说:"死的是冰云水的卫队正目向纪木,外号武大郎。他现在死在这里,头还在流热血,这里头有戏,有戏……"

小 引

　　吴兆麟设妙计夺取关光夫隐蔽的武器出来后，陈得龙、冯启钧的人也赶到了。但关光夫的武器库空空，正被审问时，两个黑影在窗外出现。当一颗血淋淋的人头提在陈得龙手中，他明白这是冰云水的人。武器是政治上失意的冰云水搞走了呢？还是关光夫与冰云水有什么阴谋勾结？

　　这时的冰云水已经发现了一溜人背着武器在潜逃。为了将功抢到手，得到瑞澄与铁忠的信任，他决心悄悄地追随背武器的人，夺取武器。但是他万万没有料到情妇、冯启钧的姨太太在黑夜中大声嚎叫引来了冯启钧。冯启钧问明真相后大怒，上司陈得龙命令他举枪处死两个私追男人的姨太太……

第二十八章　三方激战

"吴哥，向右，快向右，后面追上来了，追上来了"，丁正平焦急地道，"刘哥，开枪吧，再不开枪就出大事了！"

刘复基没有开枪，他利用黑夜作掩护断后，手中的枪捏出了汗。他要坚决执行吴兆麟的命令，不到生死存亡，绝不开枪惊动敌人！

今夜，接到艾玛传出的情报，吴兆麟当机立断，立即赶在陈得龙前面把关光夫藏着的武器搞出来了！如惊弓之鸟般的关光夫枪不离手，若惊动他火枪一响，敌人围过来，对双方都不利。第八镇工程营正目魏鹿同，从江西老家吉安带来一种当地称为"鬼见怕"的草。"鬼见怕"草茎有筷子般粗，干枯后点燃火烧起来不起明火，只冒烟，无论是人还是其他动物，只要空气中飘浮着，人能闻得充满刺鼻味或刺激得眼睛发胀睁不开，就会头发昏浑身无力，心里明白，就是四肢软得无一丝力气，四肢派不上用场。今天吴兆麟第一个想到这位老日知会会员骨干，命令他带上"鬼见怕"跟着他找关光夫要枪去！

赶到关光夫的住地小院外面时，将四五个包着毒药的包子扔进小院，那只守门的大狼狗吃了其中两个后，朝地下一躺喘起了粗气，不到几分钟，等刘复基开门时，发现大狼狗已经死在了门口。按照吴兆麟的战术，魏鹿同跟在刘复基后面也进了小院，其余人在小院外面等待暗号。

关光夫这会儿其实还没有睡。自从潜伏下来后，他白天睡觉，晚上几乎是通宵吃着春药，与何琳拥抱在一块儿销魂，静观时日重振权力。他向何琳吹过牛，不出半年清政府督鄂大员瑞澄与铁忠将会请他出山取代陈得龙，到那时他处死冰云水与冯启钧，就扫了这两个内奸，这样他在湖北督军政府中的地位就是除瑞澄和铁忠外，他是排列第三了，别说艾玛，就是比艾玛更漂亮的京官贵族小姐也会向他求婚。人生在世，对于一个男人来说，有什么比权力、财富、美女更具诱惑力呢？

"怎么样，找到了他的睡房吗?"吴兆麟企盼快点搞到枪离开，摸到刘复基跟前低声问。

"你看，上面有一丝亮光射出来呢。"刘复基向二楼后墙上面一指。

吴兆麟抬头一看，是有点昏黄的光点射出来，照在房子后面的一棵樟树的叶

子上。

"上!"吴兆麟指着抬来的梯子,"轻点,别惊动他!"

一架楠木制作的梯子静悄悄地竖在房子后墙上,刘复基从魏鹿同手中接过"鬼见怕"后,又拿一盒日造洋火轻手轻脚地向上爬去,底下的人个个都瞪大双眼捏着一把汗望着他。

"我说琳妹",关光夫躺在床上搂着何琳的脖子说,"你说铁忠要取代张彪任第八镇统制,陈得龙要取代黎元洪任第二十一协统制,这些人事决策全是瑞澄这个王八蛋说了算呢,还是有人在背地煽阴风,点鬼火?"

"我听冯启钧说过",何琳坐起来,"陈得龙把瑞澄和铁忠哄得团团转,就是把你、冰云水与冯启钧全部排除在瑞澄、铁忠身外,由他的人取代你们的位置,稳住他在湖北第三把椅子的位置!"

"有道理",关光夫点点头,"艾玛这个骚货到底想干什么呢?她是旗人,又是朝廷的贵族,真的会是我们猜想的那样,暗中投靠了革命党?"

"那个姓刘的一表人才,又教过书有学问,张彪很器重他,管带果清阿也格外看重他。听冯启钧讲,艾玛只要在旗人官督面前讲几句好话,刘复基将来官不比陈得龙小。刘复基也想靠着艾玛这架梯子朝上爬,不会加入什么会党,再说穷鬼们集众组织革命党,无非是想做官、发财,弄个妻妾成群,醉生梦死罢了",何琳说着,放荡地一摸关光夫的身子,"像你,不知道害了多少良家女子!不得好死!"

"嘿嘿,你还良家女子呢,拉尿照照看!"关光夫说着将她又拥在怀里云雨起来……

刘复基乘他们在电闪雷鸣中没有注意窗子,忙将"鬼见怕"点燃,塞进窗子的一个小洞中,一股烟呼地飘进了房子。

刘复基在外面将耳朵贴着窗子听,过了一会儿就没有床板的吱吱声了,紧接着也听不到说话声,他忙再朝窗子缝往里看,一对阿狗阿猫互相拥着没有动静了。他接连轻敲窗子门,里面还是死般的寂静。

"行,'鬼见怕'真的行!"刘复基从梯子上快速下来,"快,去把一楼的门弄开。"

进了门后,按照艾玛提供的情报找到位置。吴兆麟命令各位将枪与子弹装进袋子背起就走,并按原样还原洞中与洞外的一切。

谁知,吴兆麟他们没有跑出多远,途中冰云水就带着人追过来了。

原来,被胖哥杀死的矮子万富寿在铁心为冰云水卖命的同时,挣的几个血汗钱从来不送回江苏扬州老家,而是甩在了妓女的裤裆里。他听说冰云水、冯启钧,还有铁忠这些湖北省的名流都争先恐后地去拜倒在四姑娘裙下,他下决心集

钱去领教一下这个四姑娘是什么国色佳丽。这天晚上，他口袋装着银子风风火火地赶到洪昌旅馆时，得知铁忠今夜在与四姑娘销魂。他欲火中烧转身去找冯启钧的七姨太郑腊花，外号夜猫，他知道夜猫近段时间被冯启钧冷落，时不时地与冰云水暗通情水。有一次夜猫来电话找冰云水，冰云水当时正与新认识的妓女李红樱滚在一块儿，万富寿如实相告，夜猫在电话中大发醋意，母虎一般吼："这只野狗，跟老娘讲好不再寻花问柳……"

"花妹，我想来看看你，银子都筹好了。"矮子忙截住了她的话，"何必只栽一棵树呢？""你来，老娘不图银子，只图报复这个没心肝的！"夜猫大发愤气。

矮子去了，当然全年的薪酬还没有填平夜猫的黑洞，但他领教到了夜猫的疯狂，他觉得值！

今天，矮子又来敲开了夜猫的门。当他将准备给四姑娘的银子放在夜猫的枕头跟前时，夜猫不但没有像过去一样"唰"地脱得一丝不挂，反而将裤带重新系紧，翻起来坐在竹制椅上，白了他一眼说："怎么，你打发娼妇呢，还是打发讨饭的？"

夜猫一改过去的热情奔放，矮子见她冷落自己，忙扑上去抱住她水蛇般的腰："花妹，你是怎么搞的，心里不舒服找我发气嘛？"

"你今后不能再来缠我了！"

"怎么，又有新汉子比我床上本事大？"

"嘴放干净些！"夜猫狠狠瞪了他一眼，"冯启钧马上要发了。如果我再给他戴绿帽子，他出入京城的脸上有黑点，见人矮三分！"

"啊，你想帮他脸上贴金？"矮子忙哈哈一笑，"他床上的太太，有几个不是从妓院出来的？花妹哟，你不晓得，有陈得龙在旗人周围煽阴风点鬼火，别说他冯大人，就是我们冰大人也没戏了。他还想进京城，还是抱着女人吃老本吧，别他妈做梦当皇帝，尽想美事！"

"这回你就看错人了"，夜猫神秘地一笑，说，"何琳这个小婊子帮了他的大忙！"

"何琳，就是他的十姨太？"

"对，对对对！跟你一样矮的那个骚货！"

"她……她不是跟关光夫好上了吗？"

"人家离身不离心"，夜猫说，"她跑出来告了密，说出了关光夫藏枪的地方。冯启钧想用枪讨好上司陈得龙，他们今夜行动，明天瑞澄就会升他的官，冯启钧说到时带我到京城做姨太太，只守着我一人呢。"

"他人呢？"

"去找陈得龙集合兵士去了，估计下半夜才会动手！"

"你晓得地方？"

"我当然晓得！"

"如果我出大价钱让你带路呢？"

"是什么意思嘛？"夜猫眼睛一亮问。

"你带路，我们赶在他的前头把关光夫杀了，夺了枪，无论是交给官府，还是卖给革命党都会发大财了。你还做什么娼妇妓女这等贱事！"

"这也是条生路，只是我俩能对付得了关光夫与何琳？他们是狼虎坐路中间，见人就咬呢！"

"不怕，向冰云水报告，要他领人出兵嘛！"

"他冰云水是个滴水不漏的货，每次跟我销魂时，什么事都答应，声称好办，没问题，但没有一件事是成功的。这个货是骗女人的高手，万一拿到枪后打我们黑枪，财没有得到，连命都给赔了呢。"

"不会，不会。先讲好，他发大财，升大官，我们只要有饭吃，有衣穿就行了。真的他背叛了我们，我们再联络几个兄弟把他收拾了。武昌城里杀黑刀的不少，做官的、有钱的最怕不要命的。这你还不知道？"

夜猫沉默了片刻后："好，就这么定，干！"

"走，快去见冰云水，赶在冯启钧前头下手！"

刁狡的冰云水表面看一脸温诚之笑，实为内心恶狠。靠行骗起家发了点小财后，以钱财开路架桥，好不容易混到了张之洞门下做了个情报主政官。张之洞没死之前他在京城派心目中是鄂派。张之洞一死他当然是失魂落魄不再辉煌，总想寻找靠山或另起炉灶，苦于没有机会。今天夜里听这对露水情人一说感到有机可乘，于是让胖子李功狗按他计划的战术行动。

李功狗是冰云水的贴身保镖，有一手飞镖杀人的绝活儿。按照冰云水的战术，如果冯启钧他们还没有赶到，就用飞镖杀死关光夫与何琳，劫持武器马上撤走；若是陈得龙他们抢先了一步，就处死陈得龙与冯启钧，群龙无首，乘混乱背起枪就跑，并放火烧了这栋房子。李功狗领命后直奔目的地。

果不出所料，李功狗从窝子里发现陈得龙他们抢先一步捕住了关光夫。看到众多的持枪兵士布满房子里外之时，李功狗断定即使飞镖出手，自己也难逃出密集的子弹。于是他眼珠一转，用计打死矮子返身就跑。

冰云水这刻正潜伏在一个半人高的坑中等待胖子与矮子的消息。当胖子李功狗出现在他面前时，他忙从坑里爬上来对正喘气的李功狗问："怎么样？"

"矮子一看陈得龙的人多，中途拉我投陈得龙，声称立了这一大功，旗人会给我和他升官发财，再不干这替人顶命流血的保镖了！"

"这个婊子养的，他反了，老子杀他五族六亲！"冰云水咬着牙，"他人呢？"

"他故意喊了一声，引来了冯启钧的兵士，我就一刀杀死他跑回来了！"

"好，杀得好"，冰云水拍着胖子的头，"当断不断，是成不了大气候的，不是条做大事的汉子……"

"大人，你看，前面有人背着东西在赶路！"一个正目赶过来报告，打断了他的话。

"啊"，冰云水愣了下问，"哪里？"

"这边，就在这边！"正目手一指道。

顺着正目的手，冰云水注意到，一个个黑影背着东西在拼命赶路，还有一批黑影在持枪、刀出现在背东西的人后面警戒。他冷冷笑着一拍大腿，耳语般道："陈得龙、冯启钧，你们别高兴得太早了！"

"大人，开枪吧！"胖子建议，"我来投毒镖！"

"慢"，冰云水的阴毒上来了，"枪一响，必定引来大批士兵，陈得龙正是需要。若我们不惊动他们，暗中夺了武器献给瑞澄、铁忠，他们会看出我们对朝廷的忠臣之心，不升官，就要发财，总要搞到一头！"

"好，暗夺为上策！"一个正目拍了冰云水一把。

"对！"冰云水说着又道，"听着，对方有枪响，我们也开火，胖子先用毒镖放倒几个背东西的！"

"好，照大人说的办！"胖子忙道，转身就跑，"咚"的一声被什么东西绊了一下跌倒在地，并情不自禁发出"啊哟"一声惨叫。

"别出声！"冰云水生气地冲上来，狠狠对着胖子的头踢了一脚，"你狗日的坏老子的大事！"

胖子被踢昏过去，口里血水涌出来，手中的毒镖也掉在了一棵腐乱的树洞里……

胖子跌倒的声音与惨叫惊动了吴兆麟他们，他们一阵急奔。冰云水的人分数路悄悄地追上去！

再说冯启钧提着矮子的头刚刚才想通是怎么回事时，有人声称听到女人的哭叫声。冯启钧顺着哭声赶到一个坟堆边时，他大吃一惊："腊花，你怎么在这里？"

一看是冯启钧这个时候出现，这个颇有心计的女人一下子不哭了，"咚"地从地上站了起来，"哗啦啦"地简洁说明情况后，冯启钧不等陈得龙赶来就大声命令："抓住冰云水，快抓住冰云水！"

夜猫与矮子投了冰云水后，冰云水担心夜猫中途变卦，也将她押着跟随。这会儿一听说矮子死了，前面又发现背枪的人了，一激动他带着二人追上去，把夜猫给忘了。黑夜中的夜猫突然一个人在坟地中恐惧得失声大哭起来，没想到引来了冯启钧他们。

"这事儿千万别告诉陈得龙了！"冯启钧忙叮嘱她，"你……你就……"

"冯小弟，怎么回事？"陈得龙赶过来了。

"我的姨太太与冰云水私通……"冯启钧说着顿了下忙道，"枪是冰云水搞走了，就在前面！"

"追，快追呀！"陈得龙大呼，朝天鸣枪，"追，把枪追回来！"

"追，把冰云水抓住，抓住！"

一阵枪声大作，子弹如同流星般在夜空中划出一道道光环！

吴兆麟指挥革命党人拐进又一条小道时，刘复基兴奋地奔过来："吴哥，冰云水的人与陈得龙的人之间互相打起来了！"

"啊，有这样好的事？"吴兆麟擦了把脸上的汗，"快走，这里不是久留之地！"

"彭楚藩、杨洪胜他们都来了吗？"刘复基问。

"来了，与丁正平他们一块儿都走了。"

"枪放的地方不能透半点风啊。"

"知道了"，吴兆麟说，"彭楚藩、杨洪胜各保管一些，炸药送到孙武处做炸弹。"

"好，我们快走！"

吴兆麟一看没有了追兵，冷静地环扫夜空后，沿着一条石头路飞快地走着。

交战的弹雨中，一道雪白的电筒光照住冰云水的脸，冰云水手中的电筒光也扫过去，将冯启钧的面孔照住了。两人都在吃惊时，陈得龙押着关光夫走过来了。陈得龙自知是打错了仗，关光夫忙说："你们之间误打了，枪被另一伙人搞走了！"

"你……你断定是谁？"陈得龙急得话都说不清地问。

"我要知道怎么会让他们跑掉了呢？"关光夫说着面朝冰云水望着又说，"冰大人，人家从你眼皮下跑了，怎么个说法？"

"谁叫你把东西私自搬到这里的？"冰云水吼着。

"你还睡在房子里的，你来湖北这几年，除了搞分裂，玩女人，还干了些什么坏事？"

"关光夫，你说说，会是谁干的？"冯启钧咬着牙问。

一听冯启钧直呼他的名字，过去对着他哈巴狗般的神态不见了，关光夫深感人世间冷暖太分明了。这刻他当着陈得龙的面开始搅和另一场战争了。

"得龙兄"，关光夫又摆出钦差大臣的语气了，"据我们判断，今天失枪与冯启钧有关！"

"啊,此话怎么讲?"冯启钧忙问。

"慢",陈得龙制止冯启钧,而转向了关光夫,"说下去!"

"我住的地方,只有何琳知道,是何琳告诉冯启钧的。冯启钧的姨太太很多,他嘴不紧又告诉了别的姨太太。而他的姨太太又多是出自青楼,不甘寂寞与多个男人私通,有时就漏了嘴。今天冰云水赶来想吃混食,腊花又在这里出现,正是印证我刚才的猜想。"关光夫一板一眼,讲得条理清楚。

"你",冯启钧气愤地冲上去,揪住关光夫的头发,"你玩弄我的姨太太……"

"住手!"陈得龙吼着,"把两个骚货叫过来!"

冯启钧只好将正颤抖的何琳、腊花都叫过来了。两个女人各自陈述完事情后,陈得龙苦苦地抽动一下肥胖的脸说:"冯启钧,还想留着她们?"

"得龙兄",冯启钧忙低声道,"卖到花楼还可以换几个钱呀。"

"你就知道钱、钱、钱。今天这场夜战老子差点被流弹打死了,再说瑞澄、铁忠两大人要知道枪从眼皮底下被人搞走了,我拿你是问!"陈得龙气愤地道。

冯启钧一听大惊失色,忙拔出手枪对着两个姨太太:"跪下,快跪在陈大人面前。"

小 引

革命党人有了二百支德造手枪，而子弹奇缺。于是吴兆麟派革命党人深入侦察，终于找到旗人鹿迪看守的武器库中有一批此类手枪子弹，立命刘复基多路活动，终于第一次搞到五百发子弹。没想到子弹刚刚到手，被炮兵三营队官发现，旗人排长格桑向往革命党，与刘复基配合有力，将敌击毙。督军政府谍报官关光夫恢复职位，死心忠于清政府，他率一队枪手赶到企图捕杀格桑。吴兆麟派出的各路侦察员中的一位，立报关光夫的阴谋，吴兆麟命令刘复基指挥艾玛行动，破坏了关光夫的阴谋。一浪刚平，又一浪升起。炮兵三营管带处治官兵之时，革命党人涌入军库拉出大炮，搬出炮弹。起事的呐喊声从炮兵三营兵营中传开了……

第二十九章　功勋炮兵

刚刚进入 1911 年，以黄兴为首的革命党人，于 1 月 18 日在香港成立筹备起义总指挥部。吴兆麟秘密地将这些动态传递给了革命党人，号召诸位同志筹资购武器，以迎接全国大举事！

10 月 2 日晚上，刘复基奉吴兆麟之命赶到炮队第八标第三营，从旗人排长格桑手中买得手枪子弹五百发。正要出门时，炮队左队官尤门达基突然推门而入，见格桑面前有好多钱，愣了下问："格桑，你是做什么生意发这么大的横财？"

"队官，我做点小生意。"格桑说着站起来，"请坐，今夜我请你到洪昌旅馆看四姑娘。"

尤门达基又肥又高大，站在门口堵住不让路，两眼望着刘复基，又望望格桑，突然脸上浮出奸笑，道："我如果没有认错的话，你不是原新军炮兵标统万廷献部的正目刘复基吗？"

刘复基提着一包沉甸甸的东西不敢多言，忙赔笑道，"队官大人与新军炮兵标统万大人是相识？"

"你是日知会会员，刘静庵他们下狱后，本应也要把你们处死的。张之洞大人开恩说网开一面，放了你们一马，你就被赶出炮队"，尤门达基咬牙切齿，"要是现在，瑞澄大人早把你这狗头搬了家！"

"队官，狗头也好，猪头也好，放人家走吧。"格桑见刘复基气得浑身发抖，忙跑过来拉着刘复基朝外推，"队官，请让一下，请让一下！"

"我就是不让"，尤门达基故意朝门框上一靠，上下打量着刘复基，"什么时候进的宪兵营？"

"尤门达基队官"，刘复基实在是忍无可忍了，"你为什么与我过不去呢？"

"刘哥，你快走。我与队官说话。"格桑说着摸出一些钱塞在尤门达基口袋里，"有话好说。"

"今天有天大的钱都不好说！"尤门达基火气十足，"日知会就是革命党，革命党就是要推翻大清王朝。张之洞不杀你们，瑞澄大人恨不得将你们千刀万剐！"

刘复基一看今天遇上对头了，跟他干吧，手中的子弹怎么办？不干吧，看来

要想轻易出这个门不是那么简单，其实格桑比他更怕更急，他是通过管理军械的同乡偷出来的子弹卖给刘复基的。偷子弹卖给革命党，这事被揭了底无论是张彪还是铁忠知道了，非杀头不可，鬼都说不了情！

"现在穿着宪兵制服，当了宪兵，还在干着反对我大清王朝的坏事。"尤门达基一板一眼，"我看看你的手里是不是那个什么孙中山从海外发回来的报纸？"

"不是"，格桑说，"我与他的生意事，你就别在中间横着整吧，求你了，队官！"

"求我有什么用！"尤门达基说，"铁忠大人说现在革命党把很多宣传书送到了军营，抓住一个杀一个！"

"人家已经不是日知会成员了，他参加了宪兵"，格桑说，"今天他是我的朋友，你是我的队官。我大小是你手下的一个排长，怎么也要给个面子吧？"

"我不讲什么面子，我要看他手里的提袋里到底装的什么东西？"尤门达基开始揭牌了，"要是宣传报纸，快快拿出来。"

"我换洗的衣服"，刘复基将袋子打开，拎出一件衣服，拿出给他看，"宪兵制服，洗干净了的，我刚从家里出来，要马上回营。"

尤门达基冷冷一笑，"桌子上刚才那么多钱，到底是做什么买卖呀？"他说着反手将门关上，右手从腰带的枪套中拔出手枪，"递过来，我要看看。"

这是一间不足十平方米的小房间，电灯亮着，由于电压不足，房间里不是很亮，而房间的窗子关着没有开，房间的空气不流通，霉味很浓。

"说说，你们是做了什么生意赚那么多钱？"尤门达基走到格桑刚才坐的桌子边，"喇"地拉开抽屉，一堆钱出现在他眼前。

"格桑，你发了，是做什么生意？"尤门达基真的好奇起来，抓起一把钱，望着他笑，笑得很不自在。

"队官，我是做黄金买卖的！"刘复基一看格桑很难对付他，干脆把话接过来。

"黄金？"尤门达基将手枪顶住刘复基胸口，"我看看！"说着低下头。

刘复基干脆将袋子口打开，两手提着让他看，正当尤门达基将头低下去时，格桑从背后抓了块石头砸在他后脑上，尤门达基"啊"的一声一头栽倒了。

"快走！"格桑抓起地上的手枪，对刘复基说，"刘哥，你快走呀！"

"我帮你把他拖进柜子里，等管带睡了，我把他背到江边去！"刘复基说。

"你快走，不然还要……"

"格桑兄弟"，刘复基望着他，"你为革命党筹集军火，收几个冒险钱也担了些风险，我不能不顾你的安全！"

"快，格桑，格桑呢？"外面有人在询问岗哨。

"我们排长不在。"哨兵道。

"在，他一定会在！"来人大声说，"快，把他叫过来。"

室内格桑通过门缝听得浑身发抖起来。

"怎么办？是关光夫与冯启钧带人来了！"刘复基说，"你从窗户跳出去快跑，快跑！"

"刘哥"，格桑一下子泪流满面，"唰"地拉开抽屉将钱袋子提出来，"你们会党的口号是'驱逐鞑虏，恢复中华，推翻专制，建立民国'十六字誓言，我也抄录了。我想参加你们革命党，但我是旗人担心你们不相信。今天五百发子弹收了你们的钱，我对天发誓，我没有拿一分，而是给了守军库的同乡。你快走，我去应付他们。我要是被铁忠他们杀了，请你对东方大吼三声，格桑死得值！"

刘复基万万没有料到格桑是这般英勇，旗人与汉人一样追求民族兴旺、国家兴旺啊！

"窗外现在不能跳，等我把敌人引开后再走"，格桑说着拉开门，并故意不关门地大声问，"谁找我？"

"啊，格桑排长"，关光夫假笑着迎上来，"统制张彪大人有请！"

格桑是不能小看关光夫的。自从手枪被革命党劫跑后，关光夫被瑞澄、铁忠亲自召见，艾玛也在场。他除了不敢直言对艾玛的看法外，对革命党从日知会到文学社、共进会在湖北新军中的活动，讲得条理分明。于是乎瑞澄又当面口头恢复了他过去的职位。这次不是京城钦差，而是以瑞澄的特派员身份出现在各个不同场合，除铁忠、艾玛之外，他有权对陈得龙、冰云水、冯启钧等军政人员进行审问，权力大得他自己神吹说："老子一口可以吃下半个武昌城了。谁再跟老子过不去，我叫他永远闭住嘴。"

今天，他刚刚得到一军库正目报告，称守库正目，旗人鹿迪将五百发子弹由格桑出手，卖了个好价钱，而且他亲自看到格桑来提的货。

在六七支手枪的威逼下，关光夫大声道："押过来！"

鹿迪在三个正目的枪口下走过来了。格桑恨不得冲上去一枪打死他。

"大人！"鹿迪扭过头望着关光夫，"格桑在这里，你们这么多双眼睛都看着，这么多只耳朵都听着，让格桑先说，我什么时候给了他五百发子弹？这他妈都是正目易玉本诬陷我们旗人，他易玉本要排挤旗人，也不是这样一个排法嘛！"

格桑心里踏实了，聪明的鹿迪非常清楚，如果承认他将五百发子弹偷出来卖了，必死无疑，现在他死咬着没这事儿！行，脑子好使！

"把易玉本押过来！"关光夫又命令。

已步入中年的易玉本被押过来了。他眨了眨眼睛走到格桑面前："长官，你把心掏出来说，你从鹿迪手中是不是拿了一袋五百发手枪子弹？时间是下午吃饭

交接班时，我去拉屎时亲眼看到的，袋子上面是衣服盖着的。"

"啪啪！"格桑狠狠地挥手扇了他两耳光，"你血口喷人！你对老子报仇怎么都行，怎么把人朝死里推？"

"他小子对我们旗人恨之入骨，杀了！"鹿迪吼道。

关光夫一时不知道如何是好。

"大人，你可要为我做主啊！"易玉本忙跪地求生，"他……他们是串通一气的……"

"你？"鹿迪一看格桑跟自己配合很协调，冲上去揪住他的头发，"易玉本，你他妈几次偷拿别人的钱都是我帮你收拾过的。今天把老子往死里推，你……你他妈心太黑，太黑了！"

外面大乱时，一直在门外守着接应刘复基的吴兆麟、丁正平、陆河中等革命党，拉开小房的后窗，将一具死尸拖出去后，刘复基也跳出去，提着子弹消失在黑暗中……

"电话，请关大人接电话！"管带值班室里有人跑过来大声叫，"请关大人，哪位是关大人？接电话。"

"来了！"关光夫忙跑过去。

冯启钧一看关光夫走了，他扫了一眼两个旗人后，扶起易玉本说："不要怕，说真话，不要骗我们。"

"长……长官，是真的，一点不骗你们！"

"嘿！"格桑冲过去狠狠一脚踢在易玉本腹部，"狗娘养的，老子哪辈子得罪过你？"

"啊……"易玉本双手捂住下腹部在地下打滚。

"都闪开，闪开！"关光夫跑回来了，低声对冯启钧说，"艾玛打电话来了，他们紧急查了仓库的子弹，存放的实物与账面数是相符的。"

"也就是说没有这么回事？"冯启钧问。

"对呀，你看这事儿。"关光夫恨恨地一跺脚，"你看这怎么收场？"

"毙了！不毙，两个旗人告到铁忠大人那里，我俩又是罪人。"冯启钧说，"如果你怕事，晚上悄悄干掉！"

"杀个正目算什么？又不是旗人"，关光夫说着拿出手枪走到易玉本跟前，"你破坏满汉两族之间的团结，送你回家！"

"大人"，易玉本双手抓住枪跪在地上，"这里面一定有诈，有诈，只要我今晚不死，明天我帮你查个水落石出，绝不食言！"

"你刚才还不是发誓绝不食言，现在呢？"关光夫说着冷冷地一掌推开他，"我再也不受你的骗了！"

"大人……"

"砰砰!"两发子弹从关光夫的手枪口射出来,易玉本双手捂住前胸栽倒在血泊中……

"走,快走!"关光夫领着人走了。格桑与鹿迪也松了口气。

这时,炮兵标统兵营乱哄哄的。格桑拉着鹿迪在一边低语几句之时,炮兵第八标第三营管带杨启凤接到电话匆匆地从家里赶来了。一见兵营门口围了很多人,咆哮道:"都滚,滚,围在这里干什么?"

"管带大人",格桑分开众人走过来,"我是值班军官,刚才这里发生的事情你不问青红皂白,开口骂弟兄们,有你这样带兵的吗?"

"格桑,你反啦?"杨启凤恶狠狠地瞪着眼,"快,把格桑绑了。"

"敢!"格桑理直气壮地吼叫,"谁上来,我打死谁!"

旗人在新军中是不把汉人军官看在眼里的,见官高三等,杨启凤一看他这架势,走过来小声说,"你不能这样,现在军中很乱,万一有革命党乘机举事,你我的头就保不住了。"

"管带大人,你把我们当成革命党?"格桑故意提起嗓门,"你想把我们杀了?"

"你……你真的想在兵营造反?"杨启凤问。

"是造反",格桑冲上去抓住杨启凤,"把他绑了,枪炮举事,反了,反了!"

"举事,反了!"第三营中有很多革命党,听格桑这么一喊,一呼百应地叫了起来。

"快,抢炮、取弹、举事、发炮!"有人大叫。

杨启凤被死死地绑在了营房后面的一棵樟树上,口里塞一把稻草,双眼蒙上了一块灰布条。

"排长",鹿迪与几个弟兄都跑过来了,向格桑报告,"不好啦,炮弹全部没有引线,不能施放,怎么办?"

铁忠担心革命党夺取武器举事,已经命令人将各部队的炮弹引线摘除了,另外保管在一个地方。

"报告,有人跑去向张彪大人报告了!"

"弟兄们,今天为难诸位,大家各谋生路,来日方长!"格桑大呼。

众人一哄而散!

格桑与鹿迪从兵营跑出来,两人正为不知跑向何方而犹豫之际,刘复基和吴兆麟交换了一个手势,刘复基大声道:"格桑排长!"

格桑定睛一看,惊喜地道:"刘兄,你……"

"我们一直没有走,谁帮助了我们的人,我们不会忘记的。快走,宪兵营马

上来人了!"刘复基道。

吴兆麟接过子弹后命令各位潜伏在四周,保护格桑他们的安全,并安排刘复基立即向艾玛打电话告知这里发生的情况。艾玛一听,忙向第三营打来电话给关光夫。因是汉人举报旗人,不好引火烧身,多一事不如少一事,于是示意关光夫编一个故事骗骗现场的人与冯启钧,杀了易玉本封口了事。然后,请关光夫马上回去商量了一下,赶在杨启凤之前向张彪统制报告。同时又要在张彪之前,向瑞澄与铁忠报告,使张彪处处被动,制造加深张彪与瑞澄之间的矛盾。关光夫因这次出山与艾玛的周旋有关,现在艾玛说什么他都不反对,还企盼依靠艾玛把位置搞正,争取能将陈得龙赶下台,那才是真正的长长舒了口气!

夜,张彪在烦乱中接待了赶来的杨启凤。不待杨启凤出言,张彪就说:"我已经听关光夫讲了……"

"张大人,请你一定要查一查军中的革命党……"

"我说启凤老弟",张彪踱着步子,"你是我一手提起来的。现在外面有人传瑞澄与铁忠决定把我的统制职撤了,但又找不到借口。如果我们报告军中有革命党,我必被撤职,一代皇帝一朝臣。我不干统制了,由铁忠来干,你们的职位由他的七大姑夫、八大姨夫来做,你们只有被解甲归田了。所以我请你不要张扬,不要说营中有革命党,这样避免我们有更大损失,请你代我立即通知各营执行我的命令。"

"你这么说,明知道谁是革命党,也不抓不管?"

"对,隐瞒瑞澄与铁忠。过一段时间看局势而定!"

"好,我明白了!"杨启凤告辞。

然而第二天上午,昨夜的风还是吹进了瑞澄的耳朵,他急忙召见张彪。张彪声称是两家报私仇的凶手闹事,不是革命党要举事。

瑞澄听到半途问:"张彪,你的队伍中就没有革命党?你真敢拿头担保?"

"大人,报纸宣传的是空话,我保证我的队伍中是绝没有革命党人的!"张彪说。

瑞澄一听拍着桌子站了起来:"你张彪在此主事练兵二十多年,现是统兵华中的大员,食我朝的俸禄,应忠诚地报我朝对你的恩。本都督再次警告你,倘若你的军队中查出有革命党,唯拿你是问!"

张彪不敢吭声,退出来后匆忙向黎元洪报告,黎元洪抱头不语。

"鬼都不敢说队伍中没有革命党!"张彪说。

"有,也报告没有,通报各营抱敷衍主义,装聋作哑就是。"黎元洪说,"这年头多一事不如少一事。"

"啊,对了。据报,上次关光夫丢失的武器都在武昌城区。我们破了一个革

命党小机关，缴获的十一支枪都是上次失盗的德制手枪。"张彪说。

黎元洪不语。

"现在好多地方手枪子弹被盗，跟关光夫丢失的手枪有关"，张彪说，"有关艾玛的报告有几个了，我想去将……"

"报告大人，有人报告工程营有革命党在活动！"一个正目进来报告。

张彪拧紧眉头问："头目是谁？他周围有什么关系？"

"正在摸线索。"

"不要声张了，到时候再议！"张彪说，"啊，对了，有情况就向我报告！凡革命党的事必报我，万万不可让瑞澄和铁忠知道。"

小 引

　　设于俄租界的革命党机关暴露，党人掌门人之一孙武被炸伤，另二人被捕，英租界党人同时被捕。关光夫决心与冯启钧联手，在瑞澄面前置艾玛于死地……

　　1911年10月8日夜，对革命党人来讲是多灾多难的日子。革命党炸督署的炸弹被敌人发现，两革命党人惨遭杀害。一混入革命党内部的炮兵退役正目向第八镇统制张彪密报了革命党人的三处秘密机关和夜十二时发炮为号举事的机密……

　　武昌城杀气腾腾……

第三十章　多灾多难革命党人

1911 年 10 月 9 日下午，为了摸清枪的去向问题，关光夫通过各种关系，避开艾玛找到陈得龙，企盼通过陈得龙的嘴向瑞澄、铁忠说出他要讲的话。由于事先关光夫摸清楚了陈得龙特别喜欢四姑娘，所以今天他特地请了四姑娘陪酒。谁知刚刚喝了一半，铁忠的一个朋友来会四姑娘，陈得龙一看四姑娘起身要走，对关光夫苦苦一笑说："连妓女都认权力，这叫人与人之间怎么不争权夺利呢！"

"陈大人"，关光夫忙接住他的话，"也就是一个'权'的问题，武昌新军中的革命党狂得不可收拾了。"

"啊"，陈得龙眨了眨眼睛问，"怎么回事？"

"刘静庵是日知会总干事，但就是不知道为什么不能杀？结果是今年 5 月 16 日死在了狱中……"

"别说远了，过去的事跟我没有关系！"陈得龙摆摆手。

"就说这次的枪失落与前些日子的炮三营的血案，我可以断定……"

"大人"，一个急促的声音打断关光夫的话，"出大事啦！"

陈得龙与关光夫几乎是同时惊异地问冯启钧："怎么回事？你慢慢说！"

"江海关监督齐耀珊来报，汉口俄租界长清里，有革命党的炸弹爆炸。俄国巡捕列基洛夫从爆炸现场搜出德造手枪五十支，革命党宣传书报很多，还有革命党联络名单……"

"手枪是……"

"正是你被劫的手枪中的一部分。"冯启钧说，"瑞澄大人、铁忠大人叫你们二位大人快去！"

陈、关二人一听大惊，忙起身就走。

此刻，艾玛在军营中一间不大的房间内关注着军中的动态。

今天下午，隐藏在俄租界长清里的炸弹，其中有一枚自爆后，正在不远处站岗巡防的俄国巡捕列基洛夫一看情况不妙，忙吹哨音报警，很快大批俄国巡捕赶到包围了长清里这栋房子。俄国领事馆领事西摩·圣约翰立即约见中国清政府汉口江海关监督齐耀珊。齐耀珊看到五十支德造手枪、炸弹、制造炸弹的工具、革命党的宣传品后，知道大事不好，忙赶过来当面向瑞澄呈报，不敢迟疑半步。

瑞澄听着报告，惊恐地问："有五十支德造手枪？"

"对，还有很多炸弹与制造炸弹的工具、原料。"齐耀珊回答，"革命党的宣传书报很多，都密藏在俄国租界内。"

"革命党呢，都跑啦？"

"都跑了！"

"艾玛"，瑞澄对坐在一边作记录的艾玛说，"作好记录，把齐监督带来的东西看看。"

几个大纸箱打开了，艾玛说："大人，箱子里面的东西我再好好看看。"

"行，快找些东西出来"，瑞澄踱着步，"以前听说有革命党，我不相信，果然还是有，真是不得了，幸得我朝洪福四海，革命党自己爆炸泄漏机密，但又没有捉到一个人，实在可惜，可惜了！"

"大人"，艾玛从里面拿着一个本子出来，"有情况！"

"啊，什么事？"瑞澄忙问。

"你快看！"艾玛递过去。

瑞澄忙戴上老花眼镜细读，突然大吼："快叫铁忠来，还有陈得龙……"

"大人，休急"，艾玛忙对着他耳朵，"这件事……"

"嗯，有道理！"瑞澄点点头，"冯是他的死党不可能，这人谁有权力，向谁靠，这个分析对，十有八九他会知道一些事。你先跟他谈谈，他若有染，立斩！"

"我明白了。"艾玛走到外面，对瑞澄的一个参谋说，"传大人的话，叫冯启钧到！"

冯启钧领命后，立即领兵赶到洪昌妓院，果然找到了关光夫！

原来，武备军学堂学生孙葆仁，是留洋回国宣传革命的党人，他之所以改名为孙武，是为对外称是孙文之弟，便于宣传革命，寻求华侨捐款支持革命党。吴兆麟他们搞到了武器后，为防万一分开存放。孙武之处存手枪五十支。今天下午，由于转移武器存放点，一枚炸弹突然爆炸，火光冲天。俄国巡捕急急赶来之时，被炸伤的孙武由革命同志背起从后门跑出，躲过追杀住进医院。俄国领事馆通告洋务公馆的司令吴之恺与江海关监督齐耀珊到场一查，搜出德造手枪五十支外，还有双管手枪、炸弹、旗帜、印信、札文底片、钞票、汇票、信件、革命党名录。齐耀珊赶到一看，报功心切，正要飞电瑞澄，外间巡捕抓拿两个归来的可疑人秦礼明与龚霞禄，无法查定二人是否为革命党人时，瑞澄飞电知会俄领事，并命令汉口（时为夏口）厅王国锋，由巡警将东西与人送达督府审讯。

现在隐藏在瑞澄督军府内的革命党人陆河中正在值班室内读报纸时，突然听到有人敲了一下窗子，不等他起身，一张纸条从窗子缝中塞了进来，他忙站起伸手抓住纸条，推窗朝外看，只见一个背影转弯消失在另一栋房子里了。他断定情况紧急，急忙打开纸条定眼就读：

俄界内长清里机关破坏，孙武炸伤，秦、龚被捕，瑞澄立召文武到督府决策镇压……

读到这里陆河中顿时脸色铁青，革命党人章玉士与雷寿富推门而入，见陆河中神态，章玉士忙上前低语问："队官，出了什么事？"

"夏口机关被破，我武器被搜走，总干事孙武炸伤，两同志被捕，瑞澄马上要在这里下达捕我革命党的命令！"陆河中说着将纸条给二位看。

雷寿富读了纸条，听了情况介绍，马上说："队官，你马上回队看着点，我与章玉士收拾瑞澄。"

"千万别乱来，革命党有革命党的纪律！"陆河中说。

"我们知道！"两人说完快步离去。

瑞澄正在等待关光夫到来，他心情十分烦躁，一参谋从左前院门赶进来："大人，两革命党将炸药抬在督府门口，准备炸我督门！"

"啊，人呢，抓住没有？"瑞澄大惊。

"大人，我已经缉拿到！"陈得龙赶过来，"押进来！"

被押进来的正是章玉士与雷寿富。当他俩一出现在瑞澄面前时，铁忠跑过去低声说："他俩是卫队正目！"

"连卫队正目都是革命党，你还干什么？"瑞澄不顾身份了，对着陈得龙吼，"全他妈的草包，草包！"

"大帅"，陈得龙不怕被骂得狗血淋头，赔笑走过去，"他俩要炸我督府，杀！"

"瑞澄，你不得好死！"章玉士骂着。

"你"，一根又粗又长的绳子套在了章玉士的脖子上，由两个士兵分两边拉着，章玉士顿时脸涨成紫色。

"拉到外面毙了！"铁忠命令。

两声枪响，两位革命党人在督府门前被杀害。

瑞澄听到枪响，心头的怒火并没有熄灭，对铁忠说："马上在军营中查查是否还有革命党人！"

"大帅"，铁忠即道，"我在三日内将革命党全部缉拿到，送大帅严办！"

"你向我表这样的态，只怕不下十次了吧？"瑞澄斜扫了眼铁忠说。

铁忠忙看了一眼陈得龙。陈得龙会意地忙道："大帅，革命党都是些种田人，没有知识，万不能成大气候，像从前的徐锡麟、熊成基都没有成大事的嘛！"

"这话你就讲得不对。"瑞澄说，"像徐锡麟这样的革命党是很可怕的，恩抚台不就是他刺杀的吗？你们不要大意，让沐恩他们下到各个部队中去缉拿！"

"大帅说得对"，铁忠讨好地道，"还要命令张彪与黎元洪严查队伍中的革命党！"

"对对对"，瑞澄说，"我听关光夫讲过，军中早就有革命党在活动，张、黎都抱敷衍主义，装聋作哑，听其自然。如果他们呈报队伍中有革命党，担心我革了他们的职！你们说有这种事吗？"

"我听关光夫说过，为免受大帅处分、责备，有些事隐瞒着大帅。"铁忠说。

瑞澄听着心情更加烦闷。

"大帅，关光夫到！"一个正目赶进来报告。

"知道了"，瑞澄扭头问铁忠，"艾玛呢，请她进来。"

艾玛进来了，她就坐在瑞澄的左侧，手中拿一支笔与一个本子，表示出马上作快速记录的神态。

关光夫走进来了，他施完礼还没回过神来，就发现今天的气氛有些紧张。铁忠腰带上的枪已经拔下来，打开保险栓放在面前的桌子上。陈得龙也与铁忠一样。关光夫联想到刚进来时看到朝车上拖两具死尸，士兵称是杀死的革命党，心中更为恐惧。

"关光夫，听说你这几年发了大财，是吗？"瑞澄问。

"大帅"，关光夫会意了，"我一不做实业，二没有当商人，是发不了大财的！"

"不见得吧？"瑞澄说，"今天我只问你，你是不是把枪卖给了革命党？"

"没有！"

"你自己看！"瑞澄说着向铁忠扫了一眼。

铁忠站了起来，将一个笔记本递过去，"自己读！"

关光夫定眼看本子中间的几行字：

上次购德造手枪二百支，机枪二十挺，钱已花完；关光夫同意有机会再帮我们购买一些，请速将款项汇达夏口……

"大帅，各位大人"，关光夫浑身颤抖起来，"这……这是怎么回事，我关光夫一贯忠于朝廷……"

"住嘴"，铁忠一拍桌子，"这是从革命党那里得来的，难道你还不承认吗？"

267

"有诈，一定有诈！"关光夫一下子冷静下来。

"关光夫"，陈得龙走过来一把揪住他的衣领，"如实招来，大帅会……"

"如实招来，这里面有诈！"关光夫毫不含糊。

"大帅"，铁忠那屠夫劲儿上来了，"卖了那么多枪给革命党，他知道承认是死罪，不承认也是死罪，这种人留着干什么，斩！"

"斩！"陈得龙也跟着吼了一句。

"斩！"瑞澄命令。

"我来！"铁忠提着枪走上前，"关光夫，你的死期到了，死期到了！"

"大帅，各位大人"，关光夫挣脱两个正目，将目光盯住艾玛，"我死，马上死都无怨，我告诉你们，革命党就在你们身边！"

"谁？"铁忠问。

"艾玛！"关光夫大声道。

一下子众人都愣住了。

"关光夫，你到死之前还咬我一口？"艾玛一下子站了起来，"你一贯对我不礼貌，你……"

"哈哈哈"，瑞澄狂笑着一挥手，"艾玛，别跟他一般见识"，说完大吼，"斩！"

"大帅，我死前良言，并非……"关光夫呐喊着，两个正目架着他朝外拖去。

枪声再次在外面响了，艾玛心里的一块石头落地了。

陈得龙见大家正在沉思般坐着，他上前对瑞澄问："大帅，冯启钧与关光夫一贯狼狈为奸，心很铁，卖枪的事就跟他没有关系？"

"我看这里面是有事！"铁忠握着还发热的枪走进来了，听到了陈得龙的话，"这个冯启钧养了那么多姨太太，钱从哪儿来？不干坏事他是发不了横财的。"

"听说他在乡下置了很多地产、房子，他才做了几年官？"陈得龙觉得应该乘机处死这个对手。

"他的口头禅是，千里做官，为了大贪，十个做官，有十一个在贪，不贪就做不了官。"

"他人呢？"瑞澄气呼呼地问。

"我担心他跑了，已经把他押起来了。"

"好"，铁忠应和着，"把他押上来，看看他的心到底是红还是黑的？"

"肯定是黑的！"陈得龙说着一跺脚，"张大人还没仙逝时，他声言关光夫将来会被朝廷封为督鄂，他会升为统制。大帅来鄂，他大骂皇上有眼无珠，说什么大帅无能，铁忠大人仅是屠夫，只有他关光夫，才是湖北的督帅，我……"

"斩！"瑞澄气得脸上暴起青筋，"快斩！"

"大帅，先审……"陈得龙问。

"还审什么，斩！"瑞澄命令。

冯启钧平时目中无人，又与陈得龙叫板比高低，这会儿在瑞澄一气之下，跟着关光夫永远地走了……

"大帅，张彪求见！"铁忠从外走进来对瑞澄说。

"有什么事？"瑞澄心情极为不悦，"怎么事情都搞到今天来了呢？"

"大帅，这也是你的洪福大运啦，除了内患后一切都平安无事。"陈得龙说。

"叫张彪进来！"瑞澄说。

第八镇统制张彪进来了，他向瑞澄施完礼后环扫众人，才一字一顿地说："大帅，据我得报，革命党今夜十二点钟以枪声为号发难！"

众人望着张彪大气不敢出。

瑞澄皱了皱眉头问："情报可靠？"

"可靠！"张彪说着向门外道，"押邓矮子进来！"

今天夏口出现革命党后，张彪担心自己的部队出事，忙赶到第八镇司令部时，卫队急报，有一炮兵退役正目有紧急情报向统制报告。张彪就是担心军中有革命党，忙传令召见。

来人是邓矮子。

邓矮子一见张彪，就将他装成拥护革命加入革命党，在其内探听消息，企盼得到一笔奖银的想法都报告了张彪。张彪说："如果你报的消息是真的，奖你一笔银子不在话下，但你要欺骗我，只有死路一条！"

"好"，邓矮子说，"今天孙武被炸，革命党机关已泄露，革命党人的名册已落督署。革命党人决定先发制人举事，约定夜十二点放枪为暗号！……"

听了张彪的报告，瑞澄不停地擦额头上冒出的冷汗。他突然站起来问跪地的邓矮子："你还知道些什么？"

"革命党说，今夜起事之前，在三个地方运武器发给敢死队员"，邓矮子说，"在武昌小朝街有一机关，十五协营房外面有一机关，黄土坡也有一机关，我已报告给张统制了。"

"大帅，我已命令人分三路捉拿去了。"张彪说。

艾玛的脸上出现了汗粒，但她仍镇静自若。

瑞澄沉默着。

"大帅"，陈得龙从电话室中出来报告，"我荆襄巡防处在夏口英租界缉拿革命党二人，都是留过日本的留学生，供认自己为革命党不讳，我已电令押过来由大帅亲审！"

"嘿，今晚出了这么多事"，瑞澄担心得双手捧着茶杯发抖，"恐怕不是好兆头呢！"

　　"大帅，不必担心，天大的事有我们呢！"铁忠拍着肥厚的胸。

　　"你们总是在我面前拍胸说是万无一失，可今天夜里革命党人就要真的动手了"，瑞澄说，"其实革命党在军营中窜进窜出，你们担心我撤你们的职，总是瞒着我，今天脓包要穿了，要流脓血了，你们还说万无一失"，说着他狠狠地一跺脚，"刀架在你们的脖子上了！"

　　众党徒大气都不敢出。

　　"今夜，我坐镇督署，扫除湖北军中的革命党，愣着干什么，还不快去捉拿革命党！"瑞澄咆哮着，"啪！"地将茶杯摔在地上，"胆小者，处事不力者，惧怕作战者，一律斩！"

小 引

　　由于邓矮子潜伏在革命党内，向瑞澄、铁忠报告了革命党晚十二点鸣枪举事，同时又将革命党三处机关告密，革命党人的指挥机关被铁忠包围，刘复基、杨洪胜、彭楚藩等被捕。面对群魔绑走革命党人，艾玛在暗处举枪企盼杀死铁忠，但机会不好，于是她开枪杀死邓矮子。铁忠不知虚实不敢久追，押着刘复基等十几个革命党立即逃离。艾玛担心革命党人自投罗网，又杀回马枪处死两个固守小朝街革命指挥部的特务，并与赶来营救刘复基等革命党人的陆河中、丁正平战地相逢。决策大计立即行动，半路中窜出冰云水，面对黑洞洞的枪口，艾玛几乎进入黑色世界……

第三十一章　指挥部门口的枪声

黑沉沉的天际，不时地有几颗星星从云缝中冒出来，夜空中才显出一点点生气。

此刻，艾玛喘着粗气伏在武昌小朝街 82 号张廷辅家对面的草丛中，右手握着双筒手枪，左手捂住正"咚咚"跳的心，半张着嘴，两眼死死地盯住 82 号门口的两个士兵，一盏马灯挂在 82 号正门口的树上面，淡黄色的火苗在夜风中倔强地摇动着。

"快快快，绑起来，给我绑起来！"一个恶狠狠的声音在狂叫。

一群官兵押着十几个革命党走出来了，铁忠不知道是出于什么原因也带着邓矮子赶来了。

"你看看，还有谁漏网了？"铁忠对邓矮子说。

邓矮子在众革命党人中观看。

"报告大人"，督院卫兵排长蒋营隆赶到铁忠面前，"在小朝街 85 号内，又拿获革命党二人，其中一名女人；缴获德造手枪一批，弹药三十余箱，92 号拿获革命党八名……"

"报告大人"，邓矮子从被捆绑的革命党人中走出来，站在铁忠面前，"革命党之一的宪兵刘复基不在列！"

"刘复基？"铁忠脑子一转问，"宪兵吗？"

"对，就是管带果清阿颇为器重的那个刘复基！"邓矮子忙说。

不远处的草丛中，艾玛将他们的对话听得清楚。艾玛高兴，刘复基总算逃过了这一劫！

"搜，再进屋里搜！"铁忠命令。

邓矮子立功领银子心切，飞快地朝一小院跑。在敌人破门而入的一刹那间，刘复基机敏地一闪，飞身跳进后院，借助一地坑总算躲过一难，没想到邓矮子心计颇深，没有找到刘复基后又派人重新再搜。

"后院再搜，再搜！"邓矮子呼叫的同时，两三支日造电筒光扫过后院。

刘复基刚从地坑中探出头，邓矮子就发现了并大呼："在这里，在这里……"他叫着，手指扣动手枪扳机，双筒手枪喷吐着火舌。

"邓矮子，你不得好死！"刘复基骂着，甩出两枚炸弹，"轰"地爆炸了。

"抓住他！"铁忠率人扑过来，"快抓住他！"

刘复基一看冲出重围的可能性不大了，对扑上来的一士兵狠击一拳，那士兵脸部挨了一拳顿时栽倒，刘复基闪电般从地上抓起敌人手中的枪，还没来得及拉枪栓，一个正目对着他瞄准，刘复基一个闪身扑上去，一枪托砸在这小子后脑上，顿时血水四溅。刘复基没有停，他从死敌背上抽出大刀片，还没有完全拔出来时，铁忠跟上来了，仇人见面分外眼红。当铁忠举手"砰"地一枪击来，子弹擦着他的头发之时，刘复基挥刀扑了上去对着铁忠劈下去。也就在刀要劈到铁忠头的刹那间，这小子猛地向下一蹲，他身后的敌排长蒋营隆，正好从铁忠背后冒出头来，只听"咚"的一声与"啊"的一声交织着，蒋营隆的头被劈成了两半。铁忠在刘复基劈死蒋营隆之时，也对刘复基下手了，不等刘复基收回刀，十几个敌人蜂拥而上，将刘复基按倒在地。

"捆起来，快捆起来！"邓矮子在讨好地呼叫。

铁忠用电筒照住刘复基的脸："宪兵？"

"宪兵又怎么样？宪兵营好多都是革命党，他们迟早是要提你的头，为我报仇的！"刘复基恼怒地道。

"捆紧些，绑紧些，看他还嘴硬！"铁忠咆哮道，"有种的跟老子枪子弹比！"

"再过二十年，老子又是一条好汉，非处死你不可！"

"啪！"邓矮子踮起脚尖扇了刘复基一耳光。

"老子把狼看成人了！"

"老子用刀撕了你的嘴！"邓矮子骂着，抓起地上的大刀片伸过来。

"放下！"铁忠对邓矮子吼，"老子就是要他的嘴巴会讲话！"说着拉着捆住刘复基的绳子说，"走！"

艾玛没有看到刘复基，只看到一大群敌兵围住革命党。铁忠是她刺杀的对象，但这小子保命的战术有章，他总是走在卫队群中间。艾玛没有开第一枪打死他的机会。因为第一枪一响，不容她开第二枪，敌人就会反击，她手中这支德国造再有威力，也没有机会反击了。

在督署，艾玛略施小计处死了关光夫与冯启钧，这对于革命党与她自己是极为有利的。如果她不能继续潜伏在督署为革命党通风报信，革命党的损失就太大了。正如刘复基对她讲的："我们革命党早就承认你是革命党，因为你在真诚为革命党服务，为推翻帝制作贡献！"

今天邓矮子出现，艾玛就明白肯定有巨大的牺牲，但自己又不能马上去报告。当众人一散，她跑出门就坐上黄包车，赶往刘复基在平湘的家。刘复基为了革命方便，早将妻子李湘秀、女儿刘宜娣送回了老家鄂城华客凉亭。现在艾玛一看门上一把锁，于是急忙按邓矮子提供的地点，首选第一站赶到小朝街张廷辅家，果然与铁忠和邓矮子相遇。

"打不死铁忠，也要打死邓矮子！"艾玛在暗处举枪寻找目标。"朝廷腐败，一个小小知县只做一年官，就成了百万富翁，你们都看不见这类败坏国家之贪官……"

艾玛听到了，这正是刘复基的声音，她真想冲过去抱住他大呼："对，对，你讲得对！"

"快，把他的嘴堵住，堵住！"铁忠在命令。

艾玛借助一排树的掩护支起半截身子，手中的枪在移动，手也在颤抖。

突然，几匹战马"嗒嗒"地四蹄敲击着地面，艾玛寻声望去，一溜战马直奔而来。领头的战马在她左前立住，从马背上跳下一持手枪军官，立于人群外大声道："报告大人，我们在黄土坡千家街一小杂货店内，抓获了革命党人杨洪胜，并在店内搜出手枪十六支，炸弹二十五枚，马刀二十五把。"

"押到督署！"铁忠命令。

"报告"，又一骑马人跳下来道："我们在楚雄楼北校桥高等小学堂左边的洋房内，查得革命党人正在印刷革命广告，拿获五人，其余人从屋顶上面逃走了。"

损失太大了，艾玛听着心痛。

"三排长邹家录，你放跑了一名革命党人，死罪也！"铁忠说着朝外大叫，"邓矮子，处死邹家录！"

"大人，我抓住五个革命党……"

"抓一百个，跑了一个也是死罪！"铁忠又道。

几个士兵架住了邹家录，邓矮子有铁忠撑腰牛劲十足，小跑步赶到邹家录跟前时，嘴正好对着艾玛的枪口。艾玛朝自己的背后也看了看，口袋里仅有的一枚炸弹，她摸了出来，拧开保险盖后用左手抓住，手枪口已经对准了邓矮子。邓矮子认识很多革命志士，如果让他活到明天，至少要多被捕几十位革命党人。

"矮子，开枪毙了他！"铁忠再次命令。

"砰！"矮子开枪了。

"砰！"艾玛也开枪了。

邹家录向地上栽倒时，邓矮子也在朝地上栽去。

"有革命党！"一个队官大呼，"快，快抓住他！"

"轰……"一枚炸弹在追兵中间炸开了花，四五个家伙倒下了，另外一些敌人发出惊恐的惨叫，没有炸中的敌人也不敢追了。

"快走！"铁忠命令。

"大人，邓矮子中弹快不行了。"一个正目报告。

"血流干了就死了嘛,这是谁都知道的。"铁忠说,"不管他,快走!"

活着的敌人押着刘复基他们离去!

艾玛一看敌人担心有埋伏匆忙抛下死尸跑了,她跑着跑着也站住了,万一还有革命党来联络,又没有人告诉他们,遇到敌人潜伏的便衣怎么办呢?艾玛忙又顺着小道返回去了。

邓矮子背后中了一枪血流如注,由于他倒的地方一块石头正好压在伤口上,起到了压迫血管止血的作用。艾玛赶过去时,他挣扎了一下。艾玛忙问:"有话向家里人讲吗?快说,我去转告!"

邓矮子没有吭声,两眼瞪得大大的,使人有一种恐惧感。

"站住,把手举起来!"一个声音在背后命令艾玛。

出乎意料,艾玛完全没有料到背后又出现敌人!她忙干脆将蒙面的黑布拉开,扭过头:"敢命令我的是谁?"说着拧亮电筒照过去。

一道雪白的电筒光下,艾玛认出来了,这不是督院卫兵一排的排长吗?她哈哈一笑:"时胜福,你怎么还没走呢?革命党不抓干净,瑞澂大人是要我们的头的!"

"艾高参,失礼,失礼!"时胜福一边说,一边用手拦住电筒光,"喻友全,快把枪放下,前面是艾高参,还不下跪请罪!"

两个家伙跪在地上请求艾玛谅解。

艾玛走过来了:"时排长,今天立了大功没有?"

"报告高参,我与喻友全冲在前面,我俩抓了五个革命党人,想跑的刘复基是我第一个冲上去打倒他的。"

"不错,很不错",艾玛说着又问,"你们怎么还不走?"

"铁忠大人说,也许还有革命党来,我们潜伏着来一个抓一个,来两个抓一双。"时胜福说,"艾高参怎么也来了呢?"

"这么大的事,我还能睡吗?"艾玛说,"抓干净革命党,我们睡觉也安宁了。"

"那也是",时胜福应了声,用右胳膊碰了一下同党喻友全,并低语,"关光夫没死之前,声称艾高参为革命党人。"

"不会,艾高参……"

"时胜福,你过来一下。"艾玛对他叫道。

时胜福忙跟着艾玛朝一条小巷走,当他们离开喻友全十几步时,艾玛贴着他的耳朵说了几句,时胜福顿时两眼一翻:"真的?"

"我特地赶来的,就是担心他放跑革命党还要打死你!"艾玛说。

"狗东西!"时胜福小声骂着,"我收拾他!"

275

"用刀！"

"好！"时胜福说，"邓矮子死前说过，督署卫队中有不少革命党人。"

喻友全这时正在拉尿，背对着艾玛他们，只见时胜福一个飞身扑上去，从背后一刀劈下去。

"快，把他拖到这个坑里！"艾玛命令时胜福，"与邓矮子埋在一块儿！"

"好"，时胜福忙将手中的武器递给艾玛，"帮我拿着。"

艾玛接过武器，时胜福两手抓住喻友全还在挣扎扭动的双腿，朝一个坑中拖之时，艾玛乘其只顾拖尸体，绕到时胜福后背，对着他后背用枪顶住："跪下！"

时胜福还没听清楚，正要回头问什么事时，艾玛手中的双筒手枪响了。这个捕捉革命党最为积极的家伙走到了人生的终点！

艾玛站在几具死尸跟前，两脚被罪恶的血水染红了。夜风吹动着她那黑而亮的头发，吹拂着她发烫的脸颊，她一下子跪在了地上，遥望着黑夜中的东方："复基，革命党……"

"艾高参！"一个急促的声音传过来，艾玛担心是自己耳朵有问题了，忙摇了摇头，双手捂了捂耳朵门。

"艾高参！"几条黑影出现了，"是我，是我……"

"你是谁？"艾玛"唰"地卧地举枪准备反击。

"我是陆河中，是刘哥的朋友！"

"督署卫队队官，他来干什么？"艾玛一个翻身处于两树之间，"你来干什么？"

"我也是革命党，找你商量营救刘哥！"

艾玛半信半疑地睁大双眼，陆河中，他……

"艾高参"，陆河中走过来了，"这是革命党人丁正平！"

"你好，艾高参！"丁正平道。

艾玛愣住了。

"我们早知道艾玛高参心向革命党，刘哥总是称赞你忠于民族、国家。今天汉口革命机关遭敌破坏，刘哥与彭楚藩、蒋翊武等人在这个小朝街指挥部又遭敌袭。彭、刘二人被捕，蒋翊武去向不明，我俩终于寻到了你。现只有一条路可行，由你拖住瑞澂不杀所捕革命党，我们举事，或捕捉旗人军官作人质换出革命党，你看如何？"

艾玛听着略思一二后道："二位兄长，我是知道你们的心是红是黑，由于革命党遭叛徒出卖，刘哥一贯不语。今天已在关键之时刻，二位兄长既然来了，我也直言，你们赶快去找吴兆麟议事，报告汉口与武器之大事，决策今后的行动！"

丁正平担心着吴兆麟的安全。

"二位兄长放心，我很早就知道，吴兆麟是刘哥的主心骨，你们也把吴兆麟当成选择的总指挥，朝廷当前还不知道，杀我的头也决不会说出吴哥。快去，我马上赶回督署，生死难测，只有请二位兄长接受小妹一拜！"艾玛跪地纳头便拜。

"快快起来。"陆河中忙扶住她，"督署有人已经注意我了，我不能回去，请记住。"

"大哥，快快找吴兆麟去！"艾玛催促，"营救党人是天大的事！"

陆河中、丁正平消失在黑夜中。

艾玛理了理被风吹乱了的头发，走出不远，一匹大洋马从一条街上"嗒嗒"地窜出来拦住她的去路。大洋马上坐着一个身着长袍的人，手中握着一支手枪，艾玛正要抬手举枪，对方大吼："放明白一点，再动打死你！"

艾玛不敢举动。

"把枪放在我的马腹下面"，这人吼着从马背上溜了下来，手中的枪一直瞄准着艾玛，"只要你的手一动，我就开枪打死你！"

"你是谁？"

"告诉你艾玛"，来人恶狠狠的语气，"你与丁正平、陆河中的对话，本老爷都听到了！"

"你是谁？"

"你认不认识我并不重要"，对方用枪逼过来，闪电般飞起一脚踢掉艾玛手中的枪，"关键是你跟不跟我配合！"

"啊，我知道你是谁了"，艾玛突然惊声地道，"冰大人，冰云水？"说着扑上去抱住他，"冰哥，你怎么来了，怎么知道我在这里？我……好想你啊……"

艾玛的突然举动，是冰云水始料不及的。在他寻花问柳的一天又一天中，他早就对艾玛垂涎三尺，只是苦于她来自京城，又是兵部尚书荫昌的干女儿。

"艾玛"，冰云水将蛮横歹毒的一面掩盖着，忙双手抚摸着她的脸颊，"我担心陈得龙他们害你，一直悄悄地跟踪呢。"

"冰哥"，艾玛挽着他的腰，将脸贴在他的脸上，语气中充满温馨，"关光夫、冯启钧勾结在一块儿，打击你，是你的对手，我把他们处决了。等过一阵子，我干爹荫昌大人来武昌巡视，我把你送到他面前，告诉他我爱你，愿意作你的第五房太太……"

"艾玛，我飞黄腾达了绝对不会忘记你的。"冰云水说。

今天，冰云水得报，铁忠带人赶到革命党的临时指挥部捉拿革命党人，他忙悄悄地从暗处赶出来。按照他的判断，革命党不会很快知道指挥机关被破，必有自投罗网的，这样他抓几个送到瑞澄处，没想到他发现艾玛打死了邓矮子又回头处决了两个留守的。同时又与赶来的革命党人陆河中、丁正平碰头议事。他一直在暗处，要将艾玛缉拿住，没有根据瑞澄是不会相信艾玛投奔了革命党的。即使她是个革命党人，有荫昌这一后台她也不会有什么罪，无非是教训几句又到新的地方任职罢了。巴结上艾玛，让他心情舒畅，能与她共度良宵，往后鬼都怕他冰云水三分，别说在督署任职，就是在京城想任什么官职，也不过是荫昌一句话了。

"艾玛，我自第一次见了你……"

"就想我啦？"艾玛咯咯一笑，"快，抱着我，抱着我。"

冰云水激动得浑身的血几乎要凝固了，恨不得一口吃下这个使他神魂颠倒的女人，抱住她朝一间草棚走去。

这是一间不大的草棚，冰云水将艾玛放在地上时，一股臭味袭上来，艾玛咬着牙，只见冰云水脱下裤子扑上来时，猛地从腰间抽出匕首，对着他的腹部刺去。黑暗中的冰云水还认为艾玛迫不及待地来拥抱自己呢，在"哎哟"的惨叫声中，他捂住腹部在地上打滚。艾玛一脚踩住他的脖子，"冰云水，今天才真正知道什么是美人计吧？"

"艾……艾玛，快补一刀吧！"

"你坏事做尽，应该是不得好死！"艾玛说完将一根粗大的木头压在他的脖子上，扭头就走了。

小 引

　　汉口的革命党人孙武被炸，处于俄国租界的革命党人机关被破坏，武昌革命党三处机关被破，大批革命党人被捕。吴兆麟并不知道，他从军营回到家中听母亲讲房东马光启是督署巡捕，督署卫队一律换成了陈得龙的亲兵，四周墙上开了机枪眼，外围有马队巡视。吴兆麟心中极为关注形势之时，丁正平、陆河中来报，孙武被炸。孙武派人传命各营，敌人已经搜集到我革命党人名册，再不起事将会被敌人按名册捉拿斩杀，命令今夜十二点鸣炮为号起事。吴兆麟深感态势复杂之时，护兵来报，第八镇司令部的张彪代表已经到达工程第八营，请吴队官立即回兵营。吴兆麟大惊，但脸上平静，将手枪压满子弹快步赶回营会议室……

第三十二章　血战第八营

吴兆麟此时此刻还不知道孙武被炸，夏口机关被破。这时他在家里与在第八镇任参谋的哥哥吴兆祺在议事。当时，母亲叶氏对他兄弟二人说："两个儿子呀，你们今晚都回来了，妈有一事相告。"她说着起身拉开大门，朝外左右看了看又将门关上，才走过来接着说："房东马光启在总督府充任巡捕，他今天对我说，不知道又发生什么事，说督署内外设防极严，卫队一律换了教练队的，沿围墙晚上大凿机枪眼。内卫又一律由陈得龙挑选的巡防一营官兵担任，如革命党效仿广东革命去攻督署，是绝对攻不进的！"

"妈，马光启真这样讲的？"吴兆麟问。

"他说有几百支手枪和二十挺机枪被革命党搞走了，瑞澄就怕革命党攻督署，还怕革命党火攻，特地调马队在督署外面日夜巡逻。"吴母又道。

"小弟"，兄长吴兆祺接住母亲的话又道，"今日张彪称，工程第八营很好，派往楚望台守军械库。但他又担心工程营内有革命党，他在办公室问执法官陈云岫可不可靠？陈云岫说，军官中只有吴兆麟与罗工清从前加入过日知会，盯着他俩点就行了，其余官长不会有问题了。"

"哥，张统领怎么说呢？"吴兆麟问。

"张统制也知道你为他争了不少面子，平时他也颇器重你，陈云岫对他讲这些话当然不会有多少问题，但你做事要注意些，若是陈云岫对瑞澄、铁忠说这些话，不关押你才怪呢。"

"哥"，吴兆麟站起来，"你看我像革命党吗？"

"你是不是，你自己心里有数，但平日说话不能太新了，有什么事在心里，锋露者必有祸呢！"

"咚咚咚"，三下敲门声打断了吴家兄弟二人的对话。

"哥，是我的朋友来了。"吴兆麟一听敲的次数，忙道。

"你们谈，我先回营中去了。"吴兆祺说着取罢衣服从后门离去。

门闩拉开，吴兆麟一看陆河中、丁正平神色惊恐，忙迎住他俩问："出了什么事？"

"出大事了……"陆河中说着急急进门，"我从……"

陆河中将孙武被炸，彭、刘、杨等被抓，艾玛设计斩了关光夫与冯启钧等匆匆讲完，吴兆麟听着听着抬头问："你的人呢？"

"我们都调出了一些，再也进不去了，陈得龙控制了内外。"

"今晚十二点起事，各位干事去向不明，领导机关被破，敌人按名册拿我党人"，吴兆麟浑身血液涌动，"你们看怎么办？"

"吴哥，我们听你的！"

吴兆麟两眼凝视着他们沉思着：怎么办？

"现在外面革命风潮颇大，各营革命党人需要领导，不可单独行事，只有团结，才能有胜利。"吴兆麟又说，"武器被敌人搜走了大部，我营调军械库巡防有机可乘，方略不可有半点差错呢。"

"队官，队官"，门外有人焦急地叫道，"快开门，快开门。"

"谁来了？"陆河中问。

"我的护兵陈润山"，吴兆麟说着扭过头，"二位暂避！"说着朝里间一房指了指。

门一开，陈润山就道："队官，现在兵营有紧急事，请队官立即回兵营！"

"什么事？"

"以前在二十九标统的管带李襄邻来营，集合全营官长议事，任何人不得缺席！"陈润山说。

"你在外面候我，换了衣服我就走！"吴兆麟说。

护兵出得门，吴兆麟急忙进内房与丁、陆二位通报。陆河中说："去，不会有什么对你不利！"

"今夜十二点听炮声起事，你总是要回营的。"丁正平说。

"二位与我随行。"吴兆麟说，"只是艾玛的安全，复基、洪胜等几十位弟兄……"

"举事成功了，就营救他们出来了！"丁正平说。

"万一现在他们开枪杀人呢？"吴兆麟担心，"艾玛年轻，若感情用事也会出人命的。"

"吴哥"，陆河中说，"你先回营看看风向再说，快走！我俩在营外等你发号再进去。"

"如果是扣你"，丁正平拔出手枪，拍了下腰里的炸弹，"我冲进去救你出来！"

吴兆麟朝他俩笑了笑，扭头出门。

工程第八营内，全营军官已经集中到了管带会议室，原二十九标统管带李襄邻坐在最前面，吴兆麟从侧门进去后，悄悄地坐在工程营督队官阮荣发的后面，李襄邻没有说话，很多他带来的卫兵将会议室里外包围着，气氛显得异常的紧张。

"报告大人，人头送来了。"一个排长在会议室门口说。

"提进来！"李襄邻道。

一个正目一手提一颗血淋淋的人头进来了，众人都瞪起大眼出了一口冷气："我的妈呀！"

"这两个革命党在督署内埋炸药，被陈得龙官长的卫队捉拿，斩之！"李襄邻大声道，"对革命党，决不会手软！"

人们没有吭声，也没有什么大的反响，只有吴兆麟朝前面的位置移了移，问阮荣发："督队官，这是怎么回事？"

"革命党今晚要举事！"阮荣发说，"我也是刚才得报。"

"各位弟兄"，李襄邻道，"今夜情况紧急，我奉第八镇统制张彪大人之命，向诸位通报如下……"他说着环扫一眼不算大的会议室，"请督队阮荣发官长到前面来。"

"阮督队官"，李襄邻说，"如果我宣告张统制的命令，有人反对，请你立即处死！"

"是，执行命令！"阮荣发回答。

李襄邻点点头，大声道："今天，汉口俄租界破获一革命党机关，又在武昌三处破革命党机关，查获了指挥部、武器库，缴德造手枪及大批炸弹、刀械，捕革命党有近百人。据我情报，革命党决定今夜十二点发炮为号举事。潜伏在各营中的革命党将闻炮声内外响应，到时各位都是革命党残杀的对象！"

众人骚动起来。

"请安静"，阮荣发命令，"不要讲了，不要讲了！"

众官长脸色铁青地望着李襄邻，等待后话，也在等待自己的命运将会发生什么变化。

"目前，瑞澄大人已经拿到革命党的名册，明天天亮后，上午集中精兵一一捉拿。张统制命令我先到十五协，再到你们工程八营传达他们的命令，请各位官长恍尽守职，不要听革命党的煽动，好为劝导，维持无事者将来嘉奖，否则是要全家俱戮。现在已经九点多钟了，我要回八镇司令部！"说完起身就走。

吴兆麟在后面坐着，如同坐进冰库般难受，千辛万苦搞来的枪被敌人搜走了，革命指挥部被破坏，革命党人被捕百余人，明天敌人分头按名册到各营抓革命党……

"诸位官长"，阮荣发今天精神极不好，声音也不大，且充溢着一种恐惧之神态，"情况万分危险，现在我命令：一，今夜各队由队官精选二十位忠诚正目，

发给实弹，守卫兵营出入口；二，各队官兵除值勤外，全部睡进兵棚，不得出入，大小便者，经排长同意后才能出入；三，未值勤官兵不得擅动武器，不得高声讲话，服从指挥，否则立斩！"

各官长听了心情极为沮丧，谁也不敢出头露面说个"不"字，都快快地离去。

吴兆麟与阮荣发虽然不是什么极好的朋友，但由于他聪明，且又是参谋大学毕业，遇事能深思熟虑，明道理，通兵法，一身正气，在官兵中威望颇高。阮荣发有事无事总喜欢找他谈论。这刻各队官长都走了，吴兆麟也在匆匆向自己的队营赶去时，阮荣发追上几步忙道："左队官！""督队官，有事吗？"吴兆麟扭过头问。

阮荣发走过去左右扫了一眼后问："听说你与右队官罗子清都加入过日知会，这次革命党要举事，你们万万不能妄动，记住了吗？"

"督队官"，吴兆麟说，"该做什么事，不该做什么事，我吴某心中是有数的。"

"好，这就好！"阮荣发说着拍了一下他的肩头，"有事速报，我在督队官室不会走的。"

吴兆麟点了点头，快步向自己的左队官部赶去。

左队三排的兵营中，革命党人方其伟将十几个弟兄叫到兵营中间的一间队官房间，"哗"地从一只箱子中提出一排排子弹、炸弹、手枪，对众弟兄说："诸位都参加了革命党，现在督署破了我机关，搜走了我党人的名单，他们将按名单捉拿我们，我们不能等死。举事，发难，杀了瑞澄，推翻清廷……"

"方哥"，正目代俞秋问，"今夜起事，敌人有准备吗？"

"我们十二点听到炮声为号！"方其伟说，"快拿子弹枪械……"

督队官阮荣发，此刻正坐在督队部中喝闷酒，一阵急促的敲门声后，一正目涂林广奔过来："大人，原我左队正目，现为测绘学堂学兵方其伟在向革命党人发子弹，声称十二点钟起事呢！"

"有这种事？"阮荣发吃惊，"你快去通知左队官吴兆麟，叫他把方其伟抓住，我马上带人来！"

"好，我马上传达督队大人的命令！"

吴兆麟听了涂林广传达的命令，对涂林广说："你快去领督队官出来，我过去看看！"说着快速赶进兵棚。

方其伟还在宣传革命行动，一看吴队官出现在房间门口，知道没有大事，吴队官不会在大庭大众之下说什么，他忙奔过去。

"快走，他们捕拿你来了！"

"好!"方其伟从后门"唰"地溜了出去。

"谁!"正值班的右队官黄坤荣,一见有人朝外跑,忙大声道的同时,又扭过头,"督队官,革命党,有革命党在逃跑!"

"追!"阮荣发命令之时,也追了上去。

吴兆麟一看急了,这可怎么办?万一方其伟被他们抓住了呢?

方其伟转进一条小道时,突然向阮荣发投去一枚炸弹,只见火光一闪,"轰"的一声响,硝烟淹没了阮荣发他们。吴兆麟忙追上去一把拉住阮荣发:"督队官,革命党都是些不要命的,不能再追了,我们的任务是保持队伍不出乱子,你有个什么三长两短,队伍怎么办?"

"督队官,这炸弹片比子弹还狠,追不得了。"黄坤荣也应和着说。

阮荣发一听也是,张彪只命令守住军营。于是,他愤愤地说:"通知各队兵棚,任何人不得进出!"

刚才那枚炸弹的爆炸,引起了兵营中的革命党人一阵忙乎。吴兆麟一看掩护方其伟逃出虎口了,高兴地赶回队官办公室。这时,革命党人马光清从门外闯进来,气势汹汹地质问吴兆麟:"怎么回事,炮声响了还不举事,难道要等到瑞澄来捉捕我们吗?"

"这不是炮声,是方其伟发子弹暴露了,甩炸弹炸追兵跑出去!"吴兆麟忙道,"我们要十二点钟举事,现在才只有十点嘛。"

马光清说:"方其伟跑了吗?"

"跑出去了",吴兆麟说,"你快回兵棚!"

"敌人知道我们营有革命党了,早点动手吧!"

"光清兄",吴兆麟只好说,"你听我的命令,今夜全城紧张,敌我双方胜败在此一举。如果不服从命令,不统一行动,我们就正中了敌人的计!"

马光清心服口服地走了。吴兆麟又急忙到各兵棚巡视,他担心士兵过激。

方其伟逃过督队官阮荣发的追击,刚出了营左后院,丁正平一眼就认出了他,忙在暗处低声叫:"其伟,其伟!"

"方兄!"陆河中也认识他,"我是河中!"

方其伟如遇救星般寻声奔过去。

"怎么样?里面怎么样?"丁正平问。

"还好,但革命党人有些沉不住气,我担心举事时无主心骨,会被敌人各个击破!"方其伟忧心如焚地道。

"我们从你刚出来的后院翻过去",陆河中说,"我与后队官罗子清是好朋友,他也是日知会会员,今夜举事他一定会双手赞成。"

"万一他既不赞成又不反对呢?"丁正平反问。

"不会"，方其伟说，"我去为弟兄们发子弹，他看到了像没有看到一样，扭头就逃出了门！"

"有戏！"陆河中一拍大腿，"走，杀了营门口那个岗哨进去。"

"千万不要动刀枪"，方其伟制止他，"门口的哨兵，一律是吴兆麟安排的革命党人！"

"吴兄高见！"丁正平说，"今夜举事总指挥是谁？"

"跑的跑了，捉的捉了，伤的伤了，现在还没有找到总指挥呢。"陆河中沉重地道。

三人都沉默起来。

原来，孙武在汉口机关被炸伤，伤了面部及手，住在医院又得报武昌三机关被破坏，被捕近百人，断定是敌人按搜集到的名册捕捉革命党人，于是急忙写信命人向各营报信，传达他破釜沉舟之计，在 10 月 10 日起事缉拿瑞澄，占领武昌，决定于夜十二点炮声为号起义。群龙无首的新军各营房内，如同即将爆炸的炸弹……

"走，找吴兆麟去！"丁正平说着就朝里走去。

小 引

　　面对死亡，刘复基心情并不沉重，当铁忠举起屠刀，要砍下刘复基的头颅时，被五花大绑的刘复基并不恐惧，他高昂着头，两眼圆睁，视死如归。而此刻，艾玛不顾一切地冲上去，死死地抱住了铁忠举刀的手……

第三十三章　知音罹难

身着宪兵制服的刘复基被押进督署后就临时被关进一间小房间，由五六个正目看押着。这时的铁忠心情并不轻松，陈得龙得意扬扬地走进来："大人，这次我们总算把革命党一网打尽了，瑞澄大人那里请您多多……"

"我说得龙"，铁忠心里有事儿烦着呢，"头功的帽子我会戴到你头上的。"

"我是说是不是乘机派人把张彪杀了？"

"杀了张彪？"

"就说是革命党杀的，鬼知道！"陈得龙说着一挥手，"这年头有些事要快，要狠。不是他把你第八镇统制位置占了，军中就不会有这么多革命党！"

"杀了他我马上走马上任，别人怎么看？"铁忠反问，"要杀也得等这件事办完了再派人收拾嘛！"

"不行，不行"，陈得龙忙说，"您是军事参议官兼湖北督练公所总办，您任职第八镇……"

"好好好"，铁忠打断他的话，"你打电话叫果清阿来。"

"他早来了，在外面等着您呢。"陈得龙说。

"快叫他进来。"铁忠说。

宪兵管带果清阿与铁忠同属旗人，同时又是铁忠的妹夫。听说革命党中有一个是宪兵，果清阿担心受到瑞澄的处罚，赶来了一看，果然是他最器重，又有文化的刘复基被捕捉关押。他心中顿时一沉，想见铁忠问问情况，但又怕见。现铁忠命令他进房间，心里顿时慌得说不出话来。

"你说，他是革命党，你怎么还不知道呢？"铁忠劈头就问，"瑞澄总督知道了，不解你的职才怪！"

"哥"，果清阿哭丧着脸，"能不能把刘复基放了？"

铁忠沉默着。

在武昌城的高层决策人中，瑞澄、张彪、铁忠、陈树屏、王履康五人是极端仇视革命党的顽固分子，而以铁忠为甚。他最恨张彪为了保住自己的位置对新军中活动的革命党采取敷衍态度，遇事隐瞒而造成了今天这样的后果。

"要就这样放了，瑞澄知道了，我也跟着你一起唱不成戏了"，铁忠对果清

阿说，"我看这件事说大也大，说小也小，就怕……"

"大人，一个女人被押来要见你！"

"女人？"

"对，她说她叫四姑娘。"

"这小娘儿们，她这个时候来干什么？"铁忠气得脸成猪肝色，"把她赶走！"

"大人"，一个队官赶进来说，"四姑娘房间地板下藏有三十支手枪，三百发子弹，我们查到了，她不肯交代来路，声称一定要对您讲呢。"

果清阿顿时脸色苍白，额头上冷汗冒了出来。

"把她押进来！"

"大人，你别押，我自己进来！"四姑娘挣开两士兵，风风火火地闯进来。

铁忠一看四姑娘披头散发，这个对他激情如狂的女人此刻一脸怒气，见果清阿在场，顿时脸上露出笑意，忙问果清阿："大人，是我说，还是你讲？"

果清阿狠狠地瞪了她一眼，对左右道："你们都到外面去！"

左右随从立即退出，铁忠的办公室里只有三人了。果清阿长长地叹口气说："哥，四姑娘房间的枪与子弹，是我藏在那儿的。"

"啊？"铁忠大吃一惊，"你是哪儿弄来的？"

"偷军械库的。"果清阿恐惧地道。

"你偷军火干什么，这是要杀头的！"

"我听说刘复基花大钱买武器，再说他这个人很可靠，卖给他我挣一笔大钱，就不干军队去从商了。但我又不敢直接与刘复基联络，四姑娘八面来风，她与革命党中的人认识，想通过她出手可靠。"

"你……你直接与刘复基有武器买卖！"铁忠吓坏了，"这是掉脑袋的大事啊。"

"大人"，四姑娘对铁忠说，"我与果清阿官人也是很好，他常去我那里过夜……"

"去去去。"铁忠不想听地一挥手，向后面的房间一指，"快，进去休息一会儿，我要审案子呢。"

"我……我什么时候向你说情……"

"等一会儿"，铁忠一挥手，"果清阿，送四姑娘到里间休息！"

"是！"果清阿忙道。

四姑娘向办公室里间的房间走去之时，果清阿紧随其后，铁忠向果清阿做了个劈死的手势。四姑娘用右手推门走进房间，正要朝床上坐时，果清阿突然双手按住下腹部小声痛苦地道："哎哟，我肚子痛死了……"

四姑娘愣了一下忙上前扶住他："怎么回事？"

"快把我的鞋子脱了，让我躺一会儿，老毛病又犯了。"果清阿说着朝床沿坐下。

四姑娘不知是计，忙蹲下给他解鞋带，刹那间，果清阿闪电般拔出腰中的短剑，对着四姑娘的后脖子刺去。四姑娘只发出轻微而不沉重的惨叫，一股血水浸透了她的衣服，顿时倒在血水中四肢挣扎。这个给多少达官贵人无限风情的女人，死在多少次耍弄过她的人的刀下……

果清阿一出来，就迎住铁忠凶狠的目光说："她死了！"

"别人追问，就说她勾结革命党，为革命党购买武器。我问她，她怎么也不肯交代谁是革命党，你一气之下处死了她！"铁忠叮嘱。

"明白！"果清阿又问，"刘复基怎么办？"

"我来把他……"铁忠小声说。

"好，是个办法！"果清阿忙点头赞成。

"如果瑞澄来了，你得稳住了"，铁忠说，"走，首先提审刘复基，赶在瑞澄来之前审定！"

被五花大绑的刘复基由两个士兵推出来了，武昌知府陈树屏连忙讨好铁忠地走过去："大人，这审问……"

铁忠一挥手打断了他的话，两眼盯住刘复基问："你就是宪兵营的刘复基？"

"本人正是！"

铁忠一拍桌子对陈树屏吼："陈知府，你搞的什么鬼名堂？刘复基是宪兵，是前往捉拿革命党的，你怎么把他也押绑起来了呢？"

陈树屏一时两眼发呆，不知如何回答才是，更不知晓铁忠的意图，只有张口结舌地望着铁忠。

"宪兵营管带果清阿，快将刘复基松绑带回兵营。"铁忠命令。

"报告大人，又捉来十个革命党。"一个队官报告。

"你没有看到我在做什么？先把他们关起来！"铁忠说着赶到刘复基跟前，"快快回营！"

刘复基哈哈大笑道："本人正是革命党人，坐得正，行得稳！"

这一回答是铁忠与果清阿万万没有料到的。铁忠见刘复基直言不讳，愤愤地拍案大怒："大胆狂徒，跪下回话！"

"铁忠"，刘复基冷冷一笑，"你是发烧呢，还是吃错了药？一个正派男人怎么会跪在一个贪官污吏面前？"

"你？"铁忠站了起来，指着刘复基，"你为什么要这样，快快老实招来！"

"你应该问你自己才是！"刘复基说，"你们是些什么东西，还配与我论理。"

"刘复基"，陈树屏见铁忠气得嘴唇发抖，忙接上，"你是个有文化、很聪明

的人，而且深知道理，各级长官都很器重你，你怎么做出这般大逆不道的事来呢？"

"好，好"，刘复基大吼，并盯住铁忠，"快快把绑我的绳子解了，我当过老师，教过书，今天老师来了，给你们上课，怎么学生把老师捆绑起来讲课呢？"

这里没有铁忠的命令，谁敢松绑？

"你们想听，就请我讲课，如果不想听，我也不浪费口舌了！"刘复基一板一眼地道，"哪有这样的道理，请先生讲课，把先生捆绑起来。"

"松绑！"铁忠发话了，"让他交代革命党的事！"

两个正目上前，忙乎着为刘复基松绑。刘复基的一双胳膊全部麻木了。他知道今天总是一死的，也决不会企盼铁忠开脱他。他环扫四周，在堂的官兵都在瞪着他。

"拿椅子，泡茶来！"刘复基命令般道。

"刘复基，你不要忘了，今天不是请你做客！"陈树屏看铁忠气得腮帮子在扇动，忙吼道。

"满足他！"铁忠又命令。两旁正目忙照办，搬来了椅子，送来了一杯茶。

刘复基喝了口茶水，双手捧着杯子，面对众士兵道："众所周知，商人代行村，花一万块钱买了个武昌知县，上任半年捞回本钱，连做三年知县发了大财，又花大钱在京城买了个四品官，就走了。贼狗子陈树屏，花两万块钱买官，上任才两年时间，买田置地，娶姨太太不下十几个，还要名妓四姑娘，钱从何处来？"

"大胆狂徒"，铁忠再次拍案而起，"问你为什么造反，竟敢数落我朝廷命官！"

"铁忠，你休怒，听我良言教训你！"刘复基架着腿，"先生告诉你，公元前220 年，秦始皇为什么能平定六国统一中原？仅仅只是他兵力强盛，战术正确吗？那是六国贪官成行，欺压百姓，加速了灭亡的进程！"

"你……你……"

"我什么？"刘复基打断了铁忠的话，"历代王朝总是巧立名目欺压民众，鱼肉百姓，正因为这样，历代王朝被推翻都是农民起来干的。你们不善待百姓，只知道敲诈勒索。我们革命党人就是要推翻你们！"

"你不要不清楚，我一句话要你狗头落地！"铁忠咆哮。

"铁忠，你这贪官真是糊涂，你也不想想，何所谓革命乎？先将此头颅作代价，且掷我一人头颅，而救千万万同胞之觉醒，何惜我这颗头颅呢？"

"你也不把你照一照，你什么角色？"陈树屏道，"草头王，草头王也！"

"你的同党还有谁？"铁忠站起来问。

"除贪官污吏外，都是我革命党同志！"刘复基说着"啪"地将茶杯砸在地上，"你们将像这个杯子一样，粉身碎骨！"

这时，艾玛赶回来了，闪身进了另一间房子里，瑞澄也在隔壁听会审，两眼发红，双手发抖。艾玛明白瑞澄已气急败坏了，忙从侧后赶到瑞澄背后，低声道："大帅，刘复基是我未来丈夫……"

"啊，你的未来丈夫？"瑞澄大惊，"这是什么意思？"

艾玛迎住瑞澄的目光，毫无惧色地道："我已许他为二姨太了。"

"你……你不知道他是革命党？"

"不知道。现在知道了，只要大帅成全我们，我将教化他！"艾玛忙道，"大帅，看在我干爹荫昌大人份上放了他，成全我们吧。"

瑞澄说："关光夫死前多次向我报告，称你与刘有染，并在我们内部向革命党递送情报。今天你真要直说了，我会成全你们的！"

艾玛头脑很冷静，怎么会掉进这只老狼的陷阱？她忙道："大帅，他是不是革命党，我真不知道，但这个刘复基第一会做人，第二做善良的事，不然我怎么会甘心做他的二房呢？"

"我看你也是个革命党！"瑞澄痛苦般拉住艾玛的手，"孩子，我们旗人是革命党的仇人，他们要推翻我们，我们……我们……"

"大帅，我求求你……"

"报告大帅"，铁忠在门口出现，"已经审过刘复基、彭楚藩、杨洪胜三个革命党。"

"怎么的，招了吗？"瑞澄问。

"一个比一个嘴硬，死不透半点音。"铁忠说。

"准备一下，我要亲审刘复基！"瑞澄说。

"是！"铁忠忙退出作准备。

刚才铁忠审问刘复基，被刘复基骂得狗血淋头后，命令两名正目将刘复基死死捆绑起来。其后提审彭楚藩与杨洪胜，同样被彭、杨教训了一顿。

现在，瑞澄要亲审刘复基，铁忠担心瑞澄被刘复基大骂生气，忙命令参谋官站在刘复基背后，拿了块布准备堵塞他的嘴巴。

瑞澄坐定，叫板般干咳一声，道："刘复基，你身为宪兵，是朝廷供养着你，即应尽一份责任为朝廷效忠。谁教你造反，如实招来！"

刘复基望着他骂道："瑞澄你这老贼，老贪官，老昏官，你吃了四万万同胞之脂膏。我当宪兵是作为革命党的掩护，打倒你们，为四万万同胞服务才是真的！"

老谋深算的瑞澄听完了刘复基的怒骂，他强压住怒火又问："你的党人都在什么地方，火器藏在什么地方，只要详细交代，我等再替你成全你与艾玛的好

事，朝廷也会重用你。不然的话休怪我心狠！"

"老贼"，刘复基出口火力十足，"我与艾玛没有什么关系，不存在什么成全，你休想在我这里得到什么，要杀，要砍，快快来吧！"

"复基哥"，艾玛奔过来，一下子抱住刘复基泪水纵横，"我知道你不是革命党……"

"艾玛"，刘复基忙道，"你不必为我开脱了，你是想留得青山在，不愁没柴烧，对不对？但是今天我要告诉你，我是革命党，过去我一直瞒着你，请你谅解！"

"刘哥，大帅会成全……"

"艾玛"，刘复基的目光向四周扫了一下，"清政府杀戮我爱国同胞无法计数。割地媚外，丧权辱国，只要有钱就可以买个官做，即使有天大的本事，也不能为同胞服务。他们立宪也好，制定法规也好，只是成了收拾我同胞的工具，法律对他们有权有钱的官吏来讲只是一纸空文。瑞澄自到湖北，你问他，捞了多少钱走了？他走马上任带来的亲朋好友都是来做官、捞钱的，有几个没有发财？我加入革命党，就是要推翻清王朝，恢复中华，建立民国，今天他们杀了我，就是革命成功的开始，也是清王朝灭亡的时候……"

"斩了，斩了！拖下去斩了！"瑞澄暴跳如雷，"斩了！"

"大帅，还有彭楚藩、杨洪胜呢！"

"这三个革命党统统斩首！"

"大帅！"艾玛抱住刘复基的腿，面朝瑞澄，"你不能杀他，他是我的丈夫……"

"艾玛"，刘复基忙说，"你是我的好妹妹，你不要开脱我。今生我们是好朋友，来生我照样是你的好哥哥，不要求这群豺狼了，为四万万同胞的幸福而死值得！"

"彭楚……"

"拖下去！"铁忠命令。

"斩！"瑞澄再次命令。

刘复基被四个正目架出门了。艾玛冲上去，也被两个士兵拖住了，她挣扎着要跟上去。

"我的死能唤醒我四万万同胞，中国万岁！"杨洪胜呼着口号。

"打倒满清政府！"彭楚藩高呼。

今天这场灾难降临在革命党头上是太残酷了！当革命党人刘同在汉口被捕后，这个胆小鬼叛变并交代了武昌的各个革命机关。小朝街是革命党人的军政总指挥部，刘复基、彭楚藩正在这里酝酿起义而被捕。于是整个武昌的革命党失去了指挥！

"把他们的嘴堵住，堵住！"铁忠命令，并提一大刀走过来，"我亲自砍下他们的头去……"

"刘哥……"艾玛再次奔过来。

铁忠左右看了看，一把拉住艾玛，扭头问瑞澄，"大帅，怎么办？"

"斩！"瑞澄狂叫。

"哎呀……"铁忠挥起锋利的大刀，砍下了刘复基的头。

刘复基的头在地下滚，身子仍然没有倒，艾玛扑上去抱住他，哭叫着，又奔过去抱住那颗血淋淋的头，"天呐……"

"杀！快杀！"瑞澄命令。

铁忠再次举起屠刀，向彭楚藩与杨洪胜砍去……

小 引

　　按革命党的起事规定，夜十二点鸣炮举行起义，但十二点已过听不到炮声。工程第八营革命党人听说天一亮瑞澄将按名单捉拿革命党人，于是众革命党人决定杀敌举行起事。于是枪声大作。但仅仅三百余兵力的革命党队伍群龙无首，而瑞澄围剿革命党的队伍随时会赶到……

第三十四章　泣拜总指挥

工程第八营内，表面看风平浪静，吴兆麟焦急地等待十二点钟的到来，等待着推翻中国几千年帝制的炮声。他明白越是到最后关头，越是要冷静，他告诫着自己，右手放在腰间的手枪柄上，有什么情况突变他将果断地进行有效的反击！

"队官"，背后一个声音传过来，"有情况。"

吴兆麟忙扭过头盯住正值勤的排长："赵大龙，出了什么事？"

"正目马光清左膀缠一块白布，枪内装有子弹，正与几个人在低语什么。"赵大龙说，"他们好像是革命党。"

吴兆麟知道这个赵大龙是阮荣发的什么表弟，对革命党不冷不热，升官心切，有钱除了吃、喝、赌外，没少往妓院跑，这种男人一般是没多大出息的。特别是9月8日丁正平通过关系找到他，从他手中买到偷来的子弹时，他对丁正平说过，这年头不管革命党也好，瑞澄也好，谁给钱就为谁卖命，谁升他的官，他就为谁效力，决不做看不见，摸不着的买卖。现在，他举报马光清，如果被瑞澄捉去印证是实，他赵大龙是要领一笔可观赏银的。

"赵大龙"，吴兆麟左右扫了一眼说，"不能随便猜说别人是革命党人，这是杀头的事呢。"

"他不是，为什么左胳膊缠白布？枪里的子弹是哪里来的？"赵大龙不服气，"队官，听说你以前加入过日知会，也当过几天革命党吧，现在你还没退出来？"

吴兆麟一听大吃一惊，忙笑笑说："大龙老弟，我吃朝廷俸禄，兄弟三人在军中大小都是个官长，日子过得还算可以的，当时加入日知会也算是……"

"左队官，这怕不是你的心里话吧？"赵大龙瞪大双眼，"不瞒你了，督队阮长官叫我偷偷盯住你。第八营驻守楚望台军械库，张统制对谁都放心，就是对你与罗子清有些怀疑，执法官陈云岫还说先把你拿下，张彪看你有本事，一时还没有下决心。如果你今夜真的在暗地支持革命党，我一句话，你就要吃枪子儿的！"

"啊，有这种事？"吴兆麟故作不知，其实他早已从哥哥吴兆祺口里知道了，"走，你到里间休息"，指了下队官办公室，"还有半瓶酒和一只烧鸡，你先喝着，我去看看马光清马上来。"

一听说有吃有喝的，赵大龙心里痒痒的，忙说："你快回来，我先去品

品酒。"

吴兆麟扭头快步赶进兵棚之时，果然看到马光清左胳膊缠着白布条，正激昂地拿着枪与几个士兵在比试。

"光清兄，你过来一下。"吴兆麟站在兵棚门口招了下手，"快!"

马光清平时就敬佩吴兆麟的为人与胆识，且又是自己的官长，同时也知道他是日知会会员，革命党人，于是忙奔过去。吴兆麟道："光清兄，还没到时候。你怎么擅自行事呢? 快将白布摘下来，听从官长命令行事，千万不能过早暴露，更不用惊慌。赵大龙是个反对革命的家伙，你们静候，万不可过激处事!"

"好!"马光清忙道，"队官，外间潜进来二位革命党，藏在后面小房里面。"

"啊，你怎么不早报告?"

"刚到!"

"快带我去见他俩!"吴兆麟说着朝后面小房间匆匆走去。

丁正平与陆河中正在朝枪里上子弹，听到吴兆麟的声音忙拉开门。吴兆麟迎住他俩的目光说："快，跟我一起走，执行歼敌任务!"说着又扭过头，"光清兄，快拿军服给二位穿上!"

两套正目军服由丁正平、陆河中穿上后，吴兆麟走在两人中间，装着与士兵谈事的神态直朝队官办公室走。而赵大龙正在撕吃烧鸡，一见队官吴兆麟进来，后面还跟着两个正目，正要说什么时，吴兆麟说："三排长，现在情况危急，遇到任何事都要忍耐，不要自找麻烦，有什么事只能向我报告，万万不可多事!"

"明白，队官!"赵大龙又低头喝酒。

"赵排长，认识我吗?"

赵大龙抬头定睛："陆队官，是你呀……"

"听说你向张彪报告，说我是革命党的头子"，陆河中说着逼过去，"怎么样，革命党送上门来了，还不去报告?"

赵大龙左手拿着正啃着的鸡腿，右手拿着酒杯"咚"地一下跪在地上："陆队官，我赵某有眼不识……"

"把头低下来，向老子请罪!"陆河中命令。

赵大龙忙遵令将头低下去的刹那间，陆河中挥手从腰里拔出匕首，向他脖子窝刺去……

"啊!"赵大龙再也没有站起来。

"好，拔掉了一个大钉子!"吴兆麟说，"快收拾现场。"

"队官，队官"，门外有人急切地敲门，"出事了，出事了!"

"什么事?"吴兆麟开门后堵在门口，一看是他喜欢的余永山，忙问，"别慌，出了什么事?"

"马光清与淡排长干起来了！"余永山报告。

"为什么？"

"马光清好像是革命党！"

"你怕革命党？"

"不怕，你加入日知会时，我后来也入了日知会。"

"余永山，叫马光清服从命令，不能乱来。我马上到！"

余永山忙扭过头朝兵棚跑。

兵棚里，刚才排长淡九斤发现兵士马光清从口袋里拿出一排子弹，正要上前问，又突见副排长魏得桥也忙着擦枪装弹，忙上前用枪顶着魏得桥问："你这是准备干什么？"

"打仗，当兵的就是打仗嘛！"魏得桥没好气地道，"你想枪杀我？"

"你胆大包天，想造反吗？"淡九斤大声质问。

"淡九斤"，魏得桥反手将他的枪口压下去，"你是不是活得不耐烦了？"

"快，把魏得桥绑起来！"淡九斤对两个正目命令。

马光清在他俩争执时，悄悄走向淡九斤后面。

"淡九斤"，魏得桥两眼喷火般，"告诉你，今天我们革命党决定起事了，你若跟着我们干，四万万同胞会感谢你，你若阻拦或杀害革命同志，你活过了初一，躲不过十五！"

"淡九斤决不容忍革命党举事！"

"哎！"马光清从背后一枪柄砸下去，淡九斤的头顿时开了花。

"快，把革命党拿下！"旗人排长牙奇带着十几个死党上来了。

"谁敢过来，老子炸死谁！"刚才潜进来的方其伟大吼一声，手中举着炸弹在暗处叫。

牙奇一愣："你是谁？"

"革命党方其伟！"

"把方其伟抓住，抓住有重奖！"牙奇号叫着。

"轰"，火光一闪，一枚炸弹甩进了牙奇的死党中，炸死牙奇等一批死党，顿时兵棚大乱，吴兆麟恰在这时赶到了，马光清、余永山、魏得桥等革命党人一下子集中到了一块儿。

"各位弟兄"，吴兆麟见状说，"敌人马上就会来了，现在没有炮声我们也是要起事的，不然我等统统都会被他们杀害！"

众人发愣。

"队官，阮荣发带了好多人来了！"马光清探头朝门外看后回头道，"有的在拉枪栓！"

"不要慌,不要慌!"吴兆麟握着手枪环扫众人,"魏排长,守住门!"

"是",魏得桥回答后马上命令,"弟兄们,准备杀阮荣发!"

"各位弟兄",丁正平说,"快快给我一把刀,要刀!"

"也给我一把刀!"陆河中说。

以魏得桥为首的几个人守住了营门。

"各位弟兄,没有我的命令不准动手!"吴兆麟命令,"惊动了大批敌人围过来,我们吃不消的!"

"队官,十二点都过了,怎么还没有炮声?"一个革命党人问。

"兄弟,我跟各位一样,也不知道原因",吴兆麟坦诚地道,"现在情况……"

"来了,来了!"丁正平焦急地说。

"把阮荣发他们斩了!"马光清咬着牙举刀立于门后。

督队官阮荣发、右队队官黄坤荣、司务长张文涛(有文章称其为排长)匆匆地赶来了。黄坤荣边走边对阮荣发说:"我早说了,要是今夜……"

"还说什么!"阮荣发一步跨进兵棚大吼,"谁在炸兵营?"

"统统站出来!"黄坤荣也冲进来横枪握刀,"你们反了,反了!"

"把武器放下,跪在地上,督队阮长官问罪!"张文涛命令,"快!"

众人愣着之时,吴兆麟站出来,面对阮荣发的枪口说:"督队长阮长官,今天是我等革命党起事之日,你若加入,我与众弟兄欢迎!"

阮荣发呆愣当场,两眼冒着火光。

"大胆狂徒,吃我一枪!"黄坤荣开枪射击。

"哎!"丁正平大吼一声,一刀砍来,黄坤荣持枪的手被斩断,半截手与枪"咚"地掉在地上。

"死了!"丁正平又补了一刀,黄坤荣的头在地上滚了两滚后,身子才"咚"地倒在地上。

"你……"张文涛准备反击。

"你还不死?"马光清"砰"地一枪。

"阮督队",赶来举事的后队官罗子清对阮荣发吼,"何去何从,快快决断!"

"我……我是不会跟着你们造反……"

"狗日的,找死!"罗子清在背后向他连开两枪。

"快,把子弹搬出来分了,把子弹分了!"吴兆麟提醒众人,"快呀,敌人马上会杀过来的!"

十几个士兵冲进营内将子弹搬出来,一下子就分给了起义的众官兵。

这时,众官兵持枪握刀站在兵营中,你看着我,我望着你,没有了主见。吴兆麟跳上桌子大声说："弟兄们，革命的同志们，我们现在不敢出兵营，就在这里等待敌人来围杀我们吗？"

"队官，吴哥，我们的出路在哪里？"马光清问。

"队官，快帮大家拿主意吧。"五个正目异口同声说。

"在营内太危险了，马上到楚望台集合！"吴兆麟忙说。

"对，听队官的没错，走啊……"众官兵高喝一声，如同炸雷，一哄而出，直奔楚望台。

众官兵云集楚望台时，四面没有响应的枪声，其他兵营也没有响应的。陆河中与马光清、丁正平、方其伟等站在一起，秩序有些混乱，而胆小的向黑暗中跑去。四人低语几句后，马光清大声道："弟兄们，现在我们八营举事的不足三百人，瑞澄马上会率大兵来袭，请各位马上冷静下来，选举一位指挥官为妥！"

"对，完全对！"丁正平忙应和着。

"请大家提议，越快越好！"陆河中说。

"各位弟兄"，一叫仇昌自的正目向大家道，"请安静，兄弟我提出一位总指挥供大家商议。"

众人连大气都不出地等待仇昌自出声。

"我营中有位日知会干事，有学识的队官吴兆麟，大家同不同意……"

"同意！"不等仇昌自说完，众官兵异口同声地道。

"各位弟兄，平时众人皆依赖长官指挥，今天举事已经集达楚望台，大家惶惶不安，虽有革命代表，而兵士仍不信仰，现在情况万分危险，推吴队官为总指挥完全正确，他是参谋大学毕业，为人正直！"又一排长赞道。

"请吴总指挥受弟兄们一拜！"众官兵齐刷刷地跪地拜他。

吴兆麟没有思想准备，被这突如其来的一幕弄愣了。略思片刻向他大声道："弟兄们，你们相信我吴某，我十二万分的感谢，但我承担不起这般责任，请在队伍中另选贤将！"

"吴大哥"，一排长大声道，"我众弟兄恳求你为大众做主！"

"请队官吴大哥一定担任总指挥……"众士兵异口同声恳求。

"吴队官无论是道德还是学问，皆擅优秀，不仅仅是本营弟兄敬仰，我等今日举事，实是万不得已，吴大哥若不为总指挥，我死也！"一正目刘索文说完举刀于脖子上。

"刘兄且慢！"吴兆麟忙大声制止并奔过去，夺下他手中的刀，"我有话说，今日举事极为突然，十二点又无炮声，但我与众同志一道革命，并非为当官也！"

"吴哥"，又一正目道，"清王朝社会道德沦丧，官吏腐败，今瑞澄督鄂，欺压我湖北民众，久仰队官为日知会干事，有志于民族之兴旺，请接受众兄弟再拜担任总指挥。"

"众弟兄，同胞们，同志们"，吴兆麟站在一块巨大的石头上，"快快，请大家起来！"

"唰"地众官兵站了起来，凝视着吴兆麟。

吴兆麟接着道："我等男子汉，生为顶天，死为大地垫底，今夜举事本是我的心愿，但从兵营到楚望台队伍颇为混乱，这是犯了兵家之大忌！"

众官兵听着，没人说一句话。

"夜间的战事宜静，否则谁能指挥得了？诸位云集为民族兴旺而革命，要想胜利必须严守纪律，绝对服从长官的命令，才能稳操胜券。现在我们首义举事，各处均无响应。敌人攻来了，我们只能是同归于尽。这种情况下，应有智勇双全者才能胜任总指挥，企盼各位再次挑选，否则误了国事！"吴兆麟说完抱拳向众人致敬，"弟兄们，你们看重我，但我担不起这副担子！"

"唯队官吴总指挥最恰当。"众人再次公举之。

"兆麟兄"，马光清站出来，"你所说军队要绝对服从指挥，讲得极为有道理。我们众弟兄看重你，举你为总指挥，若不服从你的命令或临阵脱逃者，就按你总指挥制定的军法处置。我与众弟兄坚决执行命令，赴汤蹈火，在所不惜！"

"马兄讲得对，我们都听吴总指挥的！"众官兵再次跪地请求，"请总指挥上任。"

吴兆麟环扫各位，再次抱拳致谢！

"吴大哥，请就任吧！"十几个士兵奔过去，一下子又围住他跪地不起，"事不宜迟！"

吴兆麟一看众人一片诚心，挥手命令："众弟兄如此抬举我吴兆麟，我为同胞们战死也心甘！"

"谢总指挥！"

"弟兄们，请安静"，吴兆麟大声命令，并挥舞着双手，"各队以排为单位，重整队伍，到楚望台南凹地集合！"

这一下子队伍如同一股潮水般重整军威涌向吴兆麟指定的地方，整齐地等待吴总指挥第一次训令。

"报告总指挥"，罗子清如同是战地前线指挥官般赶到吴兆麟前立正行礼后道，"工程队第八营举事官兵，集合完毕，请训令！"

望着这位日知会会员，后队队官罗子清，热爱民族国家的战友，革命党人，能在关键时候同心同德，吴兆麟激动地向他举手还礼后，道："弟兄们，现在不是客气的时候，更不是谦让的时候，我们工程队八营举事快过去一个小时了，但四处没有营队响应，这种情况是非常危险的！"

众人倒吸着冷气，是呀，十二点早过了，为什么没有其他革命党行动呢？是不是领头的都被捉走了？

"在我们的北面，是三十标，兵强武器好，队官以上一律为旗人，有电话与各部联络"，吴兆麟说着顿了一下，又接着说道，"在我们的西面，是旗人完全控制的宪兵营。在这么凶狠的敌人中要想生存、发展，必须先发制人，以狠、猛的战斗打败他们，不给他们还手的机会！"

"对"，陆河中乘机问，"各位弟兄，怕不怕敌人？"

"不怕！"

"安静，听总指挥训令！"罗子清挥舞着手说。

众人安静下来，几乎大气都不敢出。

"我们的根据地就设在军械局，不能失去这个总指挥部。请各位作战时注意信号！"吴兆麟接着说，"我们要壮大声威，据我所知，炮标内的革命党人很多，但他们驻在城外，我们应马上派人去联络，再派步兵掩护他们炮队进城。"

"对，很好，我可以领令去炮队促其响应！"马光清说，"请总指挥下命令！"

"好，请你等一下走"，吴兆麟说，"通往各队伍的电线一律割断，今晚口号为'团结'，请各队派二人分别送信，促各队响应。只要炮队进了城，各军营又都响应，就集中队伍攻进督署，活捉瑞澄！"

"弟兄们听清楚没有？"罗子清问。

"清楚！"众人回答。

"丁正平、陆河中，敌三十标与敌宪兵营有什么动静吗？"吴兆麟问。

"报告总指挥，你所指两敌营暂无动向！"陆河中道。

吴兆麟点点头目光盯在左前："马荣、金兆龙二位！"

"到！"马荣与金兆龙出列立正，二人齐声道，"请总指挥训令！"

"我命令马荣同志率步兵一个排，自宪兵营东面前进，歼灭敢于反击之敌！"

"是，执行总指挥的训令，战死无憾！"马荣回答。

"金兆龙同志，率步兵一个排向宪兵营西南前进，与马荣同志一道，解决宪兵营敢于向我攻击之敌！"

"是！"

"出发！"吴兆麟命令。

马荣与金兆龙几乎是同时扭过身："弟兄们，出发！"

两个排的铁血汉子向目标前进！

"曹飞龙！"吴兆麟喊道。

"到，请总指挥训令！"曹飞龙出列立正在吴兆麟面前。

吴兆麟上下打量了一下他才说："我命令你率一个排兵力，进入本军械局东

北方向，向三十标发起攻击！"

"是，执行吴总指挥的命令！"曹飞龙立正回答。

"黄楚楠！"吴兆麟道。

"到，请总指挥训令！"

"你率步兵一个排，在本军械局东北方向，向敌三十标发起突袭，只准胜利！"

"是！"

又有两路兵士向敌三十标猛冲过去。

"熊炳坤！"

"到，请总指挥训令！"熊炳坤挺立于吴兆麟面前。

"请你率杨金龙、徐兆斌、胡长林带兵一队，出中和门，督导炮队举事，联络炮队官兵，掩护他们拖上炮，搬来炮弹，立即到本军械局集合！"

"是！我熊炳坤执行总指挥训令！"

大批队伍出发了，没有出征的官兵显得异样地激动。吴兆麟目送向炮队奔去的队伍，回过头又下达命令。

"程正瀛、杨云开、孙之胜、罗炳顺！"

"到！"四人出列接受吴兆麟命令。

"四位各率弟兄六人，将各兵营及通向督署的电线一律割断，要快！"

"是！执行总指挥训令！"

"陈有耀！"吴兆麟继续点名，命令。

"到！"

"请你率三位弟兄，在通相门侦探敌情，有情况立即向我报告！"

"是！"

"唐荣斌！"

"到！"

"请你率三位弟兄马上赶到中和门附近侦探敌情，有情况立报！"

"是！"

侦察部队也派出了。镇静，有条理，吴兆麟的指挥艺术使在场的官兵更是佩服了，还没有派走的简直是迫不及待列队望着吴总指挥下达命令。

"各位弟兄，你们不要急，不要认为打不上仗，你们是预备队。法国名将拿破仑说过，没有足够的预备队，就没有军队的胜利。你们是胜利的保证，请马上到军械局西面集合待命。本总指挥的指挥部设在军械局南面！"吴兆麟说完一挥手，"执行命令！"

小 引

　　瑞澄得报吴兆麟是起义军中的总指挥，立即命令副官顷木率一路官兵赶到吴兆麟家。今夜起事来得突然，吴兆麟没有时间将母亲与儿子、嫂子、侄子转移，一家人住在武昌大朝街。顷木赶到大朝街将吴宅包围住，发现吴兆麟的妈妈叶氏正生着病，五岁的长孙也发着高烧，只有吴兆麟的嫂子姚氏抱着两岁的孩子在家中侍候两个病人。房子外面"杀死吴兆麟全家"的声音一浪高过一浪，门口已经燃起一堆大火。顷木冲进来抓起吴兆麟五岁的儿子与两岁的侄子，分别用两根竹杆绑起伸在火头上活活烤死，其嫂子姚氏被士兵抓住四肢活活撕死，妈妈叶氏在昏死中被推进火海……

　　赶来的乡亲和顷木为首的敌人展开了一场生死大拼杀……

第三十五章　官逼民反

吴兆麟命令各路部队占领战略重地，与多路部队进行紧张联络时，瑞澄的副官顷木指挥一路亲兵赶到吴兆麟在武昌大朝街的住宅处，命令杀手将吴宅四周包围，自己站在大门外的一棵老枫树下面，怀抱一挺德造轻机枪，随时准备扫死吴家从门口奔出来的任何人。

"报告顷副官，吴兆麟的母亲叶氏、吴兆麟五岁的长子、吴兆麟的嫂子姚氏与一个侄子统统在家里，没有逃跑！"排长许志腾赶到顷木面前。

顷木左右看了看问："他做这么大的事，不先安排家人逃走，怎么可能呢？"

"大人，没有跑。"许志腾说。

"连他妈妈与儿子都在里面？"

"肯定在！"

"刘复基造我们的反，他都把家里人打发走了。吴兆麟当总指挥，他不先安排家人？"顷木不解地问。

"大人，我用头担保他们都没跑！"

"许志腾"，顷木用枪口顶住他，"你他妈的什么都用头担保，你这颗头值几个臭钱？别忘了，现在最值钱的是吴兆麟的头，瑞澄大帅出一百万买吴兆麟的头，你知道吗？"

许志腾向后退了一步，顷木用枪逼住他又道："快去，把他家里人统统抓出来！"

"是。"许志腾胆寒地扭头就走。

今天夜里，瑞澄接到报告，称工程八营方位有枪声之时，他不明白革命党人刘复基、彭楚藩、杨洪胜被杀后，武昌城里又要出什么大事。他忧心如焚抱着烟枪正犯愁。顷木惊慌地赶进来："大帅，出大事啦，工程八营中的革命党发难起事，造我大清王朝的反，要捉拿您！"

"啊！"瑞澄大吃一惊，放下烟枪，对顷木说，"传我的命令，铁忠、陈得龙快派人去围杀造反的革命党，放跑一个，我斩他全家！"

"大帅"，铁忠在门外听到，赶进来接住话，"潜伏在军中的革命党并非少

306

数，他们现在联合起来了，大有占领武昌乃至整个湖北的架势呢。"

"你！"瑞澄恶狠狠地瞪住铁忠，"你们平时干什么去了？"

铁忠胆战心惊地低着头不敢吭声。

"大帅"，陈得龙一方面为铁忠解围，另一方面更是为自己开脱，他担心瑞澄追究他的责任，"没有什么大不了的事，我们会操办得使您满意的。"

"说的比唱的还好听"，瑞澄恼怒了，"你有什么办法？"

"打蛇先打七寸。"

"谁是七寸，你知道吗？"

"我已得报，是工程营左队官吴兆麟！"

"吴兆麟？"瑞澄重复一句后拧紧眉头说，"我知道了，可是朝廷上下对他不错呀，怎么会领头造反呢？"

"他过去参加过日知会，张彪就不报告，张之洞又不追究，这事就变成坏水了。"铁忠说。

"你知道又怎么不说呢？"瑞澄狠狠地瞪住铁忠，"你还不是多一事不如少一事地在混世界，做着混官？"

铁忠沉重地垂下眼皮。

"大帅"，陈得龙忙为铁忠解围，"吴兆麟很有军事思想，几次会操他写的实战报告，张之洞大帅上报朝廷，兵部尚书荫昌大人都很欣赏，要将他调派京城兵部作荫昌大人的参谋，是张大帅留下来的。"

"啊，是这样"，瑞澄边踱步，边自言自语，"人常说千里做官，为了吃穿。吴兆麟年纪轻轻官至左队，且朝廷、督府都很看重他，来日方长，他又年轻，小日子应该是过得很红火。明知道与朝廷过不去是要杀头坐牢的，为什么非要跟着革命党走呢？他就不知道生命是没有返程票的吗？"

"大帅，每人一颗头想法就不一样"，陈得龙说着白了铁忠一眼，"有些事并不完全是别人有什么错，而是我们自己把事搅坏了，弄得上下大乱。我有些事也是力不从心！"

"得龙啊，你现在这么讲话是什么意思嘛！"铁忠逼住他质问。

瑞澄听着也抬眼盯住他表示不解。

陈得龙见火候到了，用若有所思的语气道："黄冈一商人季道明，花五千块钱买了个知县，我问他花这么多钱买个知县值不值，你猜他怎么讲？"

"说出来，卖什么关子嘛！"瑞澄忙道。

"他说这也是做一笔生意。"

"生意？"瑞澄说，"怎么讲？"

"他说知县这顶帽子戴在头上，握一县之权力，一年最少能捞回一万块，只要知县的帽子能戴满五年，除了吃、穿、别人送的礼物之外，至少还能净挣五万块，他还说这个账他怎么能不算呢?"陈得龙说完望着瑞澄。

铁忠有些心烦地咬着牙:"满街是妓女，这是伤风败德的丑恶，革命党人打着拯救民族道德的旗号，推翻我大清政府。"

瑞澄的脸上横肉在抽动，但未出一言。

陈得龙继续说:"像这样买官卖官到处都是，在社会上传得满天飞，革命党人就利用这些不好的事，打着打倒贪官污吏的旗号招兵买马，号召力就大了，老百姓就跟着他们干，成了反对朝廷的一大势力。这股势力不可小看，弄不好再大的船也是要翻的!"

"你说得也对，也不对"，瑞澄说，"这买官卖官的事，哪个朝代都少不了。"他转向铁忠，"铁忠，这个知县价格好像是定的三千块吧?"

"大帅，你开价三千，我……我在上面加了两千，就变成五……"

"住口!"瑞澄堵住铁忠的话，"现在不是议长论短的时候，快设法收拾吴兆麟，镇压革命党人!"

铁忠忙住口，眨巴着双眼一时无策。

"大帅"，陈得龙两个眼球转动着，"依我看，请顷木……"他的声音越来越小，神情更是得意。

瑞澄听着听着，不停地点头:"好，就这么办!"说着扭过头，"顷木，快进来!"

顷木跨进来，瑞澄对陈得龙说:"你把战术向顷木交代，马上出发，斩吴兆麟全家，杀他家的九族!"

顷木点头称是，陈得龙立即向他交代斩吴兆麟全家，诱其率部投降的战略战术!

瑞澄听着，当顷木转身正要走时，他走过去拍着顷木的肩头说:"顷木，你跟着我上蹿下跳也有几年了，出息不大，那是没有机会给你为朝廷立功。今天是老天在帮你，多少人想率兵去灭吴兆麟九族，这是个升官发财的好机会，千万不要错过!"

"大帅能给这个机会，我一定很好把握住!"顷木忙道。

"大帅，我也去!"铁忠说。

"你不是说新军中没有革命党人吗?"瑞澄质问铁忠。

铁忠又不敢吭声了。

陈得龙忙上前:"顷木，还不快去执行大帅的命令!"

顷木应了声扭头向外快步走去。

在瑞澄的势力范围内，只要有了发财升官的机会，除了留给自己之外，就是

将机会留给自己圈子内的酒肉朋友。这刻顷木一出瑞澄的门就赶到心腹排长许志腾的军棚中，见许志腾正与几个军官喝酒，便大声道："过来，拿口袋子去装银子！"

许志腾一听顿时屁股上如同上了弹簧般从木椅子上跳了起来："大哥，又有这么美的事？"

"你大爷什么时候亏待过你？"顷木似笑非笑，"妈的，发财升官真他妈简单。"

"什么事，把你美得流口水？"许志腾追了句。

"斩吴兆麟全家！"顷木一咬牙，"都他妈老的、小的。"

"吴兆祺的弟弟，是不是？"

"是的，他正在工程八营领头发难，口号是推翻清王朝，建立共和，跟海外的孙中山孙大炮一个鼻孔出气，领着一帮革命党人造朝廷的反。大帅命令我去灭吴兆麟九族！"顷木说，"机会难得呀。"

"好，这发财的机会太妙，太好了。你说我怎么干？"

"命令吴兆麟的妈妈去说服吴兆麟投降，如果老婆子不干，就把吴兆麟的妈妈、孩子、嫂子、侄子统统在火上烤，像烤烧饼那样，同时派人通报吴兆麟，他真要孝顺老母，必会放下武器，向我投降。"

"好，这办法残毒，越毒越能打动吴兆麟向朝廷投降"，许志腾赞同，"你向大帅讲好了条件吗？"

"条件还不是老条件？奖几顶知县、知府的帽子给我们卖，从中捞几个转手银子。"顷木说，"不要铁忠从中过手了，我可以直接找大帅拿，价格就低多了。"

"妈的，铁忠心太黑，一顶帽子从中捞两千块，就这一项收入，他一年就是多少万呢。"

"大帅现在知道了，听人说大帅决定每个知县、知府什么的，干到两年找个理由撤了，这样又可以卖官了。"

"这叫饱狗子走了，饿狗子进来嘛！"许志腾说着哈哈一笑，突然又问，"我看大哥的那一份，提成可以高一些，不能再三七开了。"

"到时候再说吧，快集合队伍走。"顷木命令。

一溜队伍，顺着一条小街直扑吴兆麟家。

吴兆麟的妈妈叶氏正发着高烧，一块从冷水中拿出来的湿毛巾搭在头上。此刻她没有睡，而是背靠着床架，怀中抱着吴兆麟的只有五岁也发着高烧的长子，小孩的小脸蛋烧得红彤彤的，闭着双眼，小嘴不停地翕动着，发出凄凉的呻吟声。当外面一阵紧一阵的脚步声传进来时，叶氏睁开昏沉沉的眼睛，开了电灯正要问长媳姚氏，姚氏抱着儿子惊恐地推门进来："妈，不好啦，好多官兵把我们家包围了！"

"啊"，叶氏也惊了，"出了什么事？"

"不晓得，他们大叫着'杀了吴兆麟全家'！"姚氏说。

叶氏虽然是家庭妇女，由于三个儿子都在军中服役，平时极为关注社会上的传闻，特别是日知会总干事刘静庵被关押后，总是多方打探督署动态，关心三个儿子的命运。今天听长媳妇这么说，外面又有大叫声传进来，她立时断定今天不光他家的两个孙子与媳妇命运难测，就是三个在军中的儿子也是凶多吉少啊！

"你把孩子抱着快从后门走，我去开大门"，叶氏从惊慌中冷静下来，"快走！"

"咚！"门被人踹开了，不等姚氏转身，一排兵士举枪冲进来。叶氏忙用身子挡在儿媳前面，大声问："你们这是干什么？"

"老婆子，你是吴兆麟这只野狗的老母？"许志腾迎上来皮笑肉不笑地说。

"官人是朝中差人，出言伤人，也不怕丢了大帅的脸面？"叶氏用目光逼住许志腾，"我三个儿子在军中……"

"老婆子"，许志腾立即打断叶氏的话，"你二儿子吴兆麟领头造朝廷的反，夺瑞澄大帅的印，是革命党的头领，本人奉命斩你九族！"

"你……你们……"

"我们怎么样？"一个声音从士兵后面传过来，先闻其声后见其人，只见他分开持枪的士兵，"跟朝廷作对的绝没有好下场！"

叶氏寻声望去，立时道："啊，这不是顷木官人吗？"

顷木与叶氏的三个儿子都比较熟悉，今年5月吴兆麟的长子过五岁生日，还请他来喝过酒，所以与叶氏认识。

"老婆子"，顷木翻脸不认人了，"我告诉你，大清王朝是中国最大的老板，而瑞澄大帅又是湖北最大的老板，你儿子吴兆麟与大小老板作对，是没有好下场的，现在也殃及到你们全家！"

"我儿兆麟在家孝敬父母，在军中爱兵如子。他的一举一动，做母亲的都看在眼里，我相信自己的儿子……"

"快，把老婆子的嘴堵上，堵上！"顷木不敢再让叶氏讲话了，"绑起来，快绑起来！"

"顷木你不得好死，不得……"叶氏的嘴被一块布塞住了。

"这是吴兆麟的长子，绑到竹竿上，快！"顷木又狂叫着。

"奶奶……"五岁的长孙惊叫着望着叶氏。

"让他叫，叫得声音越大越惨越好！"许志腾说，"就是要……"

"许志腾，用木板、门板把火烧着！"顷木下命令。

"快，点火，快点火！"许志腾命令兵士。

一堆干柴把吴兆麟家的门点燃了，门板、楼板在干柴中燃烧着映红了天际，也引来了大批四邻街坊。

"烤死他，烤死他！"顷木命令。

两根又粗又长的竹竿，分别绑着吴兆麟才五岁儿子的四肢，由四个士兵举着在火苗上熏烤，孩子发出撕人肺腑的惨叫声……

叶氏昏死过去了。

姚氏的儿子也被绑着在熏烤，她也昏死了过去。

"谁造朝廷的反，我们就这样处死他的全家。"顷木大声对众人吼道。

"快，把吴兆麟的嫂子撕了，抬起来撕成两半！"顷木命令。

许志腾扑上去，脱去昏死过去的姚氏的衣服，命令四个士兵各抓起姚氏的四肢："撕，撕开成两半！"

"一、二、三！"四个士兵吼着，姚氏"啊"的一声惨叫，两条腿被士兵抓住用力撕开了，顿时血水与肠肚"哗啦啦"地掉了出来。

"谁家的人参加造反，加入革命党，就这样处死，处死！"顷木狂叫着。

"你们还是不是人？"一个声音从众乡亲群中传出来。

"放下孩子，快放下孩子！"又一个声音传过来。

"快，丢在火中烧死他，烧死他！"顷木一看此举引起了群愤，知道情况不妙，急忙大声命令。

两个孩子被丢进了火中。叶氏也被推进了火海，一声声惨叫传出来，由大转小，继而消失，众乡亲看到这副惨状，痛心地哭开了。

"顷木，你这只狼！"

顷木抬头寻声一看，发怒地狂叫："黄合天，你这狗东西管什么闲事？"

"你爷爷管定了！"黄合天分开众人直扑过来，一把抓住顷木，"谁过来，我就杀了这个禽兽不如的王八蛋！"

"你……你……"顷木惊呆了，"你……们不要开枪。"

"谁要向我开枪，我就杀了他！"黄合天对众士兵说。

"谁敢动黄大哥一根毫毛，我们打死他！"一个叫余永昌的高个青年挤过来，"把这群王八蛋包围起来，不准他们跑了！"

"开枪，打死他们！"许志腾狂叫着，首先开枪，两个乡亲倒下了。

"砰砰！"许志腾又连开两枪，余永昌也倒下了。

众人"唰"地又涌动着，一支支土枪举起。

"乡亲们，不能开枪！"黄合天大声道。

众人又安静了一些，但里三层、外三层地将几十个士兵紧紧地包围住了。

"打死他们！"一个持土枪的青年抱起余永昌，"他们不能白死！"

"他们太残毒了，打死他们！"

群情激昂，顷木浑身像筛糠一样抖起来。

"快，命令士兵放下武器！"黄合天对顷木命令，"不然要你的狗命！"

为了保住性命，顷木只好扯起鸭公嗓子，"放下……放下武器！"

"顷大人，不能放下……"许志腾不同意。

"砰！"一个士兵举枪打死了许志腾，并大声道："弟兄们，不能这样毒了，打死顷木，不能为清王朝卖命了！"

士兵们纷纷将枪放下了。

"收他们的枪！"那打死许志腾的士兵对乡亲们说，"快！"

乡亲们如同洪水般冲过来缴了敌人的枪。

"打死顷木，增援革命党，为吴兆麟的老母亲报仇，为他死去的亲人报仇！"黄合天呼叫着，一刀削下了顷木的头。

"乡亲们，打进督军府，活捉瑞澂……"众人大呼。

"乡亲们"，黄合天站在石头上，"当兵的弟兄们，你们今天看到了清王朝的残毒。走，投吴兆麟去……"

吴兆麟的母亲、嫂子、儿子与侄子被杀害了，但吴兆麟的街邻乡亲们觉醒了，他们顺着枪声直奔楚望台……

小 引

　　吴兆麟派出的各支攻击部队受阻，炮兵失去攻击目标，这时又传来家人遭到杀害的不幸消息。面对黑暗，吴兆麟立令各路攻击部队，再次出击，同时重申：只要天一亮，敌人一定会派出重兵合围这支起义部队。各路指挥官再次出击时，吴兆麟命令将洋油（煤油）洒在督署四周点燃，炮兵一律向火光地点放炮，顿时火光冲天，炮声隆隆。各路部队暴风雨般冲锋的声音大作，而敌人反击的枪声也划破长空。面对反扑的敌人，吴兆麟挑选一百位勇士组成敢死队，他作为起义军总指挥亲自率领敢死队举起十八星旗向督署冲去……

第三十六章　敢死队

吴兆麟并不知道瑞澄派兵去杀害了他的母亲、儿子、嫂子与侄子。这刻他将丁正平找到跟前："正平兄，你知道，如果天一亮，敌人组织重兵围过来，我们就……"

"我明白，现在天这么黑，又下起了小雨，黑灯瞎火，炮兵没有办法瞄准呀！"丁正平焦急地道。

吴兆麟望着赶来的各路部队心急如焚。

"总指挥，总指挥！"随着呼叫，一个人冲过来。

吴兆麟定睛寻声望去："啊，黄合天，黄兄，你怎么来了？"

"唰"地，黄合天奔过来跪在吴兆麟面前："总指挥，我黄合天没有保护好你妈妈、儿子、嫂子与侄子，你……你杀了我吧……"

吴兆麟听着亲人被烧死、烤死的悲惨情况，"咚"地跪在地上，沉痛地对天咆哮："妈，嫂子……"

"总指挥！"黄合天扶住吴兆麟，"我们这条街的，还有前后街的都知道你在造清王朝的反，众街邻都支持你。你看，他们都来了！"

吴兆麟注意到一群群街邻涌过来。

"他们都赶来投你的队伍，造清政府的反，为总指挥的亲人报仇，报仇！"黄合天指着众人道。

"总指挥，我们投你来的，请发给我们刀枪！"一个青年说着跪下了，众人也跟着跪下了。

"总指挥，我们带来了土枪六十八支，大刀一百六十六把，我们是来投你的！"又一个青年跪地道。

凝视着各位街邻，吴兆麟擦了擦眼泪，把失去亲人的痛苦深埋在心底，他走上前，挥舞着两只胳膊："乡亲们，你们来支援我们，来投奔革命……"

"报告总指挥，各路指挥官奉命率部赶到！"丁正平奔过来报告。

吴兆麟派出队伍联络各部革命党起事，革命党人都赶来了。他忙命令丁正平安排好自发赶来投奔革命的群众。

"诸位同志"，吴兆麟扫视着众官兵，大声道，"你们看，武昌城里有这么多乡亲赶来投奔革命了。"

人们又一阵欢呼！

"诸君注意，听吴总指挥训令！"丁正平大声道。

高涨的热浪声平静下来了。

吴兆麟站在队伍前面继续他那力震山河的声音："诸位同志，我们赶在天亮之前的第一个目标就是捉拿瑞澄，占领武昌城！"

"打进督署！"人们挥舞着武器，声浪回荡在夜空中。

"总指挥！"

"啊，蔡排长，你回来了，情况怎么样？"吴兆麟一见二十九标二营蔡济民排长赶回来了，忙迎上前问。

"第三十标旗人官兵全部逃走，宪兵营革命党人已经歼灭了营中的敌人！"

"好"，吴兆麟兴奋地一拍腰带上的枪，又问，"督署的兵力搞清楚了吗？"

"担任守卫瑞澄督署的总指挥是李襄邻，兵力是教练队一营，马队一队，巡防一营，六挺机枪已经被革命党人破坏了，不能射击！"

"啊，是这样"，吴兆麟沉思片刻后，用炯炯有神的目光盯住蔡济民，提高嗓门，"蔡排长！"

"到！"

"我命令你，率二十九标革命党同志，立即赶往蛇山，掩护炮队，并派出一队官兵将电话、电报两局电线全部割断！"

"执行总指挥命令！"蔡济民坚决回答，转身离去。

"邝杰！"

"到！"

吴兆麟反复上下打量了一下才发出训令："我命令你为第一攻击队队长，率工兵一队经王府口向督署进攻！"

"请总指挥放心，我邝杰与第一队革命党同志一定会杀进督署，活捉瑞澄！"

"出发！"吴兆麟命令。

"第一攻击队，出发！"邝杰命令。

吴兆麟目送走两支队伍，转过身："马荣！"

"马荣在！"

"我命令你，担任第二攻击队队长，率工兵一队，从水陆街向督署发起攻击，不努力作战者，斩！"

"马荣誓死执行总指挥的命令！"马荣接受了命令，率领队伍一溜小跑，直奔水陆街方向。

"熊炳坤！"吴兆麟道。

"熊炳坤服从总指挥命令！"

"我任命你为第三攻击队队长,率工兵一队,经保安门正街向督署攻击推进,违令者,斩!"

"请总指挥放心,熊炳坤与第三攻击队官兵,完不成军令提头回来见!"

"我等待你胜利的消息!"

熊炳坤领命离去。

"程国贞!"吴兆麟道。

"到!"

"你立即率炮队第八标,进抵中和门城楼及蛇山为炮兵阵地,向督署炮击!"

"程国贞遵令!"

"记住",吴兆麟迎住他的目光,"各路攻击部队都希望得到你的炮火支援!"

"总指挥,我炮队为攻击部队开路!"

"好,出发!"

程国贞走了。

"方兴、任正亮!"

"到!"两位上前挺立于吴兆麟面前。

吴兆麟的目光在他们两人身上扫了一遍后命令:"二位同志率测绘学生军,在中和门正街及通湘门布防!"

"是!"

"总指挥,还有我呢?"方兴与任正亮刚接受完命令,一个壮汉出列站到了吴兆麟面前。

吴兆麟上前拍着壮汉的肩头说:"李鹏升同志,你二十一混成协辎重队及工程队,为我军总预备队,在楚望台待命!"

"是!"

吴兆麟一看部队全部出发,忙问丁正平:"敢死队的武器准备好了没有?"

"报告总指挥,正在搜集!"

"走,去搞十挺机枪来!"吴兆麟说着直奔军械库大门。

督署内,瑞澄一听四周枪声大作,惊恐地赶出来,正好遇到陈得龙迎面赶来。瑞澄一手握着枪,一手拉着披头散发的四姨太徐美美,问陈得龙:"顷木,顷木他们呢?"

"报告大帅,顷木他们杀了吴兆麟全家,他们自己也被起事的百姓杀害了。"

"还有其他……官兵呢?"

"死的死,跑的跑,一个都没有回来!"陈得龙哭丧着脸,不敢正面望瑞澄。

"你不是说他们都是百里挑一的勇士吗?"瑞澄心中大烦,"我看你是个饭

桶、粪桶！"

"报告大帅，顷木是你的副官，要是我派李襄邻去，不会是这个结果的。"

"李襄邻现在他人呢？"

"大帅，我让他率兵守督署！"

"整个督署就这么大点地方，炮队的大炮放列，就会炸成一片火海了，他李襄邻有几颗脑袋，能守得住督署，保证我们的安全吗？"瑞澄焦急地道。

陈得龙忙说："大帅，是不是命令张彪……"

"找他有个屁用！"铁忠从门外赶进来大骂，"他躲在文昌门公馆不敢露面，这个怕死鬼压根儿就没有为大帅做一点好事，勾结黎元洪，结党营私，死抱住军权不放！"

"现在还说这些事有什么用？你们一个个都在我面前表态说军中的几个革命党没事。现在，你们怎么六神无主啦？"瑞澄狠狠地教训他们，"快想办法离开督署，等会儿革命党人命令炮兵放列，我们就淹死在炮弹中了！"

"大帅"，陈得龙左右扫了一眼，"我认为现在不能跑，各位需要镇静，并派心腹到各标营联络，待天一亮集合未响应之各营，与革命党决一雌雄。如果各位一走，逃避一空，全城无主，群相猜忌，各以部下不稳为疑离开督署与军营，正中革命党人之计，他们从容布阵，推翻我们就……"

"不行，不行！"铁忠忙打断陈得龙的话，"大帅的安全要紧，炮兵放列，我们就跑不出督署，这里就是坟墓了！"

瑞澄一时无主见，不表态，呆呆地看着黑夜中纵横的子弹拖着淡黄色火苗划破黑暗。

"陈得龙，你快想办法，大帅的安全，安全要紧！"铁忠咆哮着，"今天的事就坏在你手里！"

"铁忠兄，我……我有什么罪……"

"你过去称革命党不可怕，今天又声称大帅不能离开督署，这……这是想大帅走入绝境，你安的什么坏心眼？"

"都别吵了！"瑞澄狠狠地一跺脚，"铁忠，快把李襄邻叫来！"

"大帅"，陈得龙忙说，"六挺机枪被革命党破坏了，没有枪栓打不响，李襄邻正率部在一线，他不能离开一线，有什么命令你向我下达吧。"

"你！"铁忠接住话，"你是大清政府的叛徒！"说着用手枪顶住陈得龙的胸口，"快想办法，让大帅离开督署，快！"

"大帅"，陈得龙根本不把铁忠放在眼里，他知道没有瑞澄的命令，铁忠没有狗胆打死他，因为瑞澄把逃走的希望寄托在陈得龙身上，"你一走，正中革命党的刁计。你一走军心就不稳了，千万不能走！"

"你让大帅等着当俘虏?"一个军官迎合铁忠质问陈得龙,"快想办法,让大帅离开督署,快!"

"革命党破坏了六挺机枪,说明卫队中有革命党,他们里应外合,大帅就更危险了!"又一军官补充道。

瑞澄听着听着,两眼一黑,"咚"地倒在地上。众人惊叫"大帅",扑了上去。

楚望台上,丁正平从黑暗中冒出来赶到总指挥吴兆麟跟前,没出声,吴兆麟大声问:"前线督战官丁正平,为什么四周枪声渐停?"

"报告总指挥,炮队迷失方位,无法瞄准炮击目标!"丁正平道,"各路进攻督署的部队,因督署教练队严守墙内,防御极严,甚难前进,更无力突破敌阵,部队正在一线待命!"

吴兆麟听着扫了一眼怀表:"时间不等人,天亮了敌人就要……"他说着看到前面有队伍赶过来,忙问丁正平,"这是哪一路队伍回来了?"

"报告总指挥,是第一攻击队邝杰,无力攻破敌阵旋即退回来了!"丁正平说,"由于邝杰部逗留不前,其余各路亦停止进攻!"

吴兆麟一听大惊,怒火万丈:"快,把邝杰押过来!"

四个兵士将邝杰押过来了。吴兆麟怒视着他大声道:"我命令你进攻敌督署,不见你突破敌阵,反而率部回来,你出征前怎么发誓的?"

"报告总指挥,邝杰甘愿接受军法处置!"

"押下去,斩!"

"总指挥",众官兵跪地恳求,"宽免邝杰死罪,让他戴罪立功!"

"总指挥,我邝杰愿战死!"

"总指挥",丁正平忙道,"我随邝杰部攻击前进!"

"好吧",吴兆麟终于从牙缝中挤出两个字,并命令丁正平,"传我的命令,我们今夜不击败敌人,不攻占督署,明天敌人就会把我们推上断头台,各指挥官有进无退。现在众君为邝杰求情,姑且宽赦一次,但要引以为戒!"

"是,我立即传达总指挥的命令,按原制订作战计划进攻!"丁正平说。

"很好",吴兆麟满意地说了两个字,目光转向左前方,"李鹏升君,你与方兴协同守住楚望台,千万不可失去总指挥部!"

"是!"方、李出列立正道。

"我吴兆麟率一百人的敢死队向督署攻击前进,不怕死的出列,站在我的右前方!"

"我!"

"我去!"

"我……"

敢死队员在一片呐喊声中群情激昂,拥挤在吴兆麟左右。

吴兆麟被感动得热泪盈眶,举起双手:"同志们,同志们,请安静,安静!"

众敢死队员倾听总指挥的命令。

"炮队,搬一发炮弹来!"吴兆麟命令。

一个炮兵搬来了一发炮弹。

吴兆麟抱着炮弹吻了又吻后,对丁正平说:"我命令周春芳、涂爽林立即将两桶洋油洒在督署敌阵前点火,命令各炮队向有火的方位攻击!"

"是!"

"诸同志,跟着十八星旗前进!"吴兆麟举起十八星旗,"前进! ……"

部队潮水般跟着吴兆麟向督署冲去。

督署方向,不久大火熊熊地燃烧起来,映红了半边天际,吴兆麟抱着炮弹正好赶到一门大炮跟前,他吻了又吻这颗炮弹,对炮兵指挥官程国贞说:"这是向几千年中国封建王朝开炮,这一炮一定要打进督署,炸毁敌人的阵地,为我的敢死队撕开一条血路!"

"是!"程国贞接过炮弹,"咣啷"一声推弹入炮膛。

"开炮!"吴兆麟命令,"放列!"

一阵急袭的炮弹在火光冲天的地方爆炸,霎时间四周一片呐喊声,向督署滚动着声浪……

"总指挥,总指挥",正冲击的吴兆麟被丁正平从前面截住报告,"敌瑞澄跑了,跑到江面的楚豫兵船上去了!"

"啊,敌人败了,敌人败了,冲啊……"吴兆麟激情大振,孩子般呼喊着。

原来,进攻的枪炮声与官兵的冲锋声一浪高过一浪时,铁忠命人挖开了督署后面的墙,拉着瑞澄说:"大帅,快从这个洞里面跑,快跑,江面的楚豫兵船上有人接你!"

"大帅,不能走,不能走,只要坚守到天亮就有办法了!"陈得龙上前劝阻。

"陈得龙,你到底安的什么坏心眼?"铁忠推着陈得龙,"大帅,快走!"

瑞澄在一个接一个的炮弹爆炸声中从洞中爬出来了,铁忠等也跟着爬出……

"大人,我手中的兵士快死完了,快给我预备队!"李襄邻赶到陈得龙跟前要求。

"还打什么?都是铁忠这个草包坏的事!"陈得龙骂着朝硝烟弥漫的督署望了望,对李襄邻说:"大帅他们出文昌门,上了楚豫兵船,督署文武都跑了,还打什么?快跑,我走了!"

"张彪，张彪！"

"什么张彪、李彪的，这年头有腿就快跑！"陈得龙说着向洞外跑……

"前进，前进，攻进督署……"

革命党如潮水般前进，吴兆麟高举着十八星旗冲锋在队伍的最前面。

1911 年 10 月 11 日早上，人们看到楚望台上飘扬着十八星旗，在灿烂的阳光下是那么耀眼：中国几千年的帝制终于被推翻了，黄龙旗从这里陨落！

1911 年 10 月 10 日，中国人民永远记住了这个日子，也永远怀念吴兆麟与他的战友们！

辛亥革命首义，推翻帝制的先辈们永垂不朽！

尾 声

武昌起义，敲响了清王朝的丧钟，象征着封建王朝腐朽落后的专制体制的黄龙旗，在那一刻被踩在革命者的脚下。

1911 年 10 月 11 日 12 时，武昌全城光复，下午 2 时，武昌咨议局公举吴兆麟为参谋总长；12 日吴兆麟电请黄兴，宋教仁速来湖北，并转电孙文早日回国主持大计；16 日，吴兆麟任参谋部副部长；18 日，清廷陆军部大臣荫昌率清军抵达武汉，被击败。

1912 年 1 月 1 日，孙中山在南京宣誓就职，宣告中华民国正式成立。不久，清朝末代皇帝溥仪颁布退位诏书，宣告退位，统治中国二百多年的清王朝，被彻底推翻了。

然而，斗争并没有结束，在辛亥革命之后，专制思想依然未被完全消除，政坛新贵袁世凯依然做着皇帝梦，中国仍未彻底从封建专制的影响下解脱出来，摆在孙中山、黄兴、吴兆麟等人面前的路还长。这些革命者毫不畏惧，他们拿起武器，踏着同伴的鲜血，为了国家的兴盛、民族的未来，义无反顾地顺着这条布满荆棘的路走了下去。

就在革命者们抛头颅洒热血时，昔日的旗人艾玛也从清王朝的废墟中苏醒过来了，刘复基的死让她周身的血液沸腾，为了体现与旧势力彻底一刀两断的决心，她毫不犹豫地追随孙中山而去。

辛亥首义总指挥吴兆麟年谱简介

（1882—1942 年）

1882 年 2 月 28 日生于鄂城市葛店。

1889 年入本村私塾。

1892 年转吴氏宗祠读书。

1898 年进湖北新军当兵，入陆军第八镇工程第八营。

1899 年考入随营学堂，并转入将校讲习所读书。

1900 年入读工程专门学校。

1901 年升任工程营四队队长。

1902 年升任工程营哨官。

1903 年入读湖北将校学堂。

1904 年毕业于将校学堂。

1905 年参加日知会，任干事及工程营代表，宣传革命。

1906 年任工程营左队队官。

1907 年与詹焕芝结婚。

1908 年在安徽太湖秋操。

1909 年毕业于参谋大学，任原职。

1911 年 10 月 10 日为武昌起义总指挥。

1912 年 1 月 9 日任北伐第一军总司令。

1912 年 1 月 13 日任大元帅府参谋总长。

1912 年 6 月袁世凯任吴兆麟为总统府军事顾问。

1912 年 9 月 19 日北京政府授吴兆麟陆军中将。

1913 年北京政府加授吴兆麟陆军上将。

1915 年吴兆麟辞职回湖北。

1921 年北京大总统府特授吴兆麟为将军府将军。

1922 年吴兆麟主持督修樊口堤，湖区百姓赞叹将军心善为民。

1927 年迁居上海。

1931 年定居武汉。

1939 年在武汉坚贞不屈，不为日伪政权利用。

1942 年遭日军软禁，在病中去世。

1948 年正式公葬于武昌卓刀泉方家嘴墓地。

后 记

一个复杂的时代背景，

一个史诗般的传奇故事，

一群甘洒热血的人们！

——题记

2001 年 5 月，受老作家刘敬堂之邀，拜访鄂州大学李先庆、袁巍、胡念征几位教授、学者时，他们异口同声地说："胡国铭教授对辛亥革命有独到的见解。"胡国铭教授当时是鄂州大学校长，与他相识后发现他对辛亥革命果然颇有研究。鄂州大学当即聘我为客座教授，同时，胡国铭也希望能见到我创作的有关辛亥革命的文学作品。

我长期从事军事文学创作，当时已经出版了《北平起义》等作品，对于辛亥革命也有些研究，于是，决定每天以一万字的速度，赶在辛亥革命九十周年纪念之前拿出书来。

三十天时间，我终于拿出了三十三万字的书稿，吴兆麟将军的长孙吴德立读后颇为满意，并请时任全国人大常委会副委员长的程思远先生作序。于是，这部以《铁血首义魂》为书名的作品与读者见面了。

湖北省政府纪念辛亥革命九十周年时，吴兆麟将军的儿媳刘珣女士（吴德立先生的母亲），从美国率子女回鄂参加纪念活动。她握住我的手说："作家，你写得好！辛亥革命不仅仅是宣传我父亲吴兆麟，而是宣传辛亥革命的先辈奉献的精神。书中的故事很感人，读来催人泪下，更是催人奋进！如果有一部电影、电视与你这部书一起宣传，更能传播辛亥革命传奇，使更多的人了解辛亥革命，了解今天中国的兴旺发达来之不易，只要中国强大了，国人走到天涯海角都会扬眉吐气……"

我握住老人家的手听着，颇受教育！一位老人九十余岁了，还在关心辛亥革命精神的传播，还在关心中华民族的发展，是多么平凡而伟大啊！

想想德国诗人歌德的名言：谁游戏人生，将一事无成；谁不能主宰自己，永远是奴隶！而吴兆麟与他的战友们正是深刻地理解了这句具有哲学思想的名言。

十年后，围绕辛亥革命我又有了新的故事。2011 年 1 月，我认识了暨南大学出版社的苏彩桃编辑。由于我也是从事出版事业，话题很快引到辛亥革命百年庆典的重大题材上来了。于是我讲了我手中的书，她思维敏捷，要求我第二天到她办公室谈谈。

我去了，同时与张剑峰编辑相识，对于战争题材的作品，这位同志很有兴趣，于是我过了几天再去出版社时，敲定了《辛亥传奇——喋血武昌城》与《中山舰》这两部书的修订再版。

暨南大学出版社总编辑史小军先生是1996年毕业的文学博士，现已是博士生导师，我与他交流，深感他对文学与历史的结合有自己独到的见解，他建议将两部书稿以"纪实与传奇"的名称合并成"辛亥革命100周年纪念丛书"，由暨南大学出版社出版。从丛书的策划到每本书的书名的确定，再到书中标题、内容的审议，都具体到位。由他担任这套书的总策划，我心中更高兴。

2005年，我在北京大学讲学时，讲了一点关于辛亥革命的故事，很多人举手让我多讲一点。北京大学吴志攀副校长课后对我讲：很好，故事中的将帅智慧，就是管理学。几天后，我到人民大学为硕士生、博士生讲学，我按吴志攀副校长的说法讲，颇受欢迎，其后我在讲学时，继续讲这些故事，更具轰动效应。2010年，我在华南理工大学也讲了这些故事，照样轰动。这更坚定了我现在再次出版这部作品的决心。辛亥首义中的那些革命者的风骨，是感人的，是启迪人生的！

现在，这部《辛亥传奇——喋血武昌城》问世了，我感谢为我的作品默默奉献的专家、学者，没有他们的支持与奉献，我不可能为纪念辛亥革命作出一点点事来。我希望我能抛砖引玉，能有电影大片、电视连续剧为传播辛亥革命精神唱赞歌！我深信：一部书，一首歌，一部电影，一部电视剧，这些宣传辛亥革命的文艺作品不久将会问世，我们将以此告慰先辈！

陈立华

2011 年 3 月